教育部“高等职业教育创新行动发展计划”项目建设成果

浙江省高职高专市场营销优势专业建设成果

校企“双元”合作开发教材

新编21世纪高等职业教育精品教材

市场营销系列

零售管理

第三版

主　编／曹　湛

中国人民大学出版社
·北京·

图书在版编目（CIP）数据

零售管理/曹湛主编．-- 3 版．-- 北京：中国人民大学出版社，2025.1．--（新编 21 世纪高等职业教育精品教材）．-- ISBN 978-7-300-33413-4

Ⅰ．F713.32

中国国家版本馆 CIP 数据核字第 2024QX5674 号

教育部“高等职业教育创新行动发展计划”项目建设成果

浙江省高职高专市场营销优势专业建设成果

校企“双元”合作开发教材

新编 21 世纪高等职业教育精品教材・市场营销系列

零售管理（第三版）

主　编　曹　湛

Lingshou Guanli

出版发行	中国人民大学出版社		
社　　址	北京中关村大街 31 号	**邮政编码**	100080
电　　话	010－62511242（总编室）		010－62511770（质管部）
	010－82501766（邮购部）		010－62514148（门市部）
	010－62515195（发行公司）		010－62515275（盗版举报）
网　　址	http://www.crup.com.cn		
经　　销	新华书店		
印　　刷	北京溢漾印刷有限公司	**版　　次**	2014 年 1 月第 1 版
开　　本	787 mm×1092 mm　1/16		2025 年 1 月第 3 版
印　　张	15.5	**印　　次**	2025 年 1 月第 1 次印刷
字　　数	332 000	**定　　价**	46.00 元

第三版前言

党的二十大报告指出："构建全国统一大市场，深化要素市场化改革，建设高标准市场体系。""加快发展物联网，建设高效顺畅的流通体系，降低物流成本。加快发展数字经济，促进数字经济和实体经济深度融合，打造具有国际竞争力的数字产业集群。"近年来，伴随着零售行业新业态、新物种、新模式的不断引入与推广，我国本土零售商在与跨国零售企业的竞争中，越来越显示出顽强的生命力和竞争力。在信息技术快速变革和数字经济高速增长的冲击下，人们的生活方式与消费习惯发生了很大的变化，对零售服务的需求不断发生改变，传统零售企业正面临着前所未有的机遇和挑战。网络零售虽然获得了快速发展，但是随着流量红利的逐渐消失，流量成本越来越高，加上电商零售体验不足、服务难以满足消费者需求等问题，促使线上零售商将业务向线下转移，并寻求与线下零售商的数字化融合发展。

本教材在借鉴和吸收国内外先进商业理念和研究成果的基础上，结合国内零售业的实际状况，全面系统地介绍了零售业的基础知识，对零售业态的特征与发展规律进行了阐述，并系统分析了零售商的管理战略与策略。

本教材的编写以零售企业一线管理岗位要求的职业能力分析为依据，按照零售企业管理岗位的工作内容，将教材内容整合成相互关联的九个项目，每个项目下根据学习规律设置了大家来讨论、基本知识、操作指导、案例分析、知识拓展、团队项目实战训练六个模块。所有的项目设计均着眼于与零售企业日常经营管理中关系密切的各种问题，理论与实践并重，具有一定的实用价值。

第三版教材的修订由浙江金融职业学院曹湛总体负责。本次修订编者未对教材结构进行较大的调整，而是根据零售行业发展和零售企业经营管理的实际情况，引入最新案例及分析，以方便教学。杭州盒马网络科技有限公司人力资源总监胡静、浙江森马电子商务有限公司人力资源总监宋静、浙江苏宁易购商贸有限公司门店经营中心总经理王鑫、杭州联华华商集团有限公司世纪联华超市庆春店店长吴进娟对于本次教材的修订提出了许多宝贵的建议，在此表示深深的感谢。

本教材可作为高等职业院校市场营销专业及其他经管类相关专业课程的教材，也可作为市场营销从业人员的参考书。

由于编写时间仓促，编者水平有限，书中难免有错漏之处，恳请读者批评指正。

编者

目录

项目一 走进零售业

学习目标

知识目标

1. 掌握零售的含义及零售商的基本职能。
2. 掌握零售业态的分类标准及具体类型。
3. 掌握零售业态发展的主要理论。

能力目标

1. 能够分析不同类型零售业态的经营特点与发展现状。
2. 能够撰写零售认识体会。

素养目标

1. 树立文化自信。
2. 具备应对市场挑战和把握商业机遇的综合素质。

模块 1 大家来讨论

胖东来，到底有多火？

2024 年元旦假期，河南许昌胖东来 7 家店共计接待游客近 100 万人次；春节 8 天长假，许昌全市 11 家 4A 级景区共接待游客约 127.3 万人次，而胖东来的 3 家综合商超仅 3 天时间累计客流量就达 116.33 万人次；刚过去的“五一”假期，同样 3 家综合商超单日接待约 31 万人次，客流量再创新高。

胖东来自出圈以来，一直活跃在大众的视野里，不少网友将胖东来称为“没有淡季的6A景区”。这一引爆式增长不仅带动了当地的繁荣，更掀起了一场全国性“打卡胖东来”的热潮。“胖东来企业文化”“胖东来员工待遇”“胖东来服务细节”成为高频热词。经济、商业、企业管理类自媒体也纷纷下场，全方位分析胖东来的商业模式、战略定位，以及挖掘创始人的事迹。一时间，胖东来从一个超市变成流量宠儿，全面出圈，成为国内“商超顶流”的超市。

在“流量经济”时代，消费领域从不缺少“出圈”的热点。当一个消费现象持续火热时，就值得深究其内在逻辑。从货真价实的商品到精益求精的服务，从“宠爱”消费者到尊重员工，胖东来“内外兼修”，在消费者、“打工人”乃至整个社会激发出广泛共情，由此打破了日常购物和文旅体验之间的边界，在传统商超领域挖掘出新的消费增长点。经过互联网传播的加持，胖东来悄然完成了商超变“景点”的演变。

资料来源：张兴军，孙清清，等．胖东来爆火的朴素逻辑［EB/OL］．新华网，2024-05-21．

? 请思考：

在零售业竞争激烈的当下，胖东来何以出圈商超，稳坐“顶流”之位呢？

模块2 基本知识

一、零售概述

（一）零售的含义

1. 零售的概念

零售是指将有形商品和服务直接销售给最终消费者，从而实现有形商品和服务的价值的一种商业活动。

现代零售业的发展直接关系到市场经济的活跃程度，零售活动亦与人民生活、扩大内需密切相关，早就已经成为经济与民生的一个重要组成部分。从营销角度来说，很难想象没有谁不是零售企业的顾客，谁都需要从零售活动中获得商品和服务。但作为顾客，却并不了解零售业的管理与经营者们为顾客提供商品和服务所做的思考、决策、策略和技能方面的经验和教训。在当今白热化的市场竞争和迅速变化的零售环境中求生存、谋发展、做决策，自然是极具挑战性的，抓住机遇、成功决策，就会赢得顾客而获得丰厚的回报。因此，零售从业人员要努力获知更多的零售知识，磨炼零售商业活动中的经营管理技能。

2. 零售概念的要点

（1）零售是面对最终消费者的商业活动。零售活动较之于生产制造商和批发商的活动有不同的对象。生产制造商和批发商活动的对象主要是生产者和中间商，其购买商品的目的是生产加工和再出售，而零售是向最终消费者出售商品，最终消费者购买商品的目的是自己消费。最终消费者是指购买商品和服务的具体消费者，包括个人及社会团体。

（2）零售不仅出售有形的商品，还出售服务。到一家五星级酒店与到一家小饭店就餐甚至宴请宾客，商家提供的服务虽然有很大的差别，但它们都属于用于出售的服务。

（3）零售是商品流通的最后一个环节，商品一旦出售就表明商品离开了流通领域而进入了消费领域。零售营销研究的是零售企业的商品销售如何能以最低的成本、最合理的组合、最优质的服务去满足消费者日益多元与多变的需求，而零售学正是研究如何使商品科学、快捷、有效地从流通环节过渡到消费环节的一门科学。

（4）零售不再仅仅局限于固定的门店与卖场。无店铺的零售活动，如直接销售、直复营销（包括网上购物、电视购物、手机购物）、自动售货机销售等零售业态，已经成为国内外快速发展、广受中青年消费者欢迎的零售形式。

（二）零售的基本特征

与制造、批发活动相比，零售活动具备以下基本特征：

（1）零售交易的频率高，平均交易金额低。由于零售主要面对的是普通消费者，他们在一定时间内的购物需求量较小，因此每次交易的数量和金额均比较低。零售商品批量采购、零散出售，而制造商和批发商的经营商品则是批量采购、批量出售。零售商品的特点要求零售商对采购、仓储、运输、配送、包装、进场、陈列与销售的每一个环节所产生的相关交易费用进行严格控制。

（2）零售多为现货交易。零售交易的商品均须消费者亲自选购，而制造与批发的商品多为看样下单、期货交易。零售的这一特征要求零售商做好市场需求的调查和预测，采购畅销、对路的商品，否则容易造成库存积压的状况。

（3）零售交易中，购买活动多表现出随机性。在零售活动中，有的消费者是无目的购买，有购买计划的商品只占一定比重。消费者在光顾商店过程中的购买行为往往具有较强的冲动性，导致最后的购买决策具有很大的随机性。因此，这一特征要求零售商做好商圈分析、商品陈列、店面布局、商场环境等要素的设计。而制造与批发活动的决策严格依据订单执行，不受消费者个人意志的影响。

（4）零售商品的种类具有一定的广度和深度。为满足消费者需求层次化、多样化、个性化的要求，零售商经营的商品要具有种类上的综合性，同时，畅销商品的品种也要齐全。在商品深度上，零售商要重视与供应商合作开发和销售商品，提升零售商品的品质与品牌知名度。而制造商和批发商多为专业化生产与经营，一般只向客户提供单一的或者数量有限的商品品类。

（三）零售商的职能

零售商处于社会再生产过程中交换环节的终端，承担着组织商品销售，将商品从流通领域转入消费领域的使命。为完成这一使命，零售商不仅要不断满足不同消费者的需求，还要调节生产与消费在时间、空间、数量、质量、花色品种和信息沟通等方面的矛盾。因此，零售商的职能具体体现在以下几个方面：

1. 组织商品职能

消费者为了生存与发展，需要衣、食、住、行等各方面的商品和服务，由于空间、时间和信息的不对称性，消费者自己寻找制造商与经销商的概率较小。与商业银行吸收存款、发放贷款的功能类似，零售商代替消费者从制造商和经销商那里采购商品，并按照消费者的需求分类、组合，使消费者不仅可以便捷地购买到商品，还可以在购物体验过程中得到不同需求的满足。

2. 储存商品及承担风险职能

零售商为了满足消费者随时购买商品的需要，必须储备一定数量的各种商品。但是，商品在仓储与配送期间可能会发生许多风险，如库存过多造成的积压与滞销、商品的自然与人为损耗、商品的更新换代和技术淘汰等。这些风险都是由零售商来承担的。

3. 服务职能

零售商不仅销售商品，还要向消费者提供各种服务。第一，零售商要准确、及时地掌握市场供求趋势，组织适销对路的商品，扩大品类与品种，控制质量，零售商使消费者能够充分且放心地选购商品。这是零售服务的根本保障。第二，零售商要不断研究与改进销售方式、策略，保持与消费者的良好关系。第三，零售商要加强与消费者的沟通、信息共享，可以通过各种媒体、网点销售人员、电子商务平台等渠道及时将商品的有关信息传递给消费者。第四，零售商要注重商品的艺术陈列、店铺的科学布局、购物环境与氛围的营造，从而为消费者提供高端的购物体验服务。而无店铺的网络零售则要注重加强与消费者的互动性以及购物信息的反馈等服务。第五，零售商不仅可以提供与商品销售相关的其他服务，如包装、免费送货、网上与电话预约、经营礼品、发售代金券等软件服务；还可以为消费者提供停车场、儿童游乐场、休闲设施等硬件服务。

4. 信用职能

零售商可以通过信用销售的方式为消费者提供必要的融资渠道，但要接受消费者的评价与监督。零售商采取的信用销售主要有赊销和分期付款等方式。信用销售不仅可以让消费者避免每次购物都要支付现金的麻烦，而且使消费者能用未来的资金购买现在所需的商品，这增进了零售商和消费者的联系。对于供应商而言，零售商的信用职能主要通过预付货款来实现。预付货款使制造商和经销商的销售任务预先实现，提高了流通效率，改善了零供关系。

（四）零售商的具体活动

零售商活动是指零售商的商业性活动，即将商品和服务出售给消费者进而使商品和服务的价值得到实现的商业活动。这些商业活动主要围绕商品展开，内容丰富，主要有五个方面：

1. 提供商品和服务组合

为适应零售消费多样性、交易规模小与交易频率高的特点，超级市场和百货商店等零售商都必须为消费者提供万种以上的商品，并对货位布局、品牌、规格、花色和价格等进行组合，以方便消费者购买，使消费者在同一商场中有充分选购的余地。大多数消费者对各零售商所提供的商品组合都有所了解，知道购买不同种类、品种的商品该去什么地方、什么商店。

2. 聚集、分装和搭配商品

制造商在向零售商发运其所采购的商品时，为降低运输成本，总是将整箱、整盒或整包的商品运交给零售商，然而消费者每一次购买的数量少，零售商只能零散出售。为适应消费者需求及购买特点，零售商必须对整箱、整盒或整包的商品拆包、分装、整理，如自行车等商品需要安装后才能出售。

3. 仓储保管商品

零售商从制造商那里批量购进商品，但在商场中的商品只能零散销售，因为消费者只有在有需要之时才购买，并且习惯于零星购买，对供求平衡或供大于求的商品，消费者不愿多买，以免造成物品积压。为了保证消费者在需要时能买到商品，零售商一般都要存储一定数量的商品。仓储多少商品才合适，才既不会脱销又不至于积压或造成损耗，这要视市场供求状况而定。

4. 提供商品展示服务

提供服务是零售商组织商品销售过程中不可或缺的活动，尤其在当前生产力发展水平下，由于商品的同质化，在市场竞争中商品的品种和质量的优势日益弱化，零售商之间及相关行业的业务竞争优势多反映在提供服务上，因此，零售商在商品销售过程中要特别重视向消费者提供优质服务。零售商中的百货商店以良好的购物环境、高质量的商品和高效的商品经营服务著称；专业店、专卖店以商品专营或品牌专卖著称等。此外，零售商还可为消费者购买和使用商品提供方便，如营造良好的购物环境、布设商场和货位指示图、商品陈列、无理由退货、销售人员向消费者提供有关商品的信息及负责回答问题。

5. 销售商品、创造价值

零售商从事一切活动都是围绕着商品销售这个中心进行的，它购进商品不是为自己使用，而是为了再卖出，在此过程中实现商品的价值并创造一定的服务价值。显而易见，商品销售是零售商所有活动中最关键的环节之一。

零售商只有充分履行自己的职能，组织与经营好商品管理与销售活动，才能被市场认可，并得到消费者的认可，使其商品和服务的价值得以实现。

二、零售业态及分类

目前，“零售业态”已经成为中国商业领域广泛使用的词语，对零售业态问题的研究也取得了一定的进展，但是从整体来看，还是简单的、局部的。“业态”是来自日本的一个舶来词，大约出现在20世纪60年代，在日本被视为零售企业经营的形态。在英语中，它与“retail format”或“retail type of operation”相对应。20世纪80年代，在推广日本商业模式时，“零售业态”一词被引入国内，并被用来描述和分析以超级市场为代表的零售新业态的发展。直到近年来，随着中国零售业的迅猛发展，“零售业态”的概念才逐渐被社会公众广泛接受。

（一）零售业态的含义

关于零售业态的定义有众多的说法与解释。例如，其一，零售业态是指零售业经营的形态；其二，零售业态是指零售企业为满足不同的消费需求而形成的不同的经营形态，其分类主要依据零售业的选址、规模、目标顾客、商品结构、店堂设施、经营方式、服务功能等确定；其三，零售业态是指为满足某一特定目标市场需求而形成的业态形式，主要用来说明各种店铺形态，一般不用来说明无店铺形态。这些定义说法不一，但是有一点共识是可以达成的，即零售业态不仅用来描述零售商经营商品的特征，而且用来说明零售商经营方式的特征，并且主要是后者。

在业界尽管出现了一些描述某些业态特征的定义，如超级市场或者百货商店，但是不同出处的定义常常存在许多差别，业态之间的边界也变得越来越模糊。例如，沃尔玛曾经被描述为经营折扣百货店、超级中心、百货商店、超级购物中心等，而事实是，一般情况下沃尔玛具有每种业态的要素，像今天的许多零售商一样，沃尔玛也曾经在已有的传统业务之外进行过创造价值的探索。

本书采用大多数人认可的概念，将零售业态定义为：零售企业是为满足不同的消费需求进行相应的要素组合而形成的不同经营形态和组织形态，它体现在卖什么、怎么卖和卖给谁等问题上，主要通过商店的销售形式和组织形式表现出来，代表着零售企业进行零售活动的具体方式和特点。

（二）零售业态的分类

1. 零售业态分类的意义

对零售业态进行分类的主要目的是为分析零售业态结构的演变提供可靠的数据，以便政府、学术界、企业通过对各种业态的跟踪观察，掌握零售行业与市场的发展动态，为政府制定产业政策、企业进行营销渠道规划和战略规划提供有效依据。

首先，通过分析零售业态统计资料，我们可以掌握国内零售业态的结构变化情况。加入世界贸易组织（WTO）之后，中国已经全面开放了国内零售市场的准入门槛，使零售业成为最早与国际接轨的行业之一。这虽然有利于中国经济的发展，但是在短期内对国内的零售企业还是有着巨大的冲击。如何在开放的同时保护民族商业的发展，尽可能控制风险、增加收益，这就需要科学地分析零售业的变化，为宏观调控提供依据。在沃尔玛、家乐福、宜家等各类国际零售商进入国内市场广泛布点的现状下，无论是国内的制造商和经销商要与它们合作，还是国内的零售商要与它们进行正面交锋，都需要了解与掌握零售业态的发展趋势与结构变化，进而为选择合作伙伴、制定竞争战略奠定基础。

其次，通过分析零售业态分类统计的各项财务指标，如各种业态零售店的盈利能力、偿债能力、流动资产周转率、销售单品的毛利率和费用率以及劳动效率，可以推断各种零售业态的生存、发展状况以及对经济变化的适应能力。这种业态适应能力的信息对于零售商制定发展战略非常重要。例如，一个跨区域零售商在某一地区开设了不适合的业态门店，其结果必然导致门店效益不理想。因此，业态的选择问题是零售企业经营的关键。

最后，业态的分类便于对零售业竞争结构进行分析。零售业竞争结构分析是零售商制定战略的依据之一。如果不对零售业态进行区分，将所有的零售企业都视为没有差别，那么这样的结果对于零售企业没有价值。原因在于很多零售企业之间的竞争关系可能并不是很大，即便存在竞争，但由于业态的不同和目标市场的差异，竞争程度也存在差异。因此，我们在分析零售业竞争结构时，往往把零售业的竞争分为类型内竞争和类型间竞争。类型内竞争是指同一业态不同竞争者的竞争关系，而类型间竞争是指不同业态不同竞争者的竞争关系。要进行竞争结构与竞争者分析，就必须对零售业态进行分类。

2. 零售业态的分类标准

（1）国内关于零售业态的分类。在零售业态的分类上，国家标准《零售业态分类》（GB/T 18106—2021）按照有无固定营业场所，将零售业分为有店铺零售业态和无店铺零售业态两类。其中，有店铺零售业态可以分为便利店、超市、折扣店、仓储会员店、百货店、购物中心、专业店、品牌专卖店、集合店、无人值守商店共 10 种；无店铺零售业态可以分为网络零售、电视/广播零售、邮寄零售、无人售货设备零售、直销、电话零售、流动货摊零售共 7 种。但是，随着国际零售业的快速发展，这一统计指标体系仍然有需要完善的地方。

确定零售业态的分类标准是非常困难的。为了使零售业态的分类能够涵盖所有的零售组织，我们倾向于采用复合标准进行分类，在融合国家分类标准的基础上，我们根据“商品和商品结构、价格和服务、经营方式和特点、组织形式”四大类标准将零售业态细分为以下类型（见表1-1）：

表1-1 零售业态的分类标准与分类结果

分类标准	分类结果
商品和商品结构	日常商品，商品组合窄而浅：便利店
	单一大类商品，花色、品种、规格齐全，商品组合窄而深：专卖店
	单一品牌系列产品：专卖店
	各种消费品，商品组合宽而深：百货店和综合店
	食品为主兼营其他日用品：超级市场
价格和服务	一般服务，价格中等：综合店和专卖店
	较多服务，价格较高：百货店
	较少服务，价格很低：平价店（折扣店）和外贸店
	自助服务，价格较低：食品超市
经营方式和特点	有无店铺：店铺零售商、目录零售商、无店铺零售商
	地理位置：居民小区、商业街、购物中心、自由市场
	营业时间：24小时营业的便利店
	其他：会员店、批发俱乐部
组织形式	独立经营：独立店
	连锁经营：连锁店（包括自营连锁和特许加盟）
	联合采购，独立经营：供销合作组织
	出租经营场所：购物中心、自由市场和中国目前许多百货店
	产权性质：国有、合资、外资、股份制、私有、民营或个体工商户

（2）国外关于零售业态的分类。作为“零售业态”概念的发源地，日本学者将零售业态分类的国际惯例归纳成三个方面：一是以营业形态为标准，将零售业态划分为店铺零售业和无店铺零售业；二是以经营形态为标准，将零售业态划分为单一店铺形态和多店铺形态（特许、连锁或分店形式）；三是以企业形态为标准，将零售业态划分为个人、公司、合作等形态。

而美国的零售学者一般以所有权以及店铺零售和无店铺零售战略组合为标准，对零售业态进行分类：

1）按所有权划分，可以分为独立店、连锁店、特许经营、租赁商品部、垂直营销系统和消费者合作社等；

2）按店铺零售战略组合划分，可以分为便利店、超级市场、专业店、百货店、折扣店等；

3）按有无店铺战略组合划分，可以分为直复营销、直接销售、自动售货机等。

（三）零售商的基本类型

1. 按所有权分类

零售商之间的一个重要区别在于其所有权，即投资所有权。零售商所有权的主要形式有：

（1）拥有单个商店的独立公司。独立零售商只拥有一个零售单元。独立零售商数量多一般与其容易进入市场有关。各种小型零售公司的资金投入少，没有或仅有较简单的许可规定，因此开办比较容易。在美国，超过90%的零售商拥有和经营一家单独的商店。当然，零售行业的容易进入也带来了大量的竞争，这无疑成为零售业经营失败率较高的根本原因。独立商店的优势包括经营灵活、资金投入低、商品专业化、能直接控制战略、形象独特、能统一指挥、独立自主；而其典型的劣势是议价能力有限、不能形成规模经济、利用媒体少、过分依赖业主、用于规划的时间和资源不足。

（2）法人连锁公司。一个零售连锁店是由共同所有权下的多种多样的零售单元所组成的。它通常在做出界定和贯彻其战略方面的决策时具有某种程度的集权。零售连锁商店的规模范围涵盖从拥有两个商铺的药店到拥有1 000家铺面的公司。连锁零售商具有多种竞争优势，如议价能力、能发挥批量采购和多店经营的效率、管理计算机化、能利用多种媒体、有自己的管理理念和长期规划等。然而，大型的零售连锁店会有官僚主义习气，烦琐的规划和手续抑制了管理者的创造力。由于零售连锁店一般要求属下所有的商店都经营同一种商品或服务，因此会造成各个商店所能提供的商品或服务有可能与本地市场的需求不相适应。

许多零售连锁店都是大型的法人公司或持股公司的分公司。因此，这些法人公司常常通过并购零售连锁店来得到发展。许多法人公司允许其下的各个零售连锁店独立经营。其他一些充分整合的法人公司则要求零售连锁店完全归属于法人公司，包括改变其原来的名称。

大型的零售连锁店以比本地零售商低的价格提供更广泛的商品选择，还从当地社区中雇用大量的员工。由于规模经济和有效的分销体系，法人连锁公司可以以较低的价位出售商品。这就迫使那些参与竞争的本地零售商退出了商业区域，从而改变了社区组织机构。但那些由本地零售商所提供的不同于法人连锁公司的商品和服务却仍然兴盛。当大型的折扣商店开业时，会有更多的顾客从周围地区被吸引到该社区。

（3）获得特许经销权的企业。特许经销权是指在特许权给予者和获得者之间所达成的合同中规定的一种一致约定。它允许特许权获得者经营一个拥有由特许权给予者所开发和支持的名称和形式的批发零售商店。在特许经销的合同中，特许权获得者支付一年的费用加上对所有经销货物的信誉保证金，以便获得在一个特定的地点经营一家商店的权利。特许权获得者同样愿意在符合由特许权给予者所规定的手续的条件下经营一家批发商店。特许权给予者在选址和建设商店、促进商品和服务销售、训练管理人员以及广告等方面提供支持。为维护特许经销权的声誉，特许权给予者同样要确保所有的批发商都能提供同等质量的商品和服务。零售特许经营主要分为三种类型：

第一，制造商→零售商。通过特许协议，制造商赋予独立商人销售商品及相关服务（视情况而定）的权利。

第二，批发商→零售商。其可以分为：

1）自愿特许：批发商组织特许系统并授予单个零售商特许权。

2）合作特许：一组零售商建立特许系统，共享批发组织的所有权和经营权。

第三，服务提供者→零售者。服务公司授权单个零售商向消费者提供特定的服务。

特许经销权的上述形式试图将业主自主管理企业所拥有的积极性优势，与连锁商店经营活动中集中化决策的有效性结合起来。特许权获得者被激发着开发新的产品和体系以积极宣传特许经销权，因为他们从所有销售额中均获得了一份信誉保证金。广告、产品开发以及系统扩展均由特许权给予者进行有效的运作，而其成本则由全体特许权获得者分担。

2. 按有无店铺战略组合分类

（1）直复营销。直复营销是无店铺零售最常见的一种形式，是指通过非人员媒介（如电视、网络、杂志或直接邮寄）将商品或服务信息传递给顾客，然后顾客通过网络、电话、邮寄等方式订购商品或服务。它是一种互动式零售系统，借助多种广告媒体，达成可测量的回应或交易，且交易活动不受地域限制。

在直复营销中，依托网络展开的零售商业活动已经成为国内外零售业态的主流。对于零售行业，电子商务尤其是 B2C 本质上便是无店铺零售的一种形式，是零售业的虚拟渠道。而由此产生的虚拟渠道结合实体零售业态，借助零售连锁经营打破电子商务发展瓶颈的现代流通体系是零售业的又一次创新与发展。

（2）直接销售。直接销售包括在消费者家中或其他非营业地点与消费者沟通，或是由零售商主动通过电话征求订货的方式。化妆品、珠宝、非处方药、家庭用具和服务（如地板清洁）、奶制品、杂志等都属于可以以这种方式销售的商品。直接销售战略组合重点强调购物的便捷和人员交流。

现代直销模式于 20 世纪 40 年代起源于美国，如今已经成为美国零售商业的主流模式之一。根据世界直销协会联盟的定义，直销是以面对面的方式，直接将商品和服务销售给消费者，销售地点通常在消费者或他人家中、工作场所，或其他有别于固定性零售商店的地点。

（3）自动售货机。自动售货机售货是采用现金（硬币）或电子支付（扫码支付）方式进行交易的一种销售商品和提供服务的零售服务。它不需要销售人员在场，且可以昼夜销售，售货机可以放在方便消费者操作的任何地点，如商店里或商店外、火车站或街道拐角处。

（四）主要零售业态概述

1. 百货商店

（1）百货商店的定义。百货商店作为发展历史最长的一种零售业态，是第一次零售业革命的产物，它将零售业推向了规模经营的道路。菲利普·科特勒认为，在百货商店中一般销售数条产品线的产品。例如，服装、家具和家庭用品等，每一条产品线都作为一个独立的部门，由专门采购员和营业员管理。

德国学者的定义是：百货商店是供应大量商品的零售场所，主要商品是服装、纺织品、家庭用品、食品和娱乐品；销售方式有人员导购（如纺织部）和自助服务（如食品部）；销售面积超过 3 000 平方米。

法国学者的定义是：百货商店拥有较大的销售面积，自由进入，在一个建筑物中提供几乎所有的消费品；一般实行柜台开架售货，提供附加服务，每一个商品部都可以称为一个专业商店；销售面积超过 2 500 平方米，至少有 10 个商品部。

从学者们的定义可见，百货商店是指经营产品线长而广的商店。具体表述为，百货商店是实行统一管理，分区销售包括服装、家电、日用品等种类商品，并且能满足顾客对时尚商品多样化选择需求的零售业态。

（2）百货商店的经营特征。按经营规模的不同，百货商店可分为大、中、小三类；按组织形式不同则可分为独立百货和连锁百货两种。一般而言，百货商店具有以下经营特征：经营商品种类广、品种多，管理上实行商品部制，由各部门实施商品计划、销售业务、商品管理，并实行独立核算；店面一般比较豪华，从事大规模经营；在店址选择方面，百货商店一般处于城市中心或交通要道，能较大范围地吸引顾客，并为顾客提供多方位的服务。

2. 超级市场

超级市场诞生于 20 世纪 30 年代的美国纽约，是继百货商店后第二次零售业革命的产物。在发达国家，超级市场到 20 世纪 60 年代就已进入成熟期阶段，其发展速度逐步放缓。超级市场导入了连锁经营机制后，商业经营成为一种可管理的技术密集型活动，诸多不稳定因素得到控制，从而使超级市场多门店的连锁化经营成为现实。

超级市场是指采取自助服务和集中式一次性付款的销售方式，以销售包装食品、生鲜食品、副食品和生活用品为主，满足消费者日常生活需求的零售业态。

（1）业态结构特征。超级市场的基本需求特征就是满足消费者的日常生活所需，向消费者提供"一次性购足"的商品。超级市场经营的商品以食品和日用品为主。这些商品的购买频率高、选择性较低，消费者喜欢就近购买。超级市场的规模经营特征不仅可以体现在多门店连锁经营，以及广泛的市场拓展方面，还可以体现在其经营内容、价格政策、批零功能的双向发挥，以及劳动力和营业空间的有效利用等方面。

超级市场自助销售和集中结算的销售方式是对零售业传统的营销方式的一次革命性突破。在购物的便利性上，超级市场的选址一般强调靠近生活区、购物便捷。在购物的廉价性上，超级市场实行的是大众价格，以较低的零售价格出售商品，即以平价取胜于市场。超级市场通常通过大量进货降低流通成本、大量销售加快存货周转、节省运营资金及尽量减少卖场的销售人员、降低工资成本等多种手段，保证商品以较低的价格销售给顾客。因此，超级市场属于低毛利的零售业态，但这并不影响它的经营效益，规模经济带来了薄利多销。

另外，在购物的舒适性上，超级市场的自助式销售方式为顾客创造了良好的购物设施，也使得其能从过去紧逼式的推销方式中解放出来，自由地选购商品，从而增加了购物乐趣。在购物的时间上，超级市场在结算方式上实行一次性集中结算，大大节省了顾客的购物时间，使购物变得更加快捷。

（2）大型综合性超市的发展。现代超级市场的发展趋势是营业面积更大，大多超过2 500平方米，随着营业面积的增大和经营种类的增多，超级市场逐渐发展成为大型综合性超市，如沃尔玛和家乐福。这里一般将沃尔玛的超级市场归类于美国式大型综超模式，是生鲜超市和综合百货商店的结合，但其主体仍是超级市场。而以家乐福为代表的欧式超级市场，则是生鲜市场和折扣店（非食品的廉价商品）的结合。总体看来，大型综合性超市由于其经营内容的综合化，能真正满足顾客"一次性购足"的需要，已经成为超级市场业态的主体。

3. 便利店

（1）便利店的定义。便利店也起源于美国，它是一种既有食品杂货店供应的便利，又使用超级市场的销售方式和经营管理技术的零售商业组织，是以满足消费者便利性需求为主要目的的一种零售业态。首先，相对于其他零售业态，便利店拥有独特的经营组合策略，有效地给消费者提供高附加值的商品和方便、快捷的服务，为消费者带来了距离、选择、时间和服务四方面的便利。其次，现代连锁便利店能够实行24小时营业，其店多面广，临近居民生活区、商务区，在向消费者提供全天饮食类商品服务的同时，也提供图书、药品、快餐、邮政、票务、收费以及文印等各类特色服务，可以有效解决物流、支付体系不完善等难题，对网上购物、电子商务的发展起到一定的促进作用。

（2）便利店的发展。自1992年7-ELEVEn首次进入中国市场，中国便利店行业经历了外资进入、本土发展、快速扩张、整合发展四个阶段。随着经济的增长、消费者习惯的变化和技术的进步，便利店行业不断演进，目前正通过商品差异化、供应链优化、服务升级和加盟模式创新来应对疫情后的市场挑战，并实现稳健扩张。目前，我国台湾地区的便利店密度是全世界最高的地区之一，其中台北市每平方千米就有 6.27 家便利店。

4. 购物中心

（1）购物中心的定义。购物中心是指企业有计划地开发、拥有、出租和管理运营各类零售业态和服务设施的大型零售集合体。购物中心集购物、休闲、娱乐、美食和其他服务功能于一体，其间聚集着百货商店、超级市场、专营店、品牌专卖店、美容美发店、餐饮店、游戏厅、电影院等，建筑面积非常大，一般从 5 万至 50 万平方米不等。

（2）购物中心的发展与分类。从国外发展经验来看，购物中心在美国的发展已有百余年的历史，获得了巨大的成功。它不仅改变了传统零售业的分销结构，使零售店铺集中于开发商事先规划好的地域范围内由开发商统一管理，它还改变了人们的购物与消费习惯，带动了社区发展。在其他发达国家，这种集购物、休闲、观光、文化于一体的零售模式也得到了快速的发展，其营业额已经占到了社会零售总额的一半以上。

发达国家的购物中心大致分为三类。第一，居民区购物中心，一般由一个超市和一组规模较小的专营店组成，面积大约为 2 万平方米。第二，社区购物中心，多由一家大型百货商店和众多专营店再加上一些服务机构（如银行、旅行社）组成，面积一般在 5 万平方米左右。第三，地区性购物中心，由多个百货商店和数百家专营店构成，有银行和其他服务机构，面积在 10 万平方米以上。亚洲的著名购物中心包括：北京世纪金源购物中心、上海恒隆广场、中国香港的时代广场及太古广场，新加坡的来福士广场，泰国曼谷的中央世界商业中心等。

5. 专业店和专卖店

专业店是指以经营某一大类商品为主，具备丰富专业知识的销售人员和适当的售后服务，满足消费者对某一大类商品的选择需求的零售业态。国内专业店是随着零售业的发展，从百货店业态中细分出来的，包括家电连锁专业店（如国美、苏宁），市场化的药品专卖店（如海王星辰），多渠道经营模式的珠宝首饰店（如周大福、老凤祥），以及化妆品专业连锁店（如丝芙兰）等。专业店的目标市场定位在某一类商品的消费者。

专卖店是指专门经营或授权经营制造商品牌，适应消费者对品牌选择需求和中间商品牌推广需求的零售业态。其店面的布局、商品的陈列和商品的结构都充分体现了品牌的个性。专卖店的主要特征有：其一，商品以知名品牌为主，如华为专卖店、李宁专卖店；其二，注重品牌声誉，销售人员有较强的专业知识，能为消费者提供专业知识性服务；其三，提供某一品牌的系列商品，比如安踏专卖店提供安踏生产的各种体育用品；其四，注重商品陈列、店内广告和灯光设计；其五，商品大多为厂家直供，节省了中间的采购环节，因此，专卖店的商品销售具有量小、质优、高毛利的特点。

三、零售业态发展理论

微课 1：

消费升级背景下的商业业态

零售商要获得成功和发展，必须加强对相关理论的研究，以指导零售活动，把握零售业的发展趋势与方向。目前存在的零售相关理论大多源自微观经济学等学科，如零售竞争理论、消费行为理论、人力资源管理理论等都是从市场营销学借鉴而来的，因此零售学的研究与市场营销学有着密切的联系。而零售交易成本理论、零售制度理论等则是从产业组织理论借鉴而来的。本书要介绍的零售理论中经典的零售转轮理论、零售手风琴理论等仅仅是零售理论的分支，它们是研究零售业态演变的理论体系。

零售业态演变的理论，是通过研究一个国家（地区）零售行业在企业的所有权、组织类型、组织规模和地理范围等方面的构成变化，来揭示这个国家（地区）零售结构发展演变的规律性，因此也被称为零售结构演变理论。研究零售业态演变的规律，可以更好地解释零售业的过去与现在，更好地把握零售业未来的发展。

（一）零售转轮理论

微课 2：

零售转轮理论

零售转轮理论，又称“新零售之轮”理论，是由哈佛商学院零售学专家马尔科姆·麦克奈尔提出的。它以美国近百年来的零售业的发展为佐证，是迄今为止最为大家所熟知的解释零售业组织结构演变的一种理论。麦克奈尔认为，零售业的零售商变革具有周期性的像车轮似的发展规律。新的零售商进入市场时都采用“低姿态、低成本、低价格、低毛利”的经营策略，当其取得成功时，必然引起很多零售商的效仿，进而引起这些零售商之间的竞争，这样可以促使该零售商改善设施、营造良好的购物环境、提供更多的服务以吸引消费者。由于加大了投入，引起了成本上升，因此该零售商就转化为高成本、高价格、高毛利的零售商，在竞争中转入不利地位。与此同时，又有零售商革新者组织低成本、低价格、低毛利的经营者进入市场，启动了零售轮子的转动。该理论强调以低价策略进入市场而获得成功，原来的革新者被另一革新者代替。

零售转轮理论建立在四个基本条件之下：第一，零售业态的演变是基于成本和价格的，成本和价格越低的零售业态越可能兴盛；第二，新型业态的成功在于，比现行零售业态拥有更低的经营费用和较低的价格；第三，新型业态一旦在零售系统中站稳脚跟，势必会增加经营费用；第四，增加经营费用能带来销售增长、目标市场扩大和商店形象改善，最终会导致另一种新型业态的出现。

零售转轮理论提出以后，许多人对其加以验证，发现了一些与此理论相符的实例。例如，在美国专卖店、百货店和平价店的发展历史中，这几种零售业态最初都是以低价格、低毛利的形式进入市场，后来为了提供新的服务和改善服务设施都不得不提高价格以弥补经营费用的增加。最终，这些零售业态因为价格提高而开始衰退。但是，零售转轮理论也有研究的局限性，它只设定了成本和价格两个研究变量，且是唯一的变量，将复杂的经济现象过于简化。因此，许多零售业态的演变并不能完全用零售转轮理论来解释。

（二）零售商品攀升理论

零售商品攀升理论是由美国市场营销专家巴里·伯曼和乔尔·埃文斯在其合著的《零售管理》一书中提出的。与零售转轮理论集中于商品品质、价位方面的变化不同，零售商品攀升理论说明的是零售商增加其商品组合宽度的规律。当零售商增加相互不关联的或与公司原业务范围无关的商品和服务时，即发生了商品攀升。该理论认为：零售商扩大销售规模，增加卖得快和毛利高的商品和服务，减少季节性影响；零售商迎合顾客冲动的一次性购买，在原商品销售可能下降时，增加商品组合的宽度，以稳定老顾客、吸引新顾客。如药店、杂货店、书店、花店都受到超市商品攀升的影响。

商品攀升是零售商之间竞争的结果，反过来更加剧了竞争。后果有：一是使各种零售业态之间的经营范围的界限变得模糊；二是零售商销售不熟悉的商品和服务，缺乏专业知识，增加了经营失败的风险；三是制造商因商品销售分散到更多的零售商而增加了分销成本。

（三）零售手风琴理论

早在 1943 年，就有人提出零售手风琴理论，E. 布兰德于 1963 年对其进行完善。零售手风琴理论认为，影响零售业态演变的决定性因素是零售组织的商品组合。该理论还认为，零售企业的发展和演进可由商品组合从宽到窄、再从窄到宽的变化来解释，就像拉手风琴一样一宽一窄交替变化，而商品组合的扩大或缩小必须反映不同时期市场需求与竞争格局的变化。

考察零售业的发展历史，我们可以发现零售企业的发展和演进是这样的：杂货店→专业店→百货店→超级市场→商业街。美国现代零售业的发展历史与该理论的解释比较吻合。美国现代零售业开始于综合店。综合店的经营范围非常广，涵盖衣物、食品、农具等众多品类。而后，随着人口向城市集中，比综合店更专业的百货店出现了。在百货店取代综合店成为主要的零售组织的同时，比百货店更专业的专卖店，如书店、药店、鞋店等，相继涌现。20 世纪 50 年代后期，虽然商品组合由宽变窄的活动并没有停止，一种相反的趋势，即商品组合由窄变宽，已经初露端倪，而后迅速展开。以食品零售业为例，从食品杂货店到超级市场，再由超级市场发展到特级市场，商品组合越变越宽。

但是，零售手风琴理论并没有弥补零售转轮理论过于简单化的研究缺陷。从理论价值来看，零售手风琴理论更适合描述零售业态现象上的演变，而不适合解释和预测零售组织结构的演变，因为该理论只给出了零售组织演变的单一要素，即商品组合的宽窄，这只是零售业态变化中的表象，并不是内在的影响因素。

（四）零售生命周期理论

零售生命周期理论根源于市场营销学中的产品生命周期理论的概念。零售生命周期最先由美国的戴韦森等人于 1975 年提出。该理论认为，零售组织像它们所销售的商品和服务一样，也存在明显可变的生命周期阶段：创新、发展、成熟和衰退。该理论还对各个阶段零售市场的特点做了描述，并从零售商的角度提出相应的策略——投资增长和风险、中心业务管理、管理控制技术的运用和最佳的管理方法等，同时建议管理者不仅在发展阶段要做出有效的决策，而且在它走向衰退时，也应主动放弃以寻求新型零售组织。

在创新期，与传统零售业态相比，新型零售组织一般具有成本和费用控制方面的竞争优势，也有可能来自组织经营的特色，如独特的商品组合、购物环境、区位优势等，甚至不同的广告或促销手段。这样新型零售组织的竞争优势可以很快被消费者接受。但是这一阶段，由于开发成本和投资费用较高，新型零售组织往往很难获得利润。在发展期，新型零售组织的销售额和利润额都会经历一个快速增长的阶段。有的新业态在这一阶段开始被消费者接受，它们会积极增加产品线，开设更多网点，导致市场占有率迅速提高，但是模仿者也显著增加，导致现存业态与新业态之间竞争日益激烈。在该阶段的中后期，伴随着组织规模的不断扩大、间接费用增加，利润率开始出现下降，表现为同业竞争加剧。在成熟期，这也是新型零售组织发展最重要的阶段。零售组织的市场占有率已经趋于稳定，多方面因素造成企业发展面临诸多问题。新业态的特征逐步丧失，更新型的零售组织开始出现。在衰退期，并非所有零售业态都会经历该阶段。通过战略调整或重新定位，有些零售组织可以避免或延长衰退期的到来。然而，由于消费者购买行为的变化和新型业态的出现，大部分零售组织都要经历这样一个痛苦的阶段，市场明显萎缩，行业地位下降，经营不善的组织甚至会退出市场。

（五）零售辩证过程理论

零售辩证过程理论，又称零售正反合理论，是由美国零售专家托马斯·马落尼克提出的，它基于黑格尔的辩证法来说明零售业态演变的规律。大致内容为：“正”是指旧零售业态，“反”是指新零售业态，“合”是指新、旧零售业态在竞争中相互融合，产生一种兼具二者特点的更新的零售业态。因此，新出现的零售业态基本上是现存零售业态的否定形式或现存零售业态的重新组合。例如，专业店和百货店是相互对立的两种业态，前者以商品组合窄而深为特色，后者则以商品组合宽而广为特色，随着现代大型百货公司经营商品品种愈加丰富，而且在价格、定位上拉开距离，经营品类与百货公司重合的中小型专业店生存困难，于是便出现了品牌旗舰店，其结合了专业店和百货店的品种全和大的特点，仍然经营相关的产品线，但是品种齐全，实现了在某大类商品方面的“一站式”购物。

模块 3 操作指导

一、零售企业与零售职业规划

在零售业求职，主要有两种可能性：一是创办自己的零售企业，二是受雇于零售企业。应该说，面对这两种职业选择，在同一时间里只能选其一，但从长远考察，这两种选择并不相互排斥，因为许多人在受雇过程中取得经验后，才会开办自己的店铺，当然，也有人因种种原因在自己创办的零售企业倒闭后，再受雇于其他零售企业。这些在市场经济环境下都是正常现象。下面就这两种职业选择的属性分别进行考察。

（一）创办自己的零售企业

零售企业的市场准入门槛较低，为那些想创业的人提供了机遇。因此，当今社会经济生活中，自己开办零售店和加盟连锁零售企业已经是十分普遍的现象。在美国，大多数零售店属于私营企业，国际上许多零售巨头都是从经营独资商店开始的，如沃尔玛、玛莎百货、家乐福等。

创办自己的零售企业具有若干有利因素：其一，投资成本较低，在美国，数千美元就可以完成注册，在我国，几万元就可以自己创业了；其二，经营的商品和服务能满足特定顾客群体的需要，业主行使决策权、指挥权和监督权，权力集中，实行统一领导；其三，经营灵活，能够适应需求的快速变化等。但创业过程中也会存在不利因素的影响：其一，创业初期资金有限，融资渠道少，难以发展；其二，经费不足，无法在媒体上大量投放广告；其三，人力资源缺乏，多沿用传统的管理方式；其四，业主工作时间长。

致力于创办零售企业者要学习现代零售营销理论，在店铺选址、经营商品种类、品种及服务上下功夫，为顾客提供方便。

（二）受雇于零售企业

在零售业求职除了创办自己的零售企业之外，还可以受雇于零售企业，成为零售系统中的一名职业人。零售企业的职业岗位众多，包括业态选择、公司计划、战略制定、人力资源管理、商店店址选择、商店设计与布局、商品管理、顾客服务、商品采购、商品销售、投资分析、会计与审计等工作。

当然，以上职位的工作只存在于具有一定规模的零售企业，一般而言，在大中型的零售企业均可以找到这类职位。在经营管理方面，大中型零售企业除了在职位设置上的共性外，在员工培训上也不尽相同。目前，跨国零售巨头和中国本土零售商大多非常注重员工的职业生涯规划教育，为不同阶段的员工制订了各具特色的培训计划，有针对高级管理人员的，也有针对新入职员工的，包括刚从大学毕业的应届生。

因此，各个项目的设计是根据零售企业的工作岗位和职业要求进行的，与零售企业管理流程和职业岗位内容要求是一致的。

二、零售理论应用操作

（一）《零售理论应用体会》的训练要求

（1）训练目标。要求学生全面、正确地理解“零售”“零售业”“零售业态”“零售业态演变规律”的含义和基本内容，联系本项目的基本知识，提高自身对零售企业管理的认识和在营销实践中正确运用零售理论的能力，完成一篇 1 500～2 000 字的关于零售业或零售企业的体会报告。

（2）认识零售理论的重要性。其一，只有深入了解零售及零售的主要活动，才能更好地服务消费者。其二，只有深入理解零售业与零售业态的含义，才能从战略高度把握零售企业的发展方向。其三，只有掌握零售营销的理论精髓，才能帮助零售企业更好地占领市场。

（二）《零售理论应用体会》的写作要求

要完成一篇体会式的小论文，掌握文章的写作结构和要求很重要。一般来说，小论文分为三个部分：

（1）开头。文章的开头应该提出问题，说明体会文章要解决的是什么问题，论述的观点是什么，即做出判断。论点的概念要准确，判断要符合客观事物的发展规律，符合人们对客观事物的认识习惯。

（2）正文。文章的正文应该分析提出的问题，说明为什么要确立文章的这样一个论点，即推理。论点的推理可以在理论与实践结合的基础上，以理论观点和实例资料为论据进行论述。正文论述的基本要求：紧扣主题（以论点为中心）、言之有序（条理分明）、言之有理（分析准确、符合逻辑）、言之有据（具备充分的理论依据和实例资料）。

（3）结尾。文章的结尾应该提出解决问题的结论。可以从正文论述中进行归纳和综合，得出总结或联系现实存在的客观问题，提出自己的观点、见解与意见。结论表达的是作者自己对论点的见解，是文章的精髓。结论要求：上升为自我认识；观点、见解与意见要鲜明、具体；结论要概括、简短。

(三)《零售理论应用体会》交流的操作

(1)掌握交流的内容。交流效果首先来自交流内容。具体要求:要注意理论联系实际,交流观点要上升为自我认识,交流内容的表达要完整,交流观点的表达要准确。

(2)掌握交流的技巧。首先,在交流表达上,要注意表达清楚、响亮;其次,在交流表情上,要做到自然、舒展,富有吸引力;最后,在交流姿态上,要注意大方、得体,要善于表现自我。

模块4 案例分析

案例1 胖东来“爆改”永辉:真能拯救传统超市吗?

2024年6月19日,经过19天的闭店调改(调整改进,也称爆改),被胖东来“爆改”的永辉超市郑州信万广场店正式恢复营业。现场人山人海,开业20分钟就被迫采取限流措施。永辉方面称,当天该门店销售额达到188万元,是调改之前日均销售额的13.9倍。

“大哥”为何低头向“小弟”学习?在很多人看来,反差极大。在2023年中国连锁TOP 100中,永辉排名第4,胖东来排名第46。原因其实很简单,一边是胖东来“出圈”,一边是传统商超生存空间受挤压、经营艰难。财报资料显示,2023年,永辉超市、步步高超市净亏损分别为13.29亿元、18.89亿元。然而,胖东来2023年营业收入超100亿元。

近年来,生鲜电商和电商超市业态的发展给传统商超带来很大的压力,同时折扣业态、仓储会员店业态等新业态给传统商超带来激烈竞争,消费者比价意愿和比价能力更强,传统商超在经营模式、内部管理、流程机制、技术应用等多方面无法适应市场竞争和需求变化。“受电商冲击,传统商超大卖场的生存空间受到挤压。包括永辉超市、步步高、中百集团等大规模的零售连锁企业也出现亏损,开始寻求自救方法。”和君咨询合伙人、连锁经营负责人表示,“传统商超要想持续发展,最核心一点是如何和电商形成差异化竞争。其中,商品力是关键。商品的差异化和高性价比不能只停留在过去的一些普通标品上,因为如果电商也有的话,可能价格更便宜且还能送到家。”十多年来,胖东来一直是中国零售行业里比较独特的存在,其拥有比较独特的经营模式、经营理念。此前传统卖场的优势没有被充分挖掘,学习胖东来是传统卖场挖掘潜力的良好举措。

在商品结构优化方面，永辉超市相关负责人介绍，调改后的门店，店内有上万件商品进行了更替，下架单品 10 841 个，占原有商品的 81.3%，并新增商品 12 581 个，实现新增单品占比 80%，梳理后的商品结构达到胖东来商品结构的 90%以上。同时，永辉超市郑州信万广场店也引入了胖东来的自有品牌商品，如烘焙类的网红“大月饼”、熟食、DL 果汁、DL 精酿小麦啤酒、DL 燕麦片、DL 洗衣液、DL 毛巾等 70 多个商品。

在卖场环境优化方面，永辉超市对该店布局进行了重新设计，取消了强制动线、拓宽了卖场通道。在入口处取消了原有的外租区域，新增了烟酒柜，扩大了烘焙、现场加工、熟食区等区域，以更流畅的卖场动线为顾客提供方便、舒适的购物环境。针对顾客休息区，永辉超市则增加了微波炉、一次性纸杯、护手霜、充电宝、公平秤等便民设备。

永辉超市郑州信万广场店新增加了日配冷链，并对原有设备进行了全方位的维护保养和更新迭代。根据布局调整，永辉超市还新增了生鲜、散称杂粮、卖场端架等设备设施，整体硬件设施更新占比达到 45%。此外，该永辉超市调改店自 6 月起已实现全员涨薪，其中基层员工涨薪超 1 000 元，并且对员工休假进行调整，即工作满一年可享受 10 天年休假，并通过缩短门店营业时间，确保门店员工平均每日工作时间不超过 8 小时。

对于胖东来来说，调改实际上就是推动了其自有品牌（DL）的多渠道扩张。借助胖东来的知名度和热度，永辉能受到资本市场和媒体的广泛关注，低风险、低成本地加速推动内部的管理变革和供应链变革。

资料来源：七问胖东来“爆改”永辉，真能拯救传统商超吗？[EB/OL]. 上游新闻，2024-06-20.

问题

（1）胖东来对永辉超市的调改主要在哪些方面展开？

（2）“胖东来模式”是否有助于传统商超转型发展？

案例 2　物美大食堂开业，“零售＋餐饮”业态成新举措

如今，伴随着传统零售业态进入黄昏期，越来越多的商超企业开始探索新的增长曲线，将餐饮业态融入线下门店则成了最为普遍的举措。

2024 年 6 月，“物美大食堂”这一全新餐饮业态在物美超市（北京中关村店）开始推行，主打午餐和晚餐时段的自助餐饮服务，正餐供餐时间为上午 10:30 至晚上 8 时，中间不闭餐，自开业经营以来，每日客流量 600 人左右、单日营业额逼近 2 万元。菜品及价格方面，食堂菜品丰富多样，涵盖凉菜、炒菜、主食、水果、小吃、甜品等在内的共计 60 余种菜品。其中，面食类碳水自助 13 元可无限畅吃，炒菜类自助仅需 19.9 元，可满足不同顾客的口味需求。值得注意的是，在常规点单之外，食堂向每位顾客收取 5 元押金，就餐结束后将餐具送到押金返还处，即可退回押金。另外，为避免浪费，食堂将会对剩餐按

重量3元/两进行结账。

为保证新鲜程度，物美大食堂联手莎莎供应链使用非转基因油，全程净菜冷链配送，所有菜品均为现场炒制，以确保食材的新鲜度和健康安全。与此同时，物美承诺不卖隔夜菜，旨在让消费者吃得安心、放心。物美超市餐饮负责人陈少兵表示，“每天，位于天津的净菜工厂将食材提前洗净切好、真空包装，再统一运往门店”。另外，物美大食堂实现明厨亮灶，顾客可以透过玻璃窗看到厨师烹饪的场景。陈少兵提到，北京大兴黄村店和通州龙湖店的物美大食堂也将亮相，2024年底前将拓展至20家门店。

便利店和传统商超作为和用户日常生活最为密切的业态之一，深刻洞察到了当代消费者在快节奏的生活模式下，对“便捷性”所存在的较大需求。基于此，这两种业态以“餐饮”确立为与消费者生活交融的重要触点，并将门店内部升级为融合产品、服务、情绪价值于一体的复合型门店。一方面，餐饮业态具备较高利润，CCFA（中国连锁经营协会）数据显示，7-ELEVEn在中国市场鲜食商品的销售占比40%，毛利占比达60.4%。另一方面，相较于餐饮业态本身，商超、便利店等零售商跨界做快餐拥有天然的品牌效应及供应链优势，引入餐饮业态后，可进一步为其解决线下客流不足等问题，毕竟餐饮需求较为高频且刚需。

首都经济贸易大学工商管理学院教授陈立平表示：“新零售发展是基于消费升级的背景，餐饮化是新零售特征之一，其逻辑是将超市中食材的可见性和可选性与餐饮的便捷性融合。但当前消费回归理性，更关注性价比，各超市企业也关注到这点，推出极具性价比的快餐。”“平价快餐的市场空间广阔，所面向的人群更广泛。超市布局平价快餐正好能满足这一受众人群的需求。”连锁产业专家文志宏分析称：“平价快餐仍处于散、乱、小的状态。超市有品牌背书和供应链优势、消费者的信任度高，因此可以吸引更多的消费者。”

超市布局快餐的背后也有着更深层次的含义。中国连锁经营协会发布的研究报告指出，当前传统超市企业面临三大核心挑战，即到店消费客群持续流失、商品差异竞争逐步缺失、门店运营成本不断增长。因此，布局平价餐饮实际上也是超市解决线下“流量之痛”、吸引客流量的重要推手。“当下已进入云消费时代，消费者通过线上渠道下单购买商品，一站式购物的超市已不再是消费者唯一选择。”中国商业联合会专家委员会委员赖阳表示，“当前消费者所追求的更多是休闲体验式的生活，为吸引他们来线下超市购物，餐饮服务是重要方式之一。快餐属于高频消费品类，消费者在因快餐进店后，也可以促进店内其他商品销售。”

资料来源：零售圈．物美大食堂开业，“零售＋餐饮”业态成新举措［EB/OL］．联商网，2024-07-10．

问题

（1）传统商超引入餐饮有何优势？

（2）超市布局平价快餐背后原因是什么？

模块 5 知识拓展

西方国家零售业的历史与现状

一、西方国家零售业的五次变革

纵观世界商业经济的发展历史，在进入 19 世纪以后，零售商业变化的速度加快，发生了几次重大的变革。这些变革在零售商业发展史上被称为“零售革命”。商业变革发生了多少次，说法不一。结合各种商业变革对流通的贡献及影响力，国际学者公认流通发展历史上大致出现了五次“零售革命”，即百货商店革命、连锁商店革命、超级市场革命、仓储店与折扣店引发的革命以及网络零售革命。这五次“零售革命”都首先发生在市场经济发达的西方国家，其中的主要动因是零售形式对于零售环境发展和变化要求的适应。西方国家的市场经济发展超前，率先引发了一系列零售经营环境的变化，而每次的变化都会迫使零售企业自觉或不自觉地去适应，从而导致了零售商业一次又一次的变革。当变革如此之大，以至于旧的零售格局完全被打破并建立起新的零售格局时，我们就称之为“零售革命”。

（1）百货商店革命。百货商店 1852 年诞生于法国巴黎，它的诞生是零售商业对以机械化为基础的大批量生产的直接反应，标志着零售业第一次重大变革的开始。

（2）连锁商店革命。百货商店产生后，随着现代大工业的发展，零售业急需一种与大工业规模化的生产要求相适应的零售业态。1859 年，美国大西洋和太平洋茶叶公司建立的第一家连锁门店被称为世界上最早的直营连锁店。20 世纪初期，连锁经营在零售领域得到广泛应用，其实质就是将社会化大生产的基本原理应用于流通领域。

（3）超级市场革命。20 世纪 30 年代，一方面，在世界经济大萧条背景下，人们不断缩减日常开支；另一方面，生活节奏的加快激发了人们一周一次购物的需要。超级市场在继承百货商店的基础上，在经营方法上进行了创新，满足了城市居民的这些需要。

（4）仓储店与折扣店引发的革命。在这个时期，人们经济收入的差距不断扩大，消费需求、消费理念的差异界限逐渐明晰，从而导致了消费者的分化。因此，各种针对不同消费群体的零售业态出现了，如仓储店、折扣店，促使零售业多元化发展。

（5）网络零售革命。电子商务是基于浏览器/服务器应用方式，买卖双方不谋面而实现网上购物、网上交易、在线电子支付以及各种商务活动、交易活动、金融活动和相关的综合服务活动的一种新型的商业运营模式。它的产生颠覆了人们传统的消费理念，从此人们足不出户就可以进行更优质、更廉价、更广泛的商务活动。

二、西方国家零售业的发展现状

从全球经济与社会发展趋势的角度来分析，西方国家零售业的发展呈现如下状态：

（1）新型零售业态不断涌现，零售企业通过多渠道提供服务以保持竞争力。大多数国际规模的零售商对于消费者的需求变化将保持一种随时反应的姿态，为消费者提供新业态、新产品和新服务。大型店铺连锁零售商将试图使自己的每一家店都变成人们“一站式”购物需求的目的地，增加非传统经营的商品，增加非商品消费服务。同时，将有许许多多的特色商店出现，服务于特定人群和具有独特生活方式的消费群体。

（2）国际化经营进一步发展，兼并和收购是零售商快速扩张的重要手段。目前，世界零售商巨头主要集中在经济发达的国家和地区，由于经济、人口增长以及零售网点分布等因素的影响，这些零售商在本土发展、增长的空间受到约束，跨国发展是保持规模竞争优势的重要出路，经济快速发展的发展中国家是它们重要的扩张市场。为了在市场扩张、竞争中取得时间上的优势，兼并、收购是跨国零售商的重要手段。竞争的加剧、经营困难、破产零售企业的增多，也为这些零售业巨头提供了更多兼并、收购的机会。

（3）网上零售商品的品类不断丰富，销售比重进一步增加。方便、经济是消费者永恒的追求，随着网络信息技术的发展，消费者网上购物的环境不断改善，这种方便、经济的购物方式将受到越来越多的消费者的欢迎，网上商品销售范围也将不断扩大，网上商品零售额的比重也会得到大幅提高。

（4）物美价廉仍是零售业竞争的主要措施，更多现代信息技术的应用将为此提供有力的支持。在任何经济条件下，任何地方的消费者都在寻求物美价廉的商品。为此零售商除了采取大规模采购以降低进货成本外，应在物流、供应链、店铺管理、商品销售服务及其他相关服务方面大量运用信息技术，以进一步降低成本。而这些信息技术所带来的高效率，将帮助他们以更低的成本来实现全球化扩张。

（5）零售业对商品生产的主导作用进一步加强。未来世界经济的发展，由消费决定生产的特征将愈加突出，这种特征主要是通过零售商对商品的订购、产量的控制、标准的规定、物流的走向等方面决定权的增强来体现的。同时，零售商自有商品品牌经营的比重会大幅增加。

（6）食品加工业由零售业主导。随着经济的发展，虽然居民的食品消费在消费支出中的比重逐步下降，但食品的零售仍将是零售业的重要支柱。为了给消费者提供更新鲜、可口、健康的食品，零售业将大力参与食品的加工，最终形成对食品加工业的主导。

模块 6 团队项目实战训练

一、项目名称

零售项目团队组建与“零售认识体会”交流。

二、步骤及要求

（1）成立零售项目团队，各团队组长为项目负责人。

（2）学生独立完成《零售理论应用体会》的小论文。

（3）分组讨论，小组成员要把个人完成的体会小论文在小组内进行交流，在交流的基础上，汇总为团队的体会文章。

（4）各团队派出一名代表，以 PPT 的形式在课堂上展示小组交流体会的成果。

三、过程评价

（1）组内打分。

（2）组间打分。

（3）教师打分。

项目二　零售战略管理

学习目标

知识目标

1. 掌握零售战略管理的含义。
2. 熟悉零售企业战略管理的过程。
3. 掌握影响零售战略制定的内外部因素。
4. 掌握迈克尔·波特的竞争战略理论。
5. 掌握零售企业战略的不同层次与内涵。

能力目标

1. 能够通过案例分析零售企业的竞争战略。
2. 能够制定简单的零售战略规划。

素养目标

1. 具有创新思维和诚信经营意识。
2. 具有与时俱进的国际化视野和可持续发展理念。

模块1　大家来讨论

森马首家数字化门店亮相，为消费者提供全新逛购体验

近年来，随着Z世代人群逐渐成为消费的主力军，消费注意力也逐渐从商品消费转移到服务消费与体验消费上。如何获得年轻人的认可、如何紧抓消费者目光、如何为消费者提供更加精细化的服务体验，成了品牌发展的重要思考方向。

2022年9月，森马首家数字化门店——杭州西湖工联CC店（以下简称杭州西湖店）焕新亮相。杭州西湖店通过富有杭城韵味的门店陈列、直播等活动，打破线上线下壁垒，搭建了一个品牌与年轻消费者连接的场景聚合空间，为消费者带来全新逛购体验，实现了品牌营销的数字化升级。

首家数字化门店亮相，赋能全新消费体验

作为标杆性门店，杭州西湖店一直以其独特的地理位置、优质的产品、人性化的服务圈粉无数。9月21日，全新设计的杭州西湖店焕新亮相，无论是橱窗设计、墙面设计还是商品陈列等，均融入了杭州特色，为消费者带来了一个全新的逛购空间。在店里，消费者不仅可以自由挑选秋冬新品，还可根据店铺模特的穿搭方案，寻找到新一季的搭配灵感。

门店直播加磅，沉浸式购物引关注

除了外观陈列全面升级以外，森马还将实体直播间搬到了数字化门店内，为消费者带来线上线下一体化的沉浸式直播购物体验。消费者可以到店观看直播，在线零距离互动，参与互动赢好礼；也可在手机上直接关注“森马旗舰店”账号，在线看直播，实现足不出户，轻松购入门店同款产品。

在注意力缺货和信息碎片化的时代，消费者需要Wow Moment（惊叹时刻）。森马数字化门店打造的场景感、体验感、个性化、创新化的营销方式与森马一直“以消费者为中心”的品牌理念相符，因而才能引发消费者的情感共鸣乃至价值共鸣。

资料来源：森马首家数字化门店亮相，为消费者提供全新购物体验［EB/OL］. 时尚周刊网，2022-09-22.

请思考：

作为市场领先的国民生活时尚品牌，森马服饰布局数字化门店的原因是什么？

模块2 基本知识

一、零售战略管理概述

目前，我国零售业的竞争已经到了白热化的程度，在这种形势下，零售企业需要进行总体战略设计，选择适合自己的竞争战略方向。

（一）企业战略

战略最早源于军事活动，是为了对战争全局做出准确判断而制定的方略。从发展历史看，它源于古希腊时期，当时出现最早的词为“Strategos”，是“军队”和“率领”两个词的结合，是指指挥军队的艺术和科学，后被解释为领导艺术和统治方法。

20 世纪五六十年代，“战略”一词被引用到企业管理中，最初应用于工商企业。在企业管理这个范畴中，究竟什么是战略，目前尚无一个统一的定义。不同的学者和企业家赋予战略不同的含义，有的认为战略应包括目标，即广义的战略，有的则认为战略不应包括这一内容，即主张狭义的战略概念。明茨伯格对于战略的定义有独特的见解，他借鉴了营销学中的 4P 提法，提出战略是：计划（plan）、计谋（ploy）、模式（pattern）、定位（position）、观念（perspective）。

本书认为，战略是一个将组织的主要目的、政策与活动按照一定的顺序紧密结合而成的计划。制定完善的战略，有助于一个组织根据自己的优势与劣势、环境中的预期变化和竞争对手可能采取的行动，合理地配置自己的资源，从而在竞争中取得优势。

关于什么是企业战略，学者们也进行了界定，基本认为，企业战略是以企业未来为基点，为赢得持久的竞争优势而做出的事关全局的重大筹划。企业战略强调的是做正确的事，而不仅仅是把事情做正确。而零售企业战略则是零售企业以未来为基点，为赢得持久的竞争优势而做出的事关全局的重大筹划。

（二）企业战略管理

1. 企业战略管理的含义

“战略管理”一词最早由美国学者安索夫于 1976 年在其所著《从战略规划到战略管理》一书中提出。他认为企业战略管理是将企业日常业务决策同长期计划决策相结合的一系列经营管理业务。而英国学者拉尔夫·斯泰西认为，企业战略管理是确立企业使命，根据企业外部环境和内部经营要素设定企业目标，保证目标正确落实，并最终实现企业使命的一个动态过程。

企业战略管理是关系到企业长期性、全局性和方向性的重大决策问题。它实际上反映的是对重大问题的决策结果，以及组织将要采取的重要行动方案。

2. 企业战略管理的主要内容

企业战略管理与企业战略的区别在于：企业战略特指企业的战略计划，通常表现为一个策划与设计完整的战略方案，而企业的战略管理则指企业战略计划制订和执行的全过程。

企业战略管理包括九个方面的内容：（1）明确和制定企业的愿景和使命，包括企业的目的、理念和最终目标；（2）分析企业的内部条件，了解企业优劣势；（3）评估企业的外部环境，发现企业的机会与威胁；（4）将企业的内部条件和外部环境相匹配，分析企业可能的行动方案；（5）根据企业的愿景和使命对每一个可供选择的方案进行评估，确定最佳方案；（6）确定企业的长期目标、总体发展战略和各业务经营单位的竞争战略；（7）确定企业的短期目标和与长期目标、总体战略相匹配的职能部门战略；（8）通过预算的方法将人、财、物进行合理的配置，执行企业所选择的发展战略和竞争战略；（9）对企业战略管理的成功与否进行评价，将评价结果作为企业未来战略决策与管理的参考。

（三）零售战略管理

零售企业战略是零售企业对全局发展的筹划和谋略，也称零售发展战略，是指零售企业在变化的环境中为了求得生存和发展，有效利用企业资源而建立的用以指导企业未来生存、竞争和发展的行动计划。它是战略管理在零售行业的具体应用，包括三个部分，分别是零售企业的总体战略、零售企业的竞争战略以及零售企业的市场战略。

零售战略则专指零售企业的营销战略以及营销策略。它是指零售企业的营销或经营部门根据企业的发展战略、竞争战略、内外部条件与环境因素权衡得失，所制定的零售企业的目标市场和零售要素组合。从定义上理解，零售战略只是零售企业的一种职能型战略，但是由于零售企业本身就是一个以营销活动为主体的组织，它的所有活动是与营销密切相关的，因此零售战略在零售企业的战略体系中占有非常重要的地位。

二、影响零售战略制定的因素

分析影响企业战略的因素是零售企业实施战略管理的首要任务，是制定有效战略的关键环节。零售企业的战略分析主要从两个方面展开：一是零售企业宏观环境因素分析、行业环境因素分析，二是零售企业内部条件分析。其中，宏观环境和行业环境作为零售企业的外部环境，既为企业提供了发展的机会，又给企业带来了威胁；而企业内部条件的分析在于使企业了解自身的实力，判断其能否很好地应对外部环境给它带来的机遇与威胁。

（一）宏观环境因素

如今的零售商所面临的是具有特殊挑战的市场。市场由人口、购买力、购买动机这三个要素构成，而影响或决定以上市场要素的因素又是多种多样的，如政治法律环境、经济环境、社会文化等因素。这些因素相互依赖、相互作用，使市场呈现出变幻莫测的态势。零售商面对这样的市场和企业经营环境，必须做出积极的反应，因为环境是企业生存和发展的土壤和条件。

1. 人口环境

人口因素是构成市场环境的基本因素。人口因素包括人口的数量与结构、地理分布与流动状况、家庭户数与家庭平均人口等，这些因素的变化能够影响和改变人们的生活、工作和消费方式，从而衍生出新的消费群体，这就要求零售商销售新的产品、提供新的服务、制定新的企业经营战略。人口因素对市场需求的变化有着最直接的影响，因此零售商必须关注所在区域内人口的现状与变化趋势。

以人口结构的变化为例，近年来中国的人口老龄化趋势在加快。据统计，截至2023年末，我国60周岁及以上的老年人口在总人口中所占的比重为21.1%，我国已经迈入中度老龄社会。人口老龄化促进了“银发”市场的发展，也对零售商提出了新的要求。面对人口老龄化这一现实，零售商要认真研究老年人的消费心理、购买行为以及需求特点，制定营销策略。

2. 政治法律环境

任何企业的经营活动都是在一定的政治法律环境下展开的。国家政治是否稳定、法律和法规是否健全，都会影响零售企业经营的稳定性，以及零售战略的决策。零售商在跨国经营过程中必须遵守法律规定，注重对相关国家政策的预测和研究，加强与政府和各种社会组织的沟通与协调。

零售商要关注政府对行业垄断和并购行为的干预。比如，意大利从20世纪70年代以来对大型商场的规模有严格的限制，导致卖场发展缓慢。制定及实施零售企业最低工资制度会对整个行业产生直接的影响。各国关于工作周的立法，使员工能够更好地控制自己的工作时间，并限制雇主的苛刻要求。另外，各国还积极保护消费者权益和进行品牌管理，用以打击未经授权的产品销售活动，这些都会对零售商产生较大的影响。

3. 经济环境

经济环境分析是对一个国家（地区）的经济增长速度、国民收入水平、产业结构、消费结构、居民投资和储蓄机会、经济政策等因素进行比较分析。衡量收入水平是零售商在进行商圈与网点选址时主要考虑的指标之一，不同的衡量指标对分析市场需求时的作用是不同的。比如，清华恒大研究院每年都会公布《中国城市发展潜力排名》研究报告。

在各项经济指标中，国内生产总值（GDP）是一个国家（地区）经济水平的重要衡量因素。根据国外零售业态发展的经验，当地区人均GDP达到6 000美元时，人们就会追求高品质的物质生活；当人均GDP达到9 000美元时，该地区的居民消费水平和购买行为将呈现多元化趋势（见表2-1）。

表2-1 人均GDP和零售业态的关系

零售业态	消费特征	人均GDP（美元）
百货商店	多品种、高质量商品	1 000
超级市场	注重便利、快捷	3 000
便利店	要求方便、注重时效	6 000
仓储商店	追求方便、低价、品种全	10 000
购物中心	多元化购物、方便	12 000
高档专卖店	休闲增多、高质量消费	15 000

4. 社会文化环境

社会文化因素包括教育水平、宗教信仰、风俗习惯、价值观念、社会阶层、社会权力结构等，这些因素的变化影响着人们的生活方式、工作方式及消费方式。同一文化群体中的人在消费观念和购买行为方面总会表现出相近的倾向。由于零售企业在不同国家（地区）开展零售活动必然会涉及不同的文化背景和生活方式，因此零售商在开展经营活动时，要掌握各地社会文化环境的不同特征，以便针对目标顾客的生活方式制定相应的零售策略。

以风俗习惯为例，它是长期的、约定俗成的，具有地方性、民族性、独特性、习惯性和稳定性等特点，直接影响消费者的购买动机和行为，会形成一个地区的商品销售规律。零售商在进入某一地区开展零售活动时，必须对当地消费者的风俗习惯进行充分的调研，特别是卖场在销售商品时，要重点销售一些有地域特色的商品，以迎合目标顾客的消费需求，在制定零售营销策略时要做到“入乡随俗”。

5. 竞争环境

零售行业的竞争环境是对零售企业经营影响最大的外部环境因素。对零售行业竞争环境进行分析的目的在于准确地预测行业总体现状、评估行业中所存在的机会和威胁，帮助零售商把握行业竞争态势，有助于零售商在行业中确定有利的竞争地位。

零售行业竞争环境分析通常采用战略管理专家迈克尔·波特的五力模型。迈克尔·波特对于管理理论的主要贡献，是在产业经济学与管理学之间架起了一座桥梁。在其经典著作《竞争战略》中，他提出了行业结构分析模型，即五力模型。迈克尔·波特认为：行业现有的竞争状况、供应商的议价能力、顾客的议价能力、替代产品或服务的威胁、新进入者的威胁这五大竞争驱动力，决定了企业的盈利能力，并指出公司战略的核心应在于选择正确的行业以及行业中最具有吸引力的竞争位置。迈克尔·波特的五力模型如图 2-1 所示：

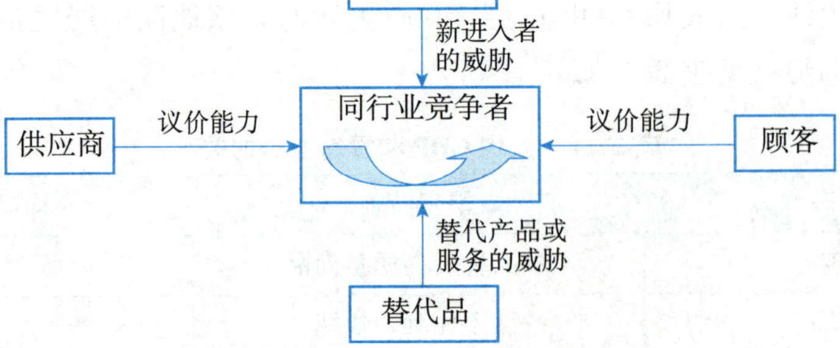

图 2-1　迈克尔·波特的五力模型图

（1）行业现有的竞争状况。零售行业进入壁垒较低、退出壁垒较高的特点决定了零售企业之间的竞争必然非常激烈。如果零售业态处于稳定期或者衰退期，固定成本和经营费用不断增加，同时退出壁垒又较高，这就会导致业态中的不同零售商展开价格战、广告战和促销战。特别是在零售商饱和程度较高的地区，同业态不同零售企业之间的竞争会异常惨烈，它们往往会为竞争付出高昂的代价。例如，在零售饱和程度很高的百货行业，每逢节假日，各大百货商场都会进行促销大战，如“买 500 送 200”“买 300 送 120”等，这种刺激消费者购买的促销方式已经为消费者所熟知。

在零售行业竞争中，不同零售业态的企业虽然在目标消费群体、市场定位、商品品类以及经营布局上都有差异，但是在市场份额的争夺上同样激烈。随着购物中心、大型卖场和便利店等业态的快速发展，百货商店被迫进行战略转型。而以淘宝网为代表的网上零售业态的快速发展，使得百货商店的经营陷入窘境，中低端的百货商店不得不寻找新的发展方向。

（2）新进入者的威胁。零售行业的很多细分市场都具有较高的利润，这必然会吸引更多的竞争者进入该市场。这些新进入市场的竞争者必定会分流一些顾客，使零售商的利润减少。例如，随着全球经济一体化，国际零售商纷纷进入中国零售市场，与本土零售商在各类市场上展开全方位的竞争，这种挑战与威胁对于中国零售商而言是巨大的。

（3）替代产品或服务的威胁。对零售企业而言，替代产品或服务的威胁不容忽视。替代产品或服务的威胁主要表现在零售业态随着社会经济的不断发展而处于更新中。零售业发展至今已经历了百货商店、超级市场、便利店、仓储商店等经营业态。每种业态都是适应当时的社会经济发展状况产生的，在当时的环境中具有竞争优势，而经济发展和社会结构的变化必然也会催生新的零售业态的出现，并对现有的零售业态结构产生影响。

（4）顾客的议价能力。零售市场上的顾客力量越来越强大，这给零售商造成很大的压力。这些压力主要体现在随着顾客自身素质的提高，他们对于商品和服务的要求越来越高。一方面，顾客不但要求零售商提供物美价廉的商品，而且在要求服务质量有所提升的同时个性化需求日益增多；另一方面，顾客的自我保护意识也明显提高，这大大增加了零售商为顾客提供满意服务的难度。再加上顾客在零售商之间的转换成本较低、信息透明度较高，这些因素都给零售商带来了很大的挑战。

（5）供应商的议价能力。供应商处于供应链的上游，它的能力，包括生产与设计能力、品牌知名度、市场竞争能力、管理绩效、议价能力以及与零售商的合作关系，都会对供应链的价值创造产生影响。如果供应商提高出货价格或者减少供货数量，那么零售商就会蒙受损失。如果供应商结成联盟、替代产品减少或者转换成本高，这些因素都会增强供应商的议价能力。与供应商保持良好关系，对于零售商而言是非常重要的。

（二）行业环境因素

我国的零售业是典型的零散型行业，有许多企业尤其是中小型企业在其中竞争，没有任何企业占据显著的市场份额，也没有任何一家企业能对整个行业的发展产生重大的影响。目前，我国零售行业环境具有以下几个特点：

1. 进入壁垒低

我国商业类上市公司的平均净资产规模与汽车及配件、能源等行业的上市公司相比要小得多。因此，对于投资者来说，即使选择进入大型零售百货业，其资本壁垒也是较低的。除资本壁垒以及进入零售企业对管理经验略有要求外，再无其他如专利权、自然资源以及特殊的人力资源等限制。

2. 服务半径小

零售企业为顾客提供的是零售商品服务，零售服务的一大特点是批量小、价值低。因此，无论是对于提供服务的零售商来说，还是对于接受服务的顾客来说，商家和顾客都不可能在自己的有效距离之外提供或接受服务。这既限制了零售商的顾客数量，也限制了企业规模的扩大。

3. 产品非标准化、市场需求多样化

以百货业为例，大部分商品如服装、首饰、化妆品等都不易标准化，市场需求波动大、难掌握。同时，地区间的经济发展水平、消费趋势差异也较大，地区间的产品需求更显多样化，这又进一步限制了零售商（百货业）在地区间乃至全国范围内的扩张。

4. 同业竞争激烈

一方面，作为一种竞争性行业，零售业的发展资源、发展方向、发展规模、发展形势完全由市场配置、选择和调节。零售业历来中小型企业数量众多，零售产品具有价格透明度高、差异化小、可替代性高的特点，导致企业间竞争十分激烈，价格战十分常见。另一方面，近年来传统零售商生存环境所发生的重大变化，导致零售行业竞争加剧。随着购物中心、网络购物等新兴业态的崛起，零售渠道间的竞争激烈程度升级；同时，房屋租金、人力资源等经营成本又在逐年提升，传统的实体零售企业被迫处于内外交困的境地。零售企业之间日趋激烈的同业竞争，再加上内外资零售巨头的围棋布局发展，导致不少零售企业破产或者被迫区域性退出，而这种竞争态势将在未来持续存在，意味着有更多的零售企业将迫于竞争压力而破产或者退出。

（三）内部条件因素

内部条件因素是相对于外部环境而言的，是指企业生存和发展的内部因素。零售商内部条件分析的目的在于通过确定和评价零售商内部战略要素来挖掘其能力所在与不足之处，进而结合外部环境的分析确定其应当采取的战略。内部条件分析法主要有两种：竞争优势分析法和价值链分析法。

1. 竞争优势分析法

“竞争优势”的思想来源于 20 世纪 30 年代的产业组织理论，在 20 世纪 60 年代后得到迅速发展。美国学者霍弗和辛德尔把它引入战略管理领域，认为竞争优势就是一个组织

通过其资源的调配而获得的相对于其竞争对手的独特性市场优势。

企业资源是企业竞争优势的根本源泉，是零售商参与市场竞争的根本条件，它包括贯穿企业经营、技术开发、市场营销各个环节的一切物质与非物质因素。企业能力是企业将资源加以统筹整合以完成预期任务和目标的能力。一般而言，能够帮助企业赢得持久核心竞争力的能力，可称之为企业核心能力。因此，竞争优势理论涵盖了经营资源与能力分析的内容。

当一个企业能够实施某种价值创造性战略而其他任何现有和潜在的竞争者不能同时实施时，就可以说企业拥有竞争优势。20 世纪 80 年代中期，迈克尔·波特以产业组织理论为基础提出了市场定位理论，对企业竞争优势进行了系统且深入的研究。他认为，企业竞争优势源于企业为客户（即消费者）创造的超过其成本的价值。价值是客户愿意支付的价格，而超额价值产生于以低于对手的价格提供同等的效益，或者所提供的独特的效益补偿低价且有多余的部分。

2. 价值链分析法

企业的任务就是不断创造价值，在企业众多的价值活动中，并不是每一个环节都创造价值。企业所创造的价值，实际上来自企业价值链上的某些特定的价值活动，这些真正创造价值的经营活动，就是企业价值链的“战略环节”。企业在竞争中的优势，尤其是能够长期保持的优势，是企业在价值链某些特定的战略环节上的优势。价值链理论认为，企业的竞争优势来自该企业某些特定环节的竞争优势，抓住了这些关键环节，也就抓住了整个价值链。因此，价值链活动是竞争优势的来源。但是，如果把企业作为一个整体来考虑，就无法识别这些竞争优势。因此必须对企业活动进行分解，并通过考察这些活动本身及其相互之间的关系来确定企业的竞争优势，这就是价值链分析法的内涵。它将企业分解为构成竞争优势的基础活动，并确定对竞争优势起核心作用的活动之间的联系，判定企业在创造价值过程中的利弊。价值链分析法可以说是识别和探寻企业竞争优势的一个有力的战略工具。

竞争优势产生于企业为客户所能创造的价值，归根到底有两种：一种是成本领先，另一种是差异化。竞争优势来源于企业在设计、生产、营销、交货等过程及辅助过程中所进行的许多活动，可以用系统论的思想把这些活动整合到价值链的概念下。价值链就是所有这些活动的整合。迈克尔·波特还指出：价值链的内容可以分为基础活动和辅助活动。前者包括内部后勤、销售经营、外部后勤、市场和促销、服务五项；后者包括采购、技术开发、人力资源管理、基础设施四项。由此把竞争优势分为成本优势、差别优势和技术优势。他的主要观点是：每一个企业都是设计、生产、营销、交货以及对产品起辅助作用的各种活动的集合。所有这些活动就构成了企业的价值链。每个企业的价值链都可以划分为以独特方式联结在一起的九类基本活动。企业正是通过比其竞争对手更廉价或更出色地开展这些基本活动来获得竞争优势。由于企业的每个员工都被囊括在这些基本活动中，因此可以说，每个企业员工都可以为建立和维持企业的竞争优势做出贡献（见图 2-2）。

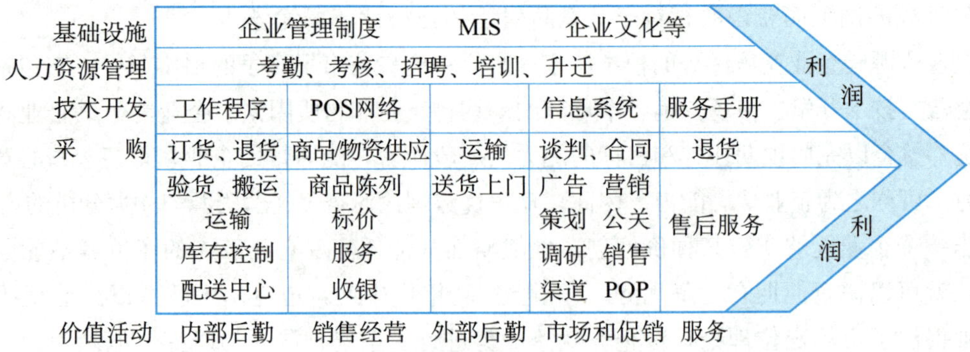

图 2-2　零售企业价值链示意图

零售企业的价值链战略可以体现在价值链环节中的技术开发部分。也就是说，零售企业为了抵御业态间的激烈竞争，需要将零售新技术运用到战略管理的各个业务流程中，形成更为紧密、完善的零售价值链。现代零售技术，包括管理信息系统、数据库系统、通用商品代码（UPC）和电子数据交换（EDI）技术，使零售企业超越了信息收集和组织管理跨国界带来的障碍。以沃尔玛为例，它斥巨资建立了卫星通信网络系统，使其供货系统更趋完美。

以中国零售企业为例，它们面对的是竞争性零售市场，既有沃尔玛、家乐福等跨国商业巨头的围追堵截，又有其他零售业态的鲸吞蚕食。如今，我国零售企业只有将信息技术加快应用到供应链管理中去，并改善物流技术和配送中心系统的建设，才能在获取市场份额和实现利润方面比对手做得更好。在变革的时代，保持竞争优势已成为零售企业长期生存与持续发展的核心战略要求，并成为企业成败的关键，而要获取有利的竞争优势，就必须实施基于价值链的战略管理。

三、零售战略的选择

（一）企业战略的层次

多元化的企业战略选择有三个层次，分别为总体战略、事业部战略和职能部门战略。

1. 总体战略

总体战略是企业整体的战略总纲，主要任务包括：明确企业的使命和制定企业长期发展目标；关注企业的发展战略，为各业务单位建立和总结与战略相关的长期管理战略；鉴别新的发展区域，把企业的资源与环境提供的机会匹配起来；为各业务单位分配组织的资源，制定协调各部门活动的策略。

2. 事业部战略

事业部战略，又称业务战略，是在总体战略的指导下，经营管理某个特定的战略经营单位的战略计划，是总体战略之下的子战略。事业部战略主要考虑企业某个业务经营单位在某一市场上的竞争问题。它主要关注各业务经营单位的竞争战略，回答的主要问题是：谁是主要竞争者；哪一种力量是影响行业盈利能力的主要因素；自己的竞争地位如何；怎样向顾客传递价值；等等。

3. 职能战略

职能战略是为贯彻、实施和支持总体战略与事业部战略所制订的企业特定职能管理领域的战略计划。它包括两个方面：一方面，各职能部门如何支持和改进总体战略的实施，保证总体战略目标的实现；另一方面，职能战略通过具体的任务、目标、实施和控制方法，为企业各部门的员工提供行动的指南。职能战略实际上是总体战略、事业部战略与实际达成预期战略目标之间的一座桥梁。

（二）零售企业的发展战略

零售企业的发展战略是多元化经营的零售企业在公司层面制定的战略，主要考虑企业发展问题，如企业的发展方向是什么，是否需要进入其他行业，是否需要进行连锁经营，是否需要进行多业态经营，产品的品类组合是什么，等等。它的主要内容包括企业使命、企业发展目标、企业业务组合。

1. 企业使命

使命是企业行为的指南，是对企业目的的独特描述，将企业与其他同类型企业区别开，并揭示其经营范围。企业使命反映了企业的经营哲学和组织文化。企业使命决定了企业的任务——零售企业在经济、心理、社会、哲学等方面的总目标。在实践中，有的零售企业以盈利为目标，有的零售企业的目标是赢得顾客，后者是以尽量低的价格出售最佳的商品和服务为目标。零售企业的使命陈述不能仅仅以销售产品、赢得利润为导向，而应该以市场为导向，市场导向的使命陈述从满足顾客基本需求的角度出发，为零售企业的经营提供了广阔的前景，也为零售战略提供了长远的指导。沃尔玛与亚马逊企业使命陈述比较如表 2-2 所示。

表 2-2 沃尔玛与亚马逊企业使命陈述比较

企业	产品导向的陈述	市场导向的陈述
沃尔玛（Wal-Mart）	我们经营折扣店	我们以低价的方式向中产阶级提供价值
亚马逊（Amazon）	我们出售图书、录像带、影碟、CD、玩具、消费电子品、家居用品和其他产品	我们让网上购物变成快捷、便利、愉悦的购物体验——让亚马逊成为你在网上能够找到你需要的任何东西的地方

在使命陈述时要避免过于狭窄或过于宽泛。如果说某快餐品牌将其使命描述为出售食品，那么它的使命陈述就太宽泛了。使命陈述应当有弹性，假如某超市将其使命描述为成

为世界上最大的超市，那么它的使命陈述是不切实际的。企业使命应包括企业历史、管理者偏好，以及他们个人的目标和观念；环境，即企业所处环境的变化、提供的机遇和威胁；企业资源；企业拥有的特殊能力和竞争优势因素的影响。

零售企业的使命陈述一般涉及三个方面的内容：

第一，企业从事零售业务的类型。这可以根据企业所销售商品或服务的类型确定，也可根据企业所欲满足的消费者类型确定。

第二，企业的市场地位。在自己所从事的零售业务内，企业有市场领先者和市场跟随者两种不同的选择。选择不同，企业的零售战略会有所不同。

第三，企业的市场范围。在自己所从事的零售业务内，企业是想把自己的活动范围扩展至全国乃至全球，还是仅仅局限于某一个区域，这取决于企业实力与管理者愿景。

2. 企业发展目标

企业使命只是传达了企业发展的总体方向，要使企业的使命得以实现，还需根据企业的使命制定具体的目标体系。企业发展目标是一家零售企业在长期或短期内希望达到的经营目标。

零售企业的目标可以是经济性目标，也可以是非经济性目标；既可以是定性目标，也可以由一些定量目标来体现，如企业的盈利能力指标（包括利润额、投资收益率、销售利润率、股权收益等）、企业竞争地位指标（包括销售额、市场占有率、技术先进性、行业领导地位、产品-服务竞争力以及研发的投入与产出等）。彼得·德鲁克在《管理的实践》一书中提出八个关键领域的目标：市场方面的目标、技术改进和发展方面的目标、提高生产力方面的目标、物质与金融资源方面的目标、利润方面的目标、人力资源方面的目标、员工积极性发挥方面的目标以及社会责任方面的目标。

3. 企业业务组合

企业业务组合是企业长期发展的结果，决定了企业未来的发展方向。在大型零售集团内部，因为业务单位一般是按照区域（如连锁企业）、商品大类（如百货）或业态（多业态零售企业）划分的，所以其业务组合是指零售经营的区域、商品大类或业态的组合。

企业在进行业务组合的战略分析时，通常使用的工具是波士顿矩阵（见图 2-3）。这一分析工具使用销售增长率和相对市场占有率两项指标对企业内部各经营单位加以分类和评估。在矩阵中，纵坐标代表销售增长率，可以年为单位。销售增长率高低可依具体情况来确定。假设以 10%为分界线，高于 10%为高增长率，低于 10%则为低增长率。横坐标为相对市场占有率，表示各经营单位与其最大的竞争者之间在市场占有率方面的比率。企业某经营单位的相对市场占有率为 0.5，说明它的市场占有率为最大竞争者的 50%。以 0.5 为分界线，高于 0.5 为高市场占有率，低于 0.5 则为低市场占有率。

销售增长率 \ 相对市场占有率	高	低
高	明星	问题
低	金牛	瘦狗

图 2-3 波士顿矩阵

矩阵划分为四个象限，根据销售增长率和相对市场占有率的高低，经营单位被分别划入不同的类型：问题类业务、明星类业务、金牛类业务和瘦狗类业务（见表 2-3）。

表 2-3 应用波士顿矩阵的战略选择

象限	战略选择	经营单位盈利性	所需投资	现金流量
金牛区	维持或业务转型	高	少	极大剩余
明星区	维持、密集增长	高	多	几乎为零或负
问题区	密集增长、剥离或转向	低或负	非常多或不投资	负值或剩余
瘦狗区	剥离或清算	低或负	不投资	剩余

一般而言，企业的战略发展方向有四种：集中增长、市场开发、产品开发、多元化发展。

（1）集中增长战略是企业通过向原有的市场提供原有的产品或服务来发展。具体的途径是增加现有顾客的使用率，吸引竞争者的顾客使用本企业的产品或服务，或者吸引未使用者使用本企业的产品或服务。从零售企业的角度看，就是利用原有的商店、服务和产品组合，通过扩大原有市场做大做强。

（2）市场开发战略是企业通过向新的市场提供原来的产品或服务来发展。具体的途径是开发新的区域市场和向其他的细分市场渗透。从零售企业的角度看，就是利用原有的零售业态，进行跨国或跨区域连锁经营，或者在同一个区域向新的细分市场进行渗透。

（3）产品开发战略是企业通过新的产品或服务满足原有市场的需求来发展。具体的途径是：1）为原有市场提供具有新功能的产品或新特色的服务；2）为原有市场提供不同系列的产品或服务；3）进入其他行业，进行市场相关的多元化，即企业从事的新业务虽然与以前不同，但是其服务的顾客是相同的。从零售企业的角度看，就是针对原有顾客，或者增加原有的零售商店供应的产品大类，或者提供新的服务，或者开办新的业态，或者从事与零售业不同的其他业务。

（4）多元化发展战略是指企业通过向新的市场提供新的产品或服务来发展。具体的途径是：1）为新的市场提供具有新功能的产品或新特色的服务；2）为新的市场提供不同系列的产品或服务；3）进入其他行业，多元化发展。从零售企业的角度看，就是针对新顾客，增大原有零售商店供应的产品大类，提供新的服务，开办新业态的零售店，或者进入其他行业，从事与零售业不同的业务。

（三）零售企业的竞争战略

在企业业务组合和发展方向确定后，零售企业要决定它的每一个战略业务单位如何与对手竞争，因此要制定竞争战略。

零售企业的竞争战略取决于企业的性质。在一家多元化经营的企业中，零售业务可能只是企业的一个业务经营单位，例如，和记黄埔旗下有屈臣氏（个人护理用品商店）、百佳（超市）和丰泽电器（家电）等零售业务单位。很多企业虽然只从事零售业务，但是进行跨区域连锁经营。单独来看，屈臣氏、百佳都是这样的企业。此时，其业务经营单位就是每一个连锁门店。为了保证各门店的整体形象、商品组合、人员管理的统一性，连锁零售企业会进行标准化管理。然而，由于各个网点所处的区域不同、竞争对手不同，因此每一个连锁网点也需要制定竞争战略。

连锁零售店或网点的竞争战略内容主要包括：行业结构分析、竞争优势分析以及获取竞争优势的途径。行业结构和竞争优势我们已经在前面的内容里分析过，这里我们简要分析零售企业获取竞争优势的战略途径。

迈克尔·波特认为，每个企业都会有许多优点或缺点，任何优点或缺点都会对相对成本优势和相对差异化产生作用。成本优势和差异化都是企业比竞争对手更擅长利用五种竞争力的结果。将这两种基本的竞争优势与企业相应的活动相结合，就可导出能让企业获得较好竞争位置的三种基本战略：总成本领先战略、差异化战略及专一化战略。

1. 总成本领先战略

总成本领先战略的核心是较低的经营成本和费用。这要求企业建立起高效、规模化的运营系统，全力以赴地降低成本，严格控制成本、管理费用，以及研发、服务、推销、广告等方面的成本费用。为了达到这些目标，企业需要在管理方面对成本给予高度的重视，实现自己的总成本低于竞争对手的总成本。

在市场竞争中，最有效的成本控制手段依然是价格。顾客关心的不是企业的成本，而是在对不同企业的商品或服务价格进行比较后，选择物美价廉的商品。沃尔玛为了实施“天天平价”的营销策略，主要在物流成本、进货成本及其他费用上进行成本控制。但是从企业战略来看，成本领先和价格优势是两个不同的概念。不具有成本优势的企业，同样可以采用价格领先战略，而具有成本优势的企业，也并非一定要采用价格领先战略。但是价格领先必须以成本领先为基础，这样的战略才具有可持续性。因此，总成本领先战略是零售商实施其他任何形式战略的核心保障。

零售商在实施总成本领先战略时应注意以下几个问题：

（1）零售成本构成因素的分析。零售成本是多因素共同影响的结果。这些因素包括规模经济或规模不经济、先进技术的运用、内部协调情况、与合作伙伴的联系、内部制度的建设与执行等。我国大部分零售商的规模偏小，致使采购成本高，难以形成价格优势，因此很难再采取总成本领先战略。这些中小型零售商可以尝试以连锁经营的形式改变现有的零售组织形式，实行横向一体化经营，形成规模。目前，国内零售企业改革的方向是采取兼并的方式，形成跨区域、跨行业、跨部门的混合型商业企业集团。

(2) 先进的信息技术的运用。信息技术的应用有助于零售商实现管理的快速反应，以降低运营成本。世界零售业的信息化在不断推进，从销售管理系统（如电子收款机、商店信息管理系统），到电子数据交换和电子订货系统，再到现在的客户关系管理系统、物流管理、供应链管理等综合性的信息管理系统。国际零售巨头以客户关系管理为支撑的连锁化经营，利用数据库挖掘来分析市场，改进业务流程，加强客户服务和促进销售的战略变革手段，是非常值得国内零售企业学习的。

(3) 内部环节的管理成本控制。零售商必须利用价值链内部成本的联系，加强成本控制，梳理采购、运输、仓储、销售各部门之间的协作关系，实现成本领先。这项工作属于系统的成本控制。以零售物流与配送环节为例，由于物流成本占零售企业运营成本的比重往往高达20%，因此零售商都会选择在配送环节投入资金，建设先进的物流系统。在配送中心的选址上，尽量缩短运输距离；在销售环节，尽量压缩销售人员开支；在商品防损上，采用高科技手段降低商品损耗率。

(4) 促销手段的创新。零售处于流通渠道的末端，最直接接触消费者和反映其需求。但是，目前零售行业面临着促销的困扰：促销成本日益攀升，取得的效果却逐年下降；同质化程度越来越高；回报不能与投入成正比。相比国内零售商的打折促销这一传统促销手段，外资零售商会选择价格组合的营销方式，虽然商品的整体价格不比国内零售商的价格低，但是仍然能给消费者以低价位的错觉。

虽然国内零售企业存在许多管理上的不足，但是在网点布局上拥有天然的优势，通过已有的门店渠道，深入了解顾客行为和消费偏好，并借鉴国际零售商的先进管理经验，同样可以实现企业的总成本领先战略。

2. 差异化战略

差异化战略是指企业通过提供与竞争对手明显不同的产品或服务，以满足顾客的特殊需求，形成竞争优势的战略。实现差异化战略可以有多种方式：设计品牌形象，技术、顾客服务、商业网络及其他方面的独特性等。最理想的状况是企业在几个方面都具有差异化的特点。但这一战略与提高市场份额的目标不可兼顾，企业实施差异化战略的过程中总是伴随着很高的成本代价，即便全产业范围内的顾客都了解企业的独特优势，也并不是所有顾客都有意愿或有能力支付企业要求的高价格。例如，国际家居零售巨头宜家的体验式营销模式使其在全球范围内迅速打开市场，尽管宜家实现了差异化经营，但是成本的提升与竞争者的效仿都在很大程度上影响了公司的效益。

3. 专一化战略

专一化战略是主攻某个特殊的顾客群、某产品品线的一个细分区段或某一地区市场。总成本领先与差异化战略都是在全产业范围内实现其目标，专一化战略的前提思想是：企业业务的专一化能够以较高的效率、更好的效果为某一狭窄的战略对象服务，从而超过在较广阔范围内的竞争对手。企业通过满足特殊对象的需要而实现差异化，或者在为这一对象服务时实现低成本，或者二者兼得。这样的企业的盈利潜力会超过产业的平均水平。专一化战略又称目标集聚战略，企业可以通过目标市场的选择，寻找并切入现有竞争者的薄弱环节，避免与势力强大的竞争者正面冲突。因此，这种战略适合那些实力较弱的企业。

（四）零售企业的市场战略

零售企业的市场战略就是通常所说的零售企业的营销战略或零售战略。它是零售企业的经营部门根据企业或者门店的发展战略和竞争战略，着眼于企业的零售职能确定的零售企业的经营目标、目标市场和零售因素组合。

1. 经营目标

经营目标具体包括销售目标、利润目标、满意度目标等。

（1）销售目标包括销售增长率、市场占有率和销售额等不同的指标。销售增长率被很多企业视为主要的经营目标。在这个目标指导下，企业最关心的是扩大企业的零售规模和增加销售额。许多大型零售企业常以市场占有率为主要的经营目标。零售企业的市场占有率是指一个企业的零售额在总零售额中所占的比重。小企业更关心它们在市场竞争中的生存问题，常常以较为稳定的销售额为目标。因为它们很难与实力雄厚的大企业争地盘，所以只要收入稳定，生活不发生太大的动荡，就满足了。

（2）利润目标包括利润额、利润率和经营效率等不同的指标。以利润额或利润率为目标，意味着企业在一定的时期内（通常是一年）要达到一个最低限度的利润额或利润水平。利润水平有两种不同的表示方法，即销售利润率和资金利润率。后者一般多为固定资产投资较大的企业所采用。

（3）满意度目标主要是针对满足顾客需求的一项衡量指标。企业如果不能满足顾客的需求，就失去了存在的价值。

2. 目标市场

零售企业在确定目标市场时，有三种策略可供选择，包括无差异目标市场策略、差异目标市场策略和集中策略。在确定目标市场时，企业除了要进行目标市场策略选择，还需要对目标市场的顾客需求进行深入调研。

3. 零售因素组合

零售企业的经营绩效取决于两类因素。一是企业可以控制的因素，包括门店选址、商品组合、服务、定价、门店设计及管理等；二是企业自身无法控制的外部环境因素。零售企业从事零售业务管理，主要是通过分析目标市场顾客需求和应对外部环境因素变化，进行零售组合因素的调整与运用，以达到企业预期的经营目标。

学术界对于零售组合因素没有统一的认识，我们认为这些因素应当归类于企业竞争优势的范畴。根据零售管理学者迈克尔·利维和巴顿·韦茨的观点，可将这些因素归纳为七个方面，分别是：

（1）店址：所开门店的地理位置。好的店址不仅方便顾客购物，还可以为企业带来竞争对手无法模仿的优势。

（2）商品组合：零售店所售商品的种类、品种以及组合方式。零售企业高效的商品管理是为顾客提供服务的基础。

（3）服务：零售企业为了使顾客购物更加方便和舒适而提供的各类服务。这些服务包含在顾客购物的全过程中。

（4）定价：确定商品的标价。同一种商品在不同的门店、不同的时间，可能有不同的价格。

（5）门店设计与展示：好的门店设计与商品陈列不仅为顾客带来购物的方便，还对企业形象和促进销售起到推动作用。

（6）广告与促销：这是零售企业宣传企业形象、促进销售和进行顾客沟通的重要渠道。

（7）人员销售：零售店的销售是通过促销人员在门店内与顾客面对面接触完成的。管理者可以对人员销售的使用进行控制，以完成营业绩效。

模块 3 操作指导

一、零售企业战略策划

零售企业战略策划能够帮助零售企业的管理层明确企业的经营任务和经营目标，了解企业目标市场的特点，认识企业的竞争者以及资源与环境对其完成经营任务和实现经营目标的积极作用与限制，协调企业的零售要素并对其进行组合。

零售企业战略策划包括以下方面：

（一）了解策划背景，明确策划问题

零售企业战略策划是以企业的总体发展战略和竞争战略为背景而制定的。明确策划问题是指根据企业经营中存在的问题，分析问题产生的根源，从而确定策划的重点。企业在经营过程中会出现很多问题，如市场占有率下降、销售增长率下降、销售额下降、经营成本与费用上升等。这些问题可以通过企业的财务年报反映出来。另外，诸如顾客满意度、商品陈列情况、价格与促销情况等零售要素，可以通过市场调研分析其中存在的问题。因此，在明确策划问题时，我们要根据问题寻找本质，从而确定战略策划的主题。

（二）市场调查与分析

市场调查与分析是为解决特定的管理决策问题而进行的资料收集、加工和处理信息的过程。它的内容有以下几个方面：

第一，企业零售环境的调查与分析，包括对零售商所在国家（地区）的外部环境因素的分析。

第二，市场供求现状和趋势的分析，包括对市场的商情变动、商品需求变化情况的分析。

第三，市场竞争状况的分析，包括对零售商面临的市场竞争态势、竞争对手的情况等的分析。

第四，消费者购买行为的分析，包括对消费者购买商品的结构、偏好以及满意度等的分析。

第五，零售组合因素的分析，包括对商圈与选址、商店形象、服务、促销等因素的分析。

（三）撰写零售战略报告

目前，零售战略报告的编制基本上有描述式和量化式两种模式。描述式，即描述问题、分析问题，提出建议；量化式，即将问题指标化，将指标放在一个可量化的评价系统中，通过战略分析工具筛选出可实施的战略。具体来说，要掌握以下原则：战略理论性和实践性相结合、营销战略与企业战略相结合、零售战略的长期性与短期性相结合、编制过程中外脑与内脑相结合。在此原则下，撰写零售战略报告还应该注意几个统一：零售战略的过去、现在与未来的逻辑统一，零售战略与零售策略的统一，战略分析方法与战略分析中经验与直觉的统一，零售战略报告与各种零售营销方案的统一。

（四）编制战略策划书

编制战略策划书的基本步骤如下：

1. 外部市场机会扫描

企业都是在特定的外部环境下从事业务经营活动的，进行企业战略策划时必然要考虑外部环境。随着外部环境的变化，企业要及时调整战略以更好地适应环境，从而抓住更多的市场机会，实现企业的持续稳步发展。以迈克尔·波特为代表的定位学派提出，企业在考虑竞争战略时必须将企业和所处的环境相联系，而行业是企业经营的最直接的环境；每个行业的结构又决定了企业的竞争范围，从而决定了企业的潜在利润水平。因此，定位学派将企业战略策划分析的重点第一次由企业转向行业，强调了外部环境的重要性。外部市场机会扫描的具体内容包括以下三个方面：

（1）产业政策。企业应对历史上的零售产业政策做简短的梳理和了解，更重要的工作是梳理近期（尤其是近一两年）的国家、地方产业政策，看这些产业政策对产业发展的规范性和引导方向等方面表明的态度和做出的具体规定，并对未来政策趋势做出预测。

（2）产业格局。产业格局分析主要从零售行业的市场规模及增长速度、市场格局（包括竞争格局和客户格局）、主要企业的业态和产业技术方向四个方面展开。

（3）产业价值链。在零售产业价值链上，有的环节是较高利润区，有的环节则是无利润区。要保持企业在行业内拥有核心竞争优势，关键之一就是要保持其价值链的竞争优势，尤其是价值链的企业战略规划性环节的竞争优势。因此，产业价值链分析十分重要。

2. 内部资源能力扫描

企业战略策划的基本命题是立足于企业自身拥有或可调集的资源能力去把握适合自身条件的外部市场机会，力争使企业资源能力与外部市场机会相匹配。当企业在内部的资源与能力培育匹配不了外部的发展机遇时，贸然地去争取市场机会会导致企业因内在支撑力度不足或资源过于分散而什么都抓得不牢甚至没抓住的后果。因此，客观、准确地评估自身拥有或可调集的资源能力是零售企业战略策划的基础。内部资源能力扫描的具体内容包括以下两个方面：

（1）零售企业现有业务结构。第一，要分析该零售企业各项业务对整个公司的业务收入和盈利水平的贡献度如何；第二，要分析各项业务的发展后劲如何；第三，要考虑各项业务处于生命周期的哪一个阶段，是否还有业务发展的潜力；第四，要对各项业务的盈利前景进行分析，利润是零售企业生存的根本，没有良好的盈利前景，即使其成长前景很好，业务本身也会失去价值。

（2）经营管理指标。通过对营业额、利润、供应商与客户、人力资源等经营管理指标进行评价，企业可以检验经营管理的绩效。

3. 战略定位

在对零售企业外部环境、内部实力和经营哲学三方面进行分析的基础上，明确企业可做、能做和想做什么，综合这三者，并以企业经营哲学为统领，即可进行战略定位。战略定位具体包括以下三方面内容：

（1）事业领域选择：综合考虑零售企业未来发展存在的可能性和可行性，由企业经营哲学来裁判和统领，并应用波士顿矩阵等模型明确企业的业务领域选择，即确定企业的零售业态或者零售组合因素选择及价值链定位。

（2）竞争优势构建：在企业完成业务领域选择之后，基于在外部市场机会扫描中对产业价值链的分析，依据各价值链环节的关键竞争要素，构建企业在选定的价值链环节上的竞争优势，进而提高企业的核心竞争力或价值创造能力。

（3）战略描述：对上述业务领域选择和竞争优势构建进行提炼，即为战略描述。

4. 战略保障体系构建

为保障战略的有效执行和落实，企业必须做好战略实施的保障工作，具体包括：

（1）组织管控：基于战略设计组织管控模式、组织架构和职权体系等，使组织为战略的实施创造条件。

（2）财务预算：战略本身是企业资源和能力的重新划分和匹配，财务预算重点体现在明确投资理念、投资方向和对计划预算的控制方式上。

（3）战略人力资源管理：基于上述战略定位和业务规划，进行人才需求分析，明确企业应该匹配什么类型的人，这些人该具备什么样的经营管理理念，进而进行人才队伍建设，包括员工的选、用、育、留。

二、内外部环境的综合分析流程

对于内外部环境的分析通常采用 SWOT 分析法。SWOT 分析是系统确认企业面临的优势（strength）、劣势（weakness）、机会（opportunity）和威胁（threat），并据此提出战略的一种有效的方法。企业在制定发展战略和进行竞争对手分析时经常会使用 SWOT 分析。SWOT 的分析技巧类似于波士顿咨询公司的增长-份额矩阵（the Growth - Share Matrix），它是竞争对手分析中常用的方法。

（一）优势与劣势分析

优势与劣势分析主要包括：企业的市场竞争位置是否清楚、企业的竞争能力如何、顾客对企业的商品和服务的看法如何、企业规模效益如何、企业有无优势、企业是否有充足的资金来源、企业是否有明确的战略方向、企业的营销能力如何、企业的配送能力如何、企业的管理水平如何，以及企业是否具有其他优劣势。

（二）机会与威胁分析

机会与威胁分析主要包括：是否存在进入新的市场的机会、是否可以引进新的商品系列、是否存在战略发展的机会、外部环境是否发生有利于企业的重要事件、市场增长空间如何、主要竞争对手做了哪些调整、是否出现新的竞争对手、其他零售业态的发展情况如何。

（三）SWOT 矩阵分析

优势、劣势、机会、威胁可以进行四种不同的组合，分别是 SO 组合、WO 组合、ST 组合和 WT 组合。

对于不同的组合，企业可以采用不同的战略：

（1）SO 组合：利用企业内部优势去抓住外部机遇的战略。

（2）WO 组合：利用外部机遇改进内部劣势的战略。

（3）ST 组合：利用企业内部优势去避免或减轻外部威胁的战略。

（4）WT 组合：减少内部劣势或回避外部威胁的战略。

模块 4 案例分析

案例 1

安踏集团：零售数字化转型战略

作为中国领先的运动品牌，安踏集团于 2019 年启动数字化转型战略。在多年的数字化发展中，安踏完成了全链路的数字化布局，支撑着集团“单聚焦、多品牌、全球化”战略的高效实施，并保持高于行业的运营效率。同时，安踏也在不断强化与消费者的连接，通过数字化穿针引线，将人、货、场紧紧联系在一起，持续形成正向反馈，实现了自身价值的提升。

2024 年 4 月 25 日，腾讯智慧零售发布“智慧零售全域数字化经营 2023 年度榜单”，安踏集团荣登“智慧零售全域数字化经营榜 TOP 10”。在全球化的背景下，安踏如何借助数字化手段精准洞察消费者需求、驱动品牌快速发展，为更多体育用品企业提供了数字化转型的思路。

随着消费者需求发生变化，包括体育用品企业在内的诸多零售企业都在加速数字化转型。然而，数字化转型在提供更多机遇的同时，也带来了不小的挑战。企业在建设技术基础设施、获得信息技术能力的同时，还要积极适应数字化转型带来的文化和组织变革。

数字化有三个核心目标：提高管理效率、提升顾客体验、提升业务价值。安踏集团建立了集团数字化委员会作为数字化工作的决策组织，这一机制确保了数字化方向与集团的战略目标能够紧密结合。

在安踏集团，业务部门和数字化部门能够在业务场景内同频共振。安踏集团旗下的每个品牌都对应有数字化伙伴团队，他们负责将品牌的数字化需求与集团数字化资源进行对接，并最终推动落地。数字化团队和业务团队之间“肩并肩”的工作方式实现了数字化与业务的高度融合。

对于体育用品企业来说，最初的崛起通常依靠对渠道的把控力，但如今比拼的是如何比竞争对手更懂得用户需求。海量、及时的数据能够让企业更懂用户，设计出用户喜爱的产品，进而赋能供应链与渠道。

如今，安踏正不断推进 AIGC（人工智能生成内容）等数字化技术在产品研发环节的应用，以实现更精准地洞察用户需求、优化设计流程、提升产品研发及生产效率等多重目标。通过前期的海量用户数据收集、数据分析和市场调研，了解用户的真实需求之后，安踏利用 AIGC 技术进行产品的初步快速设计，同时在获得用户真实反馈后，可以敏捷地对产品设计进行调整。通过这样的流程改造，最终投入实际生产的产品能够更高效率、高质量地响应市场需求。

除了产品设计，安踏集团还在数字人直播、营销等场景推广 AIGC 技术的应用。集团层面主要负责搭建 AI 基座、接入成熟的 AI 大模型，并围绕 AI 制定规范和标准等。同时，集团激励所有员工在“基座”上自由地进行尝试和创意开发，如撰写营销文案、翻译小语种、设计数据分析模型等，从而有效地在员工中推动 AI 技术的应用和创新。

资料来源：安踏集团：数字化转型的成功典范［EB/OL］. 智慧零售与餐饮公众号，2023－04－13.

问题

（1）安踏集团的数字化核心目标有哪些？

（2）安踏集团的 AIGC 数字化技术应用场景有哪些？

案例 2 银泰百货开始寻找“第三增长曲线”

“银泰百货现在是一家互联网科技公司，只是恰好有 60 多家商场”——作为老牌百货企业，银泰百货一直被看作百货“旧城改造”的先锋，亦是百货新零售的样本。通过数字化对传统百货“旧城改造”，公司运营实现了线上线下一盘货，经营越来越精细化。

自 2016 年起，银泰百货制定了“三步走”战略：首先实现数字化，然后实现从数字化到智能化，最后实现“新的商业智能”。彼时，银泰百货认为，百分之百数字化有助于提升经营效率，并与线下实体保持协同，而不是由单一商场进行经营和管理。所有的商城都会变成一个“场”，协同性和能力获得极大提升。

2019 年银泰百货实现全面上云，线下商城铺位迎来全面数字化。这带来的一个很明显的变化是，银泰百货所有的招商不再是人与人之间的招商，而是人和系统之间的招商，避免了招商过程中问题的出现。

自 2020 年开始，银泰百货的数字化转型步入工具化、产品化、体系化的新阶段，银泰百货逐步具备了服务行业的能力。银泰百货数字化已经向智能化转变，并形成了“新的商业智能”向外界输出。例如，在2023年5月10日的银泰商业集团供应商大会上，银泰百货宣布将多年实践沉淀为“新商场商业操作系统（MOS）”“深象智能”两大数字化解决方案，由旗下科技公司莲荷科技对外输出。MOS使用一套系统运营整个商场，通过摄像头和大量IoT设备更好管理和运营物理世界。这背后体现了两大AI核心能力：摄像头背后的数字化能力能够更加看懂人货场场景；基于机器学习自动化运营能力能够帮助商场实现货品的智能补货，从而不断精细化运营商场。

在内容化方面，银泰百货也在不断进行尝试。银泰商业集团董事长表示，银泰百货未来的目标是“在线上再造一个银泰百货”。无论是“云逛街”“云导购”等场景，还是喵街App，都让银泰百货的数字化基因越来越浓厚。银泰百货喵街App宣布推出在线试妆、在线试戴两项AR在线体验功能，支持用户在线“试用”粉底、眼影、口红等部分美妆产品和耳饰、表款等部分饰品，方便消费者即时体验上脸、上身效果，辅助消费者高效选购心仪商品。银泰百货将逐步优化和调整喵街货架式电商逻辑，未来会提供一个完整从种草到到家、售后的全链路服务，为消费者提供美的内容和场景，帮助消费者做好穿搭和美的服务。

资料来源：陈新生．银泰百货开始寻找“第三增长曲线”[EB/OL]．联商网，2023-11-24.

问题

（1）银泰百货的数字化背后体现的AI核心能力有哪些？

（2）银泰百货在内容化方面做出了哪些尝试？

模块5 知识拓展

新零售三大战略模式

微课4：

新零售背景下的奥特莱斯经营战略

新零售对零售产业进行了全面升级，重塑了业态结构与生态圈。新零售时代，零售企业的三大战略模式将迎来不同的发展契机，面临不同的挑战，走出不同的发展轨迹。

一、提供无限自由、便利选择、个性化推荐价值的平台模式

搭建好平台，吸引买家和卖家进场交易，获得交易抽成收益的就属于平台模式。从古代的集市到现代的商业地产式购物中心，再到平台电商，平台覆盖

范围不断扩展，而在新零售时代，旧平台已退化成优选商或次级平台，只有平台电商才称得上是平台模式，因为只有它能不分时间、空间，向所有消费者提供所有商品。

平台模式一直都通过给顾客带来丰富性和便利性，以及向卖家提供渠道、提高交易效率来获得自身价值。在新零售时代，由于掌握最多的消费者大数据，平台商可以做得更好。利用云计算、大数据技术，平台商可以根据每个消费者的网购行为预测其未来购买，实现千人千面的个性化推荐，这将极大地提高消费便利性和体验度，创造更大价值。这种精准到个人的大数据技术已被平台商运用，未来将会更加深入。

数据是未来商业的核心资源，在新零售时代，平台商掌握海量消费者数据的优势将被放大，平台商占据产业链中枢位置，在与上游供应商打交道时优势显著，甚至可以将其作为商业基础设施出售给供应商，平台商将在价值链中获得更大收益。因此，新零售将进一步放大平台商的技术优势，实现更大的覆盖。

但平台商并不能完全高枕无忧。首先是新平台的崛起。借助跨界创新，后起者可能重新定义行业，正如苹果重新定义手机、特斯拉重新定义汽车。现有的平台电商格局有可能被新的战略平台打破。其次是品类杀手的崛起。例如，丝芙兰凭借美妆用品成为细分市场的领导者，消费者有可能更加青睐细分冠军，认为其更加专业。最后，由于平台商的商品范围极广，产业链很难向上延展，对商品把控能力不够，存在对消费者深度需求掌控不足的风险，可能成为进一步发展的瓶颈。

在新零售时代，未来平台零售商的竞争是技术和生态圈的全面竞争。围绕技术创新，领先的平台商在向零售产业链的深处扩展，强化其基础设施提供商角色。例如，阿里巴巴将整合线下优质零售商作为试点，以获得更多消费者深度行为分析模型，同时进一步扩大支付宝在支付终端的覆盖范围，加强菜鸟物流联盟的服务能力，形成更大的生态圈和更大的流量优势。京东除了增强线上体验，与腾讯合作获得一级流量入口，占据更多价值链，开放物流平台，建立自营售后技术服务平台，布局实体渠道下沉，也在打造另一个涵盖网购、物流、服务的多层次新零售平台。亚马逊凭借领先的云计算技术，正在尝试新业态，如其开设的 Amazon Go 实体店，运用高科技提供一流的客户体验，有可能成为未来实体零售店的新标杆。

二、提供精准匹配、深度服务、解决方案类价值的优选模式

为部分消费者寻找特定供应商，提供商品组合或解决方案的是优选商，在平台零售商近乎无限的商品丰富性面前，几乎所有的传统零售业态都变成优选模式，包括百货商场、超级大卖场、专业卖场、便利店以及自营电商。优选商以前依靠商品流通服务赚取差价，而在新零售背景下，优选商被赋予更强的信息数据职能。

第一，新零售优选商的首要职能是为供需两端提供精确匹配信息，帮助消费者筛选

商品并通过深度商品运营提供品质承诺，引导消费者快速做出决策，让购买变得简单。第二，新零售优选商需要通过对目标消费者的深入了解，为消费者提供跨品类的商品整体解决方案。第三，在与消费者的直接接触中，新零售优选商还应使消费过程变得有趣，让消费者在购买中获得愉悦、受尊重、知识提升、个性化服务等体验价值。这三类价值都是分散的品牌制造商和传统零售商所不能提供的，优选商可以此为独特价值创造，收获自身价值。

但在新零售时代，优选模式也面临一系列内外部挑战。首先是消费者需求的升级和多变，消费者与产业细分群组都在快速迭变，不确定性增加，让优选商提前定位消费者需求的难度加大。其次是平台商崛起的威胁，平台商比优选商更具有丰富性和便利性的优势，吸引了大量消费者，优选商在自留地只要稍有迟疑或稍显平庸，就有被平台商覆盖的危险。最后是来自品牌商的威胁，如果不能让消费者在认可品牌产品之外，感知到优选商的服务价值，那么消费者宁愿越过优选商，与品牌商直接联系。优选商的地盘不断被平台商和品牌商从两个方向侵蚀。

为应对上述挑战，优选商可以在专业性、集成性、体验度方面进行升级，将有限的流量与产品价值相结合，形成自身竞争力。第一，优选商应聚焦优势品类，强化和运用自身在特定范围内的信息解读优势，或者聚焦专业品类，成为该品类最佳服务商，如五星电器利用在电子产品领域的专业知识优势为细分顾客提供深度服务，盈利持续增长。第二，优选商应提高集成性，聚焦一类顾客提供一组价值的整体解决方案，如聚焦妈妈群体提供整体解决方案的母婴店、围绕社区消费者附加餐饮和便民服务的便利店，给消费者带来组合价值，取得快速增长。第三，优选商应结合现有优势升级体验，利用信息化技术，提供比平台商更具差异化的购物体验，如沃尔玛的线上线下一体化建设、大润发的“1 小时”淘鲜达服务。在聚焦的范围内提供更精准的价值组合，是优选商相对于平台商和品牌商的根本优势。

优选模式之下虽有许多具体商业模式，但新零售时代其核心竞争力无疑在于对人与产品信息内容的解读。新零售优选商应向消费者提供优选产品、专业知识、便利体验、深度服务等极致价值，以“内容为王”作为战略支点。

三、为细分人群创造独特品牌体验价值的定制模式

定制模式是由品牌商向更细分的顾客提供定制化的产品。其典型表现形式是自有品牌零售模式（SPA），品牌从设计、生产到终端零售全程参与，控制关键流程，其多出现在快时尚、奢侈品、高科技等品牌强势的行业。

这种模式创造的价值主要凝聚在差异化商品和品牌体验上，因此，品牌更需要通过对零售终端的直接掌控，向消费者传递不打折扣的愉悦购物体验和品牌价值显得尤为重要。

例如，华为、大疆等品牌都通过自有门店实现了更好的品牌价值传递，品牌统一形象也得到了更好的维护。这一点中间商无法代劳。

但这种模式也有其局限性。首先，品牌商要有极强的号召力，在所处行业中是领先品牌，拥有足够多的粉丝，对各种渠道零售商保持强势话语权；其次，商品附加价值要足够高，足以支撑独立终端，实现稳定盈利，能够持续投入资源维护品牌形象；最后，品牌研发和创意能力突出，能够持续不断地提供吸引消费者的爆款产品或服务，长期引领消费潮流。显然，只有极少数强势品牌能够做到，大多数品牌都很难达到如此高度。

然而，在一些无强势品牌的分散产业中，情形正相反，零售商相对于供应商更占据优势，强势零售商利用自身的影响力，向上游制造环节渗透，根据自身掌握的顾客需求设计产品，找供应商贴牌生产再自行出售，逐渐壮大自有品牌，如屈臣氏。有些零售商的自营品牌比例高达90%，如宜家、无印良品和名创优品，几乎所有商品都是自己设计、生产（或代工）、销售，这类由零售商掌控制造环节的企业越来越有竞争力。随着新零售的进一步深入，拥有大数据和市场优势的零售商将能够整合更多的分散产业，为消费者提供更加精准的定制化价值与商品。

在新零售时代，借助新技术，大批量“人群定制”模式升级为“单人定制”模式，这意味着智能制造和柔性供应链要寻求突破。传统奢侈品依靠高品牌溢价和长生产周期实现的单人定制，以后将会扩展到更多个性化产品品类。通过提高效率、降低成本，顾客需要支付的个性化溢价会降至合理范围。同时，等待时间也会大幅缩短，很多企业单人定制的交付周期将越来越短。从顾客下单开始，定制化企业需要快速响应顾客需求、高效生产、快速交付。单人定制的大范围普及是未来新经济的目标之一，新零售则是这幅拼图上的重要一块。

新零售三大战略模式都在重构人、货、场的连接方式，但对消费者的定位范围和提供的价值组合不一样（见表2-4）。平台商面向所有品类的所有消费者，提供基础设施服务，奉行“流量为王”；优选商面向部分消费者提供有价值的专业内容组合，战略支点是“内容为王”；定制商则在特定产业面向特定人群提供最精准的产品品牌价值，战略支点是“产品为王”。越来越精明的消费者可以切换多重身份在诸多模式中作出选择，而新零售企业则三大战略模式必择其一。企业如何抉择，关乎未来成败。

表2-4 新零售三大战略模式对比

模式	特征	典型代表	顾客价值	优势来源	面临挑战	未来走势	战略支点
平台模式	招募商户，向所有顾客提供所有商品，赚取交易佣金	• 阿里巴巴 • 京东 • 亚马逊	• 无限丰富性 • 购买便利性 • 性价比	• 网络效应 • 技术平台 • 先发优势	• 新平台崛起 • 商品控制下滑	• 强化平台技术 • 智能精准撮合 • 跨产业覆盖	流量为王

续前表

模式	特征	典型代表	顾客价值	优势来源	面临挑战	未来走势	战略支点
优选模式	优选进货，向部分顾客提供部分商品，赚取差价	• 大润发 • 7-ELEVEn	• 选择精准性 • 服务专业度 • 整体方案	• 商品组合 • 专业知识 • 顾客互动	• 消费者多变 • 平台商覆盖 • 品牌商强势	• 更加聚焦 • 信息挖掘 • 多业态组合	内容为王
定制模式	向特定顾客提供特定商品，掌握整条价值链，获取回报	• 宜家 • ZARA • 屈臣氏 • 名创优品	• 品牌价值 • 个性化体验 • 个性化商品	• 产品创新 • 体验升级 • 品牌壁垒	• 消费需求迭变 • 平台范围经济的降维打击	• 极致产品 • 智能制造 • 单人定制	产品为王

模块 6 团队项目实战训练

一、项目名称

为选定的零售企业进行战略分析。

二、步骤及要求

(1) 团队的每位成员明确各自的分工。

(2) 收集有关企业的资料。

(3) 各组在资料整理与分析讨论的基础上，制定零售战略策划要点。

(4) 归纳总结。

(5) 每个团队提交一份《零售战略策划分析报告》(2 000 字以上)。

三、过程评价

(1) 组内打分。

(2) 组间打分。

(3) 教师打分。

项目三 零售商圈与选址

学习目标

知识目标

1. 掌握商圈的构成与主要测量方法。
2. 掌握商圈调查与分析的基本内容。
3. 掌握零售店选址的具体要求。

能力目标

1. 能够对零售商圈进行调研，并绘制商圈地图。
2. 能够撰写零售商圈与选址分析报告。

素养目标

1. 具有全面、系统的商业分析素养。
2. 具有敏锐的市场敏感度和竞争意识。

模块1 大家来讨论

互联网经济兴起，实体商圈真的不行了？

随着城市不断发展，一些老商圈面临升级，一些新商圈正在形成。在北京，王府井、西单等传统商圈变得越来越年轻。融入科技，提升消费体验，不断改造硬件设施、完善各项服务、提升客户体验，是商圈中众多商户的追求，也是整个商圈保持吸引力的法宝。

西单商圈内，大悦城是吸客能力最强的购物中心，管理者的服务意识也极强。在核心商圈，停车难让人头疼，大悦城的智慧停车破解了这一难题。商场内，智慧停车的招牌很醒目。“扫码，关注西单大悦城微信服务号；绑卡，绑定会员卡；找车，点击菜单，完成缴费。”顾客尚未进入停车场时，通过微信就能看到还有多少车位，分布在哪一层。如今，西单大悦城服务号已经涉及智能停车、智能排队、商场全景地图等多种便捷服务。

王府井商圈的鲁卡科幻乐园内，各种高科技的体验项目很有吸引力。游戏通过将虚拟场景交互技术与传统娱乐、教育手段相结合，给小朋友们更多超越现实的体验。据店员介绍，“比如复活恐龙项目，通过绘画、拍照、涂色等方式创造恐龙，之后小朋友们可用肢体动作与虚拟场景内的角色交互娱乐，孩子们很喜欢”。

资料来源：王晋．互联网经济兴起 实体商圈真的不行了？[N]．经济日报，2017-02-08.

请思考：

身处互联网时代，城市的传统商圈都有哪些变化？

模块2　基本知识

一、零售商圈概述

对于零售商而言，商圈是它们经营活动的空间界限。商圈的确定表明了零售店所进行销售的空间范围，在这一界限内它们向顾客提供能满足其需要的商品或服务。而对于顾客而言，商圈是他们购物行为的空间范围，超出这个区域，他们会感觉到不适。

微课5：

“二流”位置做出“一流”流量

（一）商圈的定义、特征及形态

1. 商圈的定义

商圈又称商业圈或商势圈，是店铺能够有效吸引顾客来店的地理区域，是指零售店铺以其所在地点为中心，沿着一定的方向和距离扩展、吸引顾客的辐射范围。商圈构成要素有：轴心点（店铺所在的位置）、半径（从商圈中心到商圈边缘的距离）、层次（核心商圈、次级商圈、边缘商圈）。商圈的组成如图3-1所示。

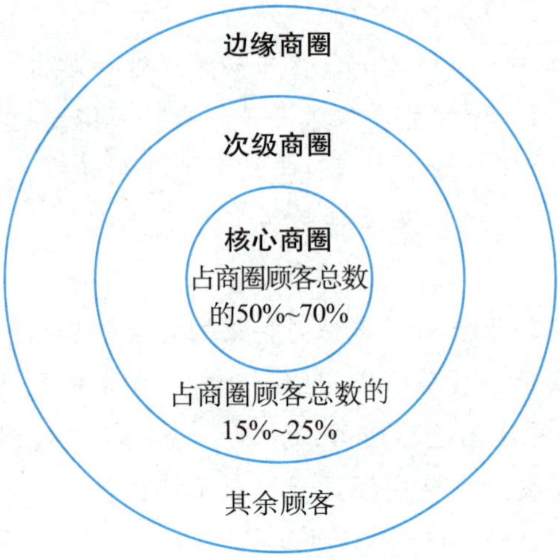

图 3-1　商圈示意图

核心商圈是指接近门店并拥有高密度消费群的区域，通常 50%～70%的顾客来自核心商圈，次级商圈的顾客占 15%～25%，其余的为边缘商圈的顾客。就销售额来说，核心商圈一般占 60%～70%的销售额，次级商圈一般产生 20%的销售额，而边缘商圈属于顾客极少光顾的区域范围，仅占门店日常销售额的 10%～20%（见表 3-1）。

表 3-1　商圈构成

商圈层次	辐射半径	占顾客总数比例	客源
核心商圈	1 000 米左右	50%～70%	常住人口
次级商圈	3 000～4 000 米	15%～25%	工作人口
边缘商圈	7 000 米左右	5%～35%	流动人口

2. 商圈的特征

一般来说，不同的零售经营业态会有不同的商圈，相同的经营业态在不同地区的商圈大小也会有所差异。零售商圈有以下几个特征：

（1）层次性。零售商圈由三个层次组成，从核心商圈到边缘商圈，顾客密度从大变小。而位于商业中心区的零售商，核心商圈的顾客密度最小，并不是商圈的主要组成部分。大型零售卖场边缘商圈的顾客往往最多。

（2）差异性。零售店由于地区、经营规模、商品品种、交通条件等内外因素的不同，商圈的范围、形态以及商圈内顾客分布的密度、需求特征等都存在一定的差异。

（3）不规则性。商圈不一定都是同心圆模式，其规模与形状是由各种各样的因素决定的。这些因素包括商店的类型、商店的规模、竞争者的位置、顾客往返的时间等。

（4）动态性。商圈的形状、辐射范围只是相对固定的，会因商店内外部条件的变化而产生变迁。例如，随着经营规模的扩大、知名度的提升，商店会吸引周围更多的顾客来购物，其商圈范围随之扩大。由于城市规划的变化，原有的商业中心的辐射能力可能会受到影响。

3. 影响商圈大小的主要因素

一般来说，影响商圈大小的因素主要有五个：

（1）店铺的经营特色。那些经营富有特色、商品齐全、服务周到，并在顾客中树立了良好形象的店铺，其商圈范围就比较大；相反，其商圈范围就比较小。

（2）店铺的经营规模。一般来说，店铺的经营规模越大，其商圈也就越大。但它对商圈大小的影响是有限的，这一点必须引起店铺经营者的高度重视。

（3）经营商品的种类。一般来说，经营日用品的店铺，其商圈范围较小；而经营选购品、耐用品和特殊品的店铺，其商圈范围较大。

（4）竞争店铺的位置。竞争店铺的位置对商店的商圈有着决定性的影响。如果互为竞争者的两家商店之间距离较近，就会使每家商店的商圈规模缩小。然而，经营同类商品的各家商店聚集在一起，实际上可使每家商店的商圈都增大规模，顾客会被丰富多彩的商品吸引。

（5）顾客的流动性。顾客驱车或步行购物的条件对商圈规模具有一定的影响。交通上对顾客流动的各种障碍，比如单行线道路、拥挤的街道、收通行费的桥梁等，都会使商圈缩小，并影响它们的形状。

4. 商圈形态

了解商圈形态是进行商圈分析的基础，一般而言，商圈形态可以分为商业区、住宅区、文教区、办公区和混合区等（见表3-2）。

表3-2 商圈形态

商圈形态	区域范围	特点	消费习性
商业区	商业的集中区	商圈大、流动人口多、各种商店林立	快速、流行、娱乐、冲动购买及消费金额比较高
住宅区	居民社区	户数多，1 000户以上	消费群体稳定，便利性、亲切感、家庭用品购买率高
文教区	大学城、中小学校附近	以学生居多	消费金额普遍不高，休闲食品、文教用品购买率高
办公区	企事业单位、写字楼附近	办公楼林立	便利性、外来人口多、消费水平较高
混合区	住商混合、住教混合	具备单一商圈形态的消费特色	多元化

（二）零售商圈的设定方法

1. 赖利法则

赖利法则是美国学者威廉·赖利于1931年受牛顿的万有引力理论的启发而提出的。

赖利通过对美国 150 个城市商圈进行调查分析，提出了著名的赖利法则。该法则的主要内容是：在两个城镇之间设立一个中间点，顾客在此中间点可能前往任何一个城镇购买，两个城镇的商店对周围地区居民的吸引力完全相同，这一地点到两个商店的距离即为两个商店吸引顾客的地理区域。零售引力与两个城镇的人口成正比，与两个城镇到中间点的距离成反比。赖利法则的计算模型为：

$$D_{AB}=\frac{d}{1+\sqrt{\frac{P_B}{P_A}}}$$

式中：D_{AB}——以 A 城市计算的 A 城市与 B 城市间的商圈均衡点；

d——A 城市与 B 城市间的距离；

P_A——A 城市的人口数；

P_B——B 城市的人口数。

2. 断裂点理论

断裂点理论，又称康弗斯均衡点法则。1949 年，经济研究学者康弗斯对赖利法则进行了深入研究，依据赖利法则提出康弗斯均衡点公式，通过该公式运算可以求出两个商圈的分界点。其计算模型为：

$$d_A=\frac{D_{AB}}{1+\sqrt{\frac{P_B}{P_A}}}$$

式中：d_A——从断裂点到 A 地的距离；

D_{AB}——A、B 两地之间的距离；

P_A——A 地的人口总数；

P_B——B 地的人口总数。

3. 阿普波姆法则

阿普波姆法则在断裂点理论的基础上进行了创新，把卖场规模和交通工具考虑在其中，更符合现代社会的特点。该法则的计算模型为：

$$D_A=\frac{D_A+D_B}{1+\sqrt{\frac{P_B}{P_A}}}$$

式中：D_A——A 地到商圈分界点的时间距离（小汽车行驶时间）；

D_A+D_B——A、B 两地之间的时间距离（小汽车行驶时间）；

P_A——A 地的卖场面积；

P_B——B 地的卖场面积。

上述两个法则，是赖利法则的衍生版。有关专家认为：赖利法则只适用于计算有关耐用品、专门品的商圈分界点，而不太适用于计算日用品的商圈分界点。另外，赖利法则是以城市人口都有购买力、人口多的城市更具有吸引力为前提进行计算的。然而，实际上会有各种因素交织在一起来决定商圈的大小。这些法则并非必然与实际调查的结果相吻合。因此，在研究商圈分界点时，赖利法则只能作为一种参考，并非准确的依据。

4. 霍夫概率法则

霍夫概率法则的最大特点是更接近于实际，它将过去以城市为单位的商圈理论具体到以商业街、百货商店、超级市场为单位，综合考虑人口、距离、零售面积规模等多种因素，将各个商圈地带间的引力强弱、购物比率发展成概率模型的理论。霍夫概率法则的主要内容为：在整个商业聚集区集中于一地的场合，居民利用哪一个聚集区的概率，是由商业聚集区的规模和居民到商业聚集区的距离决定的。其计算模型为：

$$P_{ij}=\frac{S_j^a}{D_{ij}^b}\div\frac{\sum S_j^a}{D_{ij}^b}=\frac{A_{ij}}{\sum A_{ij}}$$

式中：P_{ij}——居住在 i 地区的顾客到店铺 j 购物的概率；

A_{ij}——店铺 j 对居住在 i 地区的顾客的吸引力；

S_j——店铺 j 的规模；

D_{ij}——居住在 i 地区的顾客到店铺 j 的距离和花费的时间；

a——顾客对店铺规模的敏感性参数；

b——顾客对距离或花费时间的敏感性参数。

上述各种方法各有利弊，零售企业应根据本地区的实际情况综合运用，这样得到的商圈范围才比较准确。

二、商圈调查与分析

商圈分析就是为某一区域的商圈划定范围，然后对商圈内的消费者、竞争者、客流和地理位置的特点进行的评估。其目的是要帮助零售企业搞清楚某一商店店址的辐射范围或能力以及辐射范围内目标顾客、竞争者的特点，以便正确选择店址，更好地为自己的目标顾客服务。

（一）商圈分析的重要性

确定各商圈（存在的或设想中的）的范围和形状之后，零售企业接下来应该分析商圈的特点。考察重点是居民的特点，检验其是否符合零售企业的目标市场规划。例如，汽车修理店可以通过汽车登记数据来分析比较不同地区的市场机会，助听器专卖店应知道 65 岁以上人口所占的比重，书店应关心居民的受教育程度。商圈分析的重要性具体表现为：

1. 商圈分析是零售店址选择的前提

好的选址是零售企业的一项竞争优势，也是零售战略的一部分。零售商圈分析的目的在于分析商圈内消费者的构成、消费习惯和购买行为，以及相关企业的构成。在此基础上，可以准确分析该商圈的市场潜力，新开门店是否具有较强竞争力以及能赢得多少顾客，并依据零售竞争战略与市场战略，确定新开门店的合理选址，以划分与现有竞争对手的商圈范围。

2. 商圈分析是新店扩张的依据

对于连锁零售店的开设，商圈分析能够帮助确定新开分店能否扩大市场，其顾客是否仅从现有分店转移而来。假设一家连锁超市在某市的某区域设有一家分店，该店商业辐射区为 2 000 米。目前，该企业计划在距离该地区 3 000 米的地方开设新店，两家分店会出现商圈重叠，两家分店服务于同一客户群。企业需要考虑的是新开门店后总销售额的净增长，即新开分店后原门店与新门店的销售额之和与原门店销售额之差。

3. 商圈分析可以帮助零售企业进行明确的市场定位

根据企业自身的经营特点和所在商圈顾客的特点，零售企业市场定位的本质是商品和服务的差异化。商圈分析有助于零售企业搞清楚其商圈内存在的问题，针对顾客的特征更好地设计与竞争对手不同的门店形象，并获得顾客认可。

（二）商圈潜力分析

一家零售店的生存、发展，依赖于商圈内是否有充足的购买力，因此零售企业要对商圈内的消费者进行具体的调查分析，以将潜在顾客变为实际消费者。

1. 商圈人口调查与分析

（1）人口数量，包括常住人口数、流动人口数、是否有增加的潜力。在一个人口逐增的新区开店易成功；反之，易失败。

（2）人口密度，即每平方千米多少人，占该地区第几位，画出有关图表。

（3）职业结构，不同职业通常对应不同的消费方式。

（4）家庭规模，一共有多少户，平均每户有多少人。

（5）男女比例。

（6）年龄比例。

（7）教育结构，画出消费结构比例图。

（8）小区规模，包括每年住户增加数。

2. 商圈客流量调查与分析

客流量是指来店购买商品顾客的流动数量，不仅指商圈范围内的顾客，而且包括流动人口。

3. 潜在消费额调查与分析

潜在消费额是在人口调查的基础上，进一步调查消费者的收入水平和消费水平后测算出来的。收入水平是指居民平均的收入指数在全国或城市中处于什么水平。消费水平是一个综合衡量消费者购买力和消费行为的指标，涉及消费者在一定时期内用于满足自身日常生活费用各项支出的总和。商圈收入水平和消费水平应高于地区及全国收入水平和消费水平。

4. 顾客消费倾向调查与分析

超市选址仅对商圈内人口、收入、支出进行一般分析是不够的，要在此基础上具体分析顾客的消费倾向，根据对顾客消费倾向的分析来选定连锁经营的目标市场。消费倾向分析包括消费者意愿分析、消费者行为分析、耐用品拥有率分析。

（三）城市结构分析

城市结构分析是对该地区地域、交通、繁华地段和城市发展规划做调查与分析。

1. 地域

零售企业应调查和了解该地区地域及其腹地的大小，此外对于气候的特殊性也要稍加研究，因为零售业与气候因素有相当大的关系。

2. 交通

众所周知，商店宜开设于人口及交通密集之处。因为交通网密布的地方往往是人口集中或流量特别大的地方，自然是开店的理想地段，所以零售企业在调查时要考虑交通路线、车辆往来班次及载送量。

3. 繁华地段

繁华地段往往是商店集中之处，商家选择该地段开店乃是当然之事。但是繁华地段地价租金较昂贵，因此在投资成本提高的状况下，如何对地段做有利的运用，是在繁华热闹地段开店需要考虑的事项。

4. 城市发展规划

除了城市结构的现状外，城市发展规划，如交通网的开发计划、社区发展计划与商业区的建设计划等，都是必须考虑的。特别是商店以连锁经营的方式发展时，零售企业不仅要考虑单店的选址，而且要考虑连锁网点的发展。

（四）商圈竞争店调查

同一地区内的竞争店竞争状况对商店有一定的影响力。对商圈竞争店情况的调查与分析是商圈调查与分析的重要内容。

1. 竞争店情况调查

竞争店情况调查主要立足于商圈内，重点是那些具有相关竞争性的店型。

（1）综合调查。由公司高管对竞争店的情况进行综合调查，包括选地、用地、店铺构造、商品策略、店铺计划、运营管理等方面的调查。

（2）商品能力调查。商品品质高、结构优是商店在竞争中获胜的重要因素，也是竞争店拥有竞争力的法宝。商品能力调查，即由采购员和部门负责人对竞争店的每一个部门经营商品的品种、货位面积、货源等情况进行调查，以便进行市场定位，或与自己的商店进行比较，找出双方的差异，以求改进。

（3）店铺调查。店铺调查包括对竞争店店址环境、店铺设计及店堂陈列布局等方面的调查。

（4）店铺运营管理调查。店铺运营管理调查主要包括对促销、补货等店铺运营管理方面的调查。

2. 竞争店分析

竞争店分析是开店前的必要准备工作，是业态选择和形象定位的重要基础。

（1）店型确定前的竞争环境分析。如果店铺还没确定自身的业态，也没有相应的意向选择，那么对竞争店的分析就要着眼于商圈内的整体店铺布局情况，考察各种业态的情况或商圈饱和度情况。

（2）店型确定后的竞争店分析。如果公司已有店型意向选择，就要进行直接竞争店和间接竞争店分析。直接竞争店是指那些与待建店铺类型相同的店铺。间接竞争店是指那些与待建店铺面向的消费群体相似、消费场景相似、客单价相似的店铺。

3. 商圈饱和度分析

商圈饱和度分析是在竞争店分析的基础上，通过进一步的消费调查，计算出商圈范围内的饱和度，并判断开店的有效性。这里主要介绍饱和指数法。通过计算零售饱和指数，评价有无再开店的市场空间。

首先应计算出零售饱和指数，然后分析新建商店对这一指数的影响。如果零售饱和指数理想，可选择在该区设店；如果零售饱和指数过低，达不到平均水平，则应放弃开店或缩小规模。

零售饱和指数（IRS）的计算公式如下：

$$IRS = C \times RE / RF$$

式中：IRS ——某地区某类商品的零售饱和指数；

C ——某地区购买某类商品的潜在顾客数；

RE ——某地区每位顾客的平均购买额；

RF ——某地区经营同类商品的商店营业总面积。

将计算结果和其他地区测得的 IRS 相比：IRS 越大，表明该市场尚未饱和，成功的可能性越大；IRS越小，表明该市场已经饱和，成功的可能性越小。

三、零售店选址分析

在开设新店时，选择好的位置是首要的事情，但是许多零售商在经营中并未将选址作为投资决策的一项重要内容来研究，往往缺乏周密的调查和分析。很多经营者只是凭借自己的直观印象去判断位置的好坏，这明显不符合现代管理的要求。实践证明，连锁超市店址的选择对开店成败的影响程度可达70%。

（一）零售店选址的重要性

零售店选址的重要意义表现为：店铺选址关系到零售企业的长期战略，店铺选址是零售商确定营销组合策略的重要依据，店铺选址是影响零售店经济效益的重要因素，店铺选址关系到零售商的市场形象。

1. 店铺选址选择关系到零售企业的长期战略

零售店选址关系到零售企业的长期战略，关系到门店的发展前景。门店场所不管是租借的，还是购买的，一经确定就需要大量的资金投入，用来营建商铺、购买商品；而当外部环境如人口、交通、购买力、城市规划等发生变化时，它们又不可能像人、财、物等企业经营要素那样可以随时做出相应调整，其长期性、固定性的特点往往限制了传统零售商经营的适应性和灵活性。

2. 店铺选址是零售商确定营销组合策略的重要依据

零售商的市场是地区性市场，零售商的目标市场是一定区域内的消费群体。不同的地区有不同的社会背景、地理环境、人口状况、交通条件、市政规划等，它们既制约着所在地区的零售店的顾客来源及顾客特点，也制约着零售店对经营的商品、价格、促销活动等的选择。零售店址一经确定，就需在商品组合、商品价格和促销策略等方面围绕特定地区消费者的需求特点展开工作。

3. 店铺选址是影响零售店经济效益的重要因素

零售店址的选择恰当，就意味着其享有优越的地理条件。在同行业之间，若规模相当，商品构成、价格、经营服务水平基本相同，位置好的零售店必然享有较好的经济效益。因此，零售店如果期望取得更好的经济效益，便不可忽略店址的选择，不可忽略地理位置的影响。

4. 店铺选址关系到零售商的市场形象

不同的地区有着不同的经济、文化、市场等地区性特征，零售商选择某一地区经营时，需要将所经营商品的品种、价格、商场的环境气氛和该地区的环境、社会气氛协调起来。这样，零售商在展示自身期望的形象时，会不自觉地显示出带有该地区明显特征的商店形象。

（二）零售店选址的区域位置类型

不同类型的零售店，在店址选择上既有共同的要求，也有不同的要求。共同的要求主要指方便顾客购买、扩大影响、有利于运输、覆盖市场。不同的要求主要包括固定消费还是流动消费、商业网点集中与否、服务内容齐全与否、营业时间长短等方面。零售店设在什么样的商业区要视具体情况而定，可以有很多种选择，主要有以下商业群：

1. 城市中央商业区、城市交通要道和交通枢纽的商业街

城市中央商业区是全市最主要、最繁华的商业区之一，城市的主要大街贯穿其间，云集了许多著名的百货商店、超级市场和各种专业商店以及豪华的星级酒店、影剧院和写字楼。在一些较小的城市，中央商业区是这些城市唯一的购物区。属于这一类型的商业区，有伦敦的牛津街、东京的银座、北京的王府井、上海的南京路、杭州的武林广场等。

城市交通要道和交通枢纽的商业区是城市的次要商业街。这里所说的城市交通要道和交通枢纽，包括城市的直通街道、轨道交通的大型中转站等。这些地点是人流必经之处，交通便利，流动人口多，在节假日、上下班高峰，人流如潮。店址选择在这些地点也可以获得很好的商机。

2. 城市居民区商业区

城市居民区商业区的消费者主要是附近的居民，在这些地区开设商店主要是为了方便附近居民就近购买日用百货等。

3. 郊区购物中心

在城市交通日益拥挤、停车困难、地价上升的情况下，一方面，随着城市居民私家车保有量的逐年递增和高速公路网络的快速发展，一部分居民到开设在郊区的大型商业中心购物、娱乐，形成了郊区购物中心；另一方面，因市区住房成本上升，城市居民外迁郊区，形成了新的郊区住宅区，也促进了郊区购物中心的发展。

（三）零售业态选址

不同零售业态或者不同规模的商业设施的选址要求也是不一样的，如表 3－3 所示：

表 3－3　零售业态选址

业态	选址	商圈与目标顾客
社区型便利店	位于社区周边	主要顾客为社区内常住人员，客流稳定
折扣店	居民区、交通要道等租金相对便宜的地区	辐射半径为 2 000 米左右，目标顾客主要为商圈内的居民

续前表

业态	选址	商圈与目标顾客
生鲜超市	社区周边、大型购物中心的配套业态	辐射半径为 5 000 米左右，以商业区目标顾客、周边居民为主
综合超市	市、区商业中心居住区	辐射半径为 5 000 米左右，以商业区目标顾客、周边居民为主
仓储会员店	城乡接合部的交通要道	辐射半径为 5 000 米以上，目标顾客以中小零售店、餐饮店、集团购买和流动顾客为主
百货店	市、区级商业中心，历史形成的商业集聚地	目标顾客以追求时尚和品质的顾客为主
品牌专卖店	市、区级商业中心、专业街以及百货店、购物中心内	目标顾客以中高档消费者和追求时尚的年轻人为主
都市型购物中心	城市的核心商圈或中心商务区、街区型或封闭型建筑结构	商圈可覆盖甚至超出所在城市，满足顾客购物、餐饮、商务、社交、休闲娱乐等多种需求

（四）零售店址应具备的条件

一般来说，具备以下全部条件的是一流的店址，具备其中两条以上的是一般的店址。

1. 商业活动频度高

在闹市区，商业活动极为频繁，把商店设在这样的地区，商店销售额必然高。这样的店址就是所谓的“寸金之地”。相反，如果在非闹市区，在一些冷僻的街道开店，人迹罕至，营业额就很难提高。

2. 人口密集度高

居民聚居、人口集中的地方是适宜设置商店的地方。在人口集中的地方，人们往往有各种各样的对于商品的大量需求。如果商店能够设在这样的地方，致力于满足人们的需要，那就会有做不完的生意。而且这些地方的顾客需求比较稳定，商店销售额不会骤起骤落，可以保证商店的稳定收入。

3. 面向客流量大的街道

商店若开在客流量大的街道上，受客流量和通行速度的影响就会很大，可使多数顾客就近买到所需的商品。

4. 交通便利的地区

交通便利的地区主要是旅客上下车最多的车站，或者在几个主要车站附近。零售企业可以在顾客步行不超过 10 分钟的路程内的街道设店。

5. 同类商店聚集的街区

大量事实证明，对于那些经营选购品、耐用品的商店来说，若能集中在某一个地段或街区，则更能招揽顾客。因为同业聚集可以汇集各种品类，顾客在这里有更多的机会进行比较和选择。

四、零售店的投资回报率分析

盈利与否是零售店开办与否的最终决策标准。因此，商圈分析的核心部分就是投资回报率分析。零售店的投资回报率分析的内容如下：

（一）零售店销售额预测

为了使对零售店销售额的预测更为准确与科学，一般是同时采用几种方法，然后找到折中的数据。销售额预测的主要方法有购买力估算法、商店业绩法和卖场面积比较法。

（二）新建零售店的费用预测

零售店的费用包括固定资产费用、固定成本费用以及可变成本费用三个部分。

（1）固定资产费用包括设备费用、工程费用及房屋、土地和公用设施等费用或租金（土地尚未列入固定资产）。

（2）固定成本费用包括房地产取得成本（地价、房价或租金）的摊提、开办费用摊提、开店成本（贷款）的利息、保险费用（财产保险）、物业管理费、折旧费用、员工固定工资及其他费用。

（3）可变成本费用包括流动资金费用、员工调整工资、水电费用、促销费用、修理费用、各项税费、储运费用及营运费用。

（三）新建零售店的投资预测

开办零售店是一种投资行为，投资需要回收并带来一定的利润，因此，开设新店之前，一定要对投资规模进行预测。新建门店的投资额是固定资产费用与流动资金费用的总和。

（四）新建零售店的盈亏平衡点分析

盈亏平衡点，又称保本点，是新建零售店必须实现的最低销售额。

（1）盈亏平衡点分析的公式及计算过程如下：

实际盈亏＝税前盈亏（门店责任利润）－费用（分担总部的费用）

式中：

税前盈亏＝销售毛利－变动成本－固定成本

销售毛利＝销售额－销售成本

$$毛利率=\frac{毛利额}{销售额}\times 100\%$$

商品投资收益率，即每1元的商品投资所能创造的利润。

$$商品投资收益率=\frac{毛利额}{平均库存成品}=\frac{毛利额}{销售额}\times\frac{销售额}{平均库存成品}$$
$$=毛利率\times 商品周转率$$

由此可知，当毛利率无法再提高时，应朝提高商品周转率的方向努力。

$$盈亏平衡点销售额=\frac{固定成本}{毛利率-可变费用率}$$

可见，盈亏平衡点是店铺收益与支出相等时的销售额。

（2）投资周期内需要考虑的外部因素：1）物价上涨指数；2）人口数、户数的变动；3）市场的变化；4）竞争店的入围；5）道路交通体系的变动；6）消费行为改变或产生业态发展的新趋势。

（五）店铺经营安全率预测

店铺经营安全率是衡量连锁超市各门店经营状况的重要指标，一般测定的标准为：经营安全率40%以上为超安全；20%～40%为安全；10%～20%为需要注意；10%以下为危险；负数（0以下）为濒临倒闭。经营安全率的计算公式如下：

$$经营安全率=\left(1-\frac{盈亏平衡点销售额}{预期销售额}\right)\times 100\%$$

模块3　操作指导

一、商圈调研分析报告的制作

（一）商圈调查的目的

1. 设定商圈范围

零售企业可通过上述方法，确定商圈的具体范围，了解店铺预计能够吸引的客流量。客流量的大小是一个零售商店能否成功的关键因素。零售企业总是力图选择在客流量最大、最集中的地方开设店铺。客流的类型有三种：自身客流、分享客流、派生客流。

2. 调查商圈顾客

零售企业要准确了解本商圈的顾客特点，主要包括顾客的收入、职业（确定商品价格的主要依据），年龄、性别（确定商品结构的主要依据），人流、车流（确定超市规模的主要依据）。

3. 估算店铺营业额

店铺日营业额＝来自住户的日营业额＋来自流动人口的日营业额

来自住户的日营业额＝户数×入店率×客单价

来自流动人口的日营业额＝每小时平均人数×客单价×入店率×营业小时数

4. 调查竞争店

同商圈内的竞争对手情况对零售店经营的成败会产生较大影响，故在选择开店地点时，零售企业必须分析竞争对手的实力。一般来说，开店地点附近如果竞争对手众多，商品结构、服务水准相类似，那么新建店就很难获得成功；相反，如果新建店经营具有特色、竞争力强，那么就可以提高商店声誉。因此，选址应尽量选择在竞争对手少且有发展潜力的地方。

5. 调查卖场的商品构成

卖场的规模有大有小，各有利弊。规模大，可以陈列众多商品种类，集客能力也自然较强；相反，规模小，可陈列的商品种类少，消费者的选择空间小，集客能力就较弱。但是，规模大的卖场虽然吸引的消费者多，单位效益却不一定很高。也就是说，人虽多但不一定都是来购物的。因此，零售企业应估量市场占有率和投资盈亏平衡点后，再设定卖场规模。

6. 判断投资回收的可行性

商家的目标是利润最大化，故盈亏问题是商家关注的核心。有付出就要有回报，开店是一种投资，投资需要回收并带来一定的利润，因此，零售企业不仅要考虑费用与利润的关系，还应考虑投资的回收期限。

（二）商圈调查资料的来源

为了成功选址，确保准确性，需要有相关资料作为参考。零售企业既可通过各方面调查掌握一手资料，也可使用二手资料，但准确度一定要高，这样才不易导致决策失误。商圈调查资料的来源如表 3－4 所示：

表 3－4　商圈调查资料的来源

资料类别	资料来源
人口数、户数资料	城市政府、户籍管理部门或居委会
城市规划、建设用途	城市政府、住建局或城建管理部门
竞争分布图	实地调查、行业协会、市场监督管理部门
竞争店销售业绩	实地调查、行业协会、市场监督管理部门
商业业态与格局的发展变化	城市政府、行业协会、市场监督管理部门

（三）零售商圈与选址分析报告的撰写步骤

1. 开展调查，收集资料

（1）一手资料收集。通过实地走访、观察等形式，对产品或店铺所在商圈环境进行调查，收集相关资料。

（2）二手资料收集。查找产品或店铺开发指向的市场和企业的营销信息、统计报表、销售情况以及财务状况等。

2. 营销环境与计划分析

对收集的商圈所在城市、市场、消费者、竞争者、企业状况等各项资料进行系统整理，并予以正确分析，从繁杂的材料、数据中总结零售商圈与选址的客观状况。

3. 报告撰写的准备

（1）了解撰写内容和结构。报告内容要求以前期的市场调查分析为基础，对商圈的客流量、竞争状况等进行客观、准确的分析。报告一般分为封面、前言、目录、正文和附录五个部分。

（2）及时汇总案头资料。报告撰写者应将收集到的市场资料、小组讨论材料、个人分析意见及时汇总起来，整合为零售商圈与选址分析报告所需的材料。

4. 报告撰写的内容

（1）店铺商圈分析。确定所选门店的具体地址，一般的项目报告都要求设计较为准确和明确的店铺商圈地图，这样，店铺的位置就一目了然了。

（2）店铺选址的环境分析。主要有以下几方面的内容：1）交通条件分析；2）商圈顾客的购买力分析；3）竞争状况分析；4）商圈客流量的预测分析；5）店址的聚客点分析。

二、开店选址的实战技巧

开店是当下极受青睐的一种自主创业与投资理财方式。的确，自己开店当老板，假如经营状况比较理想，不仅可使你的财产得到有效的保值与增值，而且能使你在心理上获得一份成就感。因此，当前关注和尝试开店的人越来越多。要开店，就不能不考虑选择店面的问题。有关专家曾经指出：找到一个理想的店面，你的开店事业也就成功了一半。开店不同于办厂或开公司，以零售为主的经营模式决定了其店面的选择是至关重要的，它往往直接决定着事业的成败。那么，如何才能选到理想的店面？有开店打算的人不妨参照下列做法：

（一）选好地段

开店者选择经营地段时要把握以下几个关键：

1. 把握“客流就是钱流”的原则

在车水马龙、人流熙攘的热闹地段开店，成功的概率往往比在普通地段开店高出许多，因为川流不息的人潮就是潜在的客源。只要你所销售的商品或者提供的服务能够满足消费者的需求，就一定会有良好的业绩。客流量较大的地段有：(1) 城镇的商业中心（即通常所说的“闹市区”）；(2) 车站附近（包括火车站、长途汽车站、客运轮渡码头、公共汽车的起点站和终点站）；(3) 医院门口（以带有住院部的大型医院为佳）；(4) 学校门口；(5) 人气旺盛的旅游景点；(6) 大型批发市场门口。

2. 利用“店多隆市”效应

不妨来听一听消费者的说法。杭州某公司的白领陆小姐是鲜花消费的大户，经常要送花篮、花束给客户和朋友。她说，除了特别着急时有可能会就近找一家花店买花，大多数时候都是赶到杭州体育场路上去买，因为那里花店多、花色品种齐全、选择余地较大。在某高校任教的江女士每次要买服装，也总喜欢到东坡路、武林路等服装店密集的地方去选购，她认为店多的地方除了款式多之外，还可以货比三家，还起价来也比较容易。因此，别担心同业竞争，一旦同业商店越开越多，就会产生聚集效应，容易扩大影响，凝聚人气，形成“××专业街”，生意反而比单枪匹马更容易做。

3. 注意因“行”制宜

经营地点的选择与经营内容及潜在客户群息息相关。各行各业均有不同的特征和消费对象，黄金地段并不是唯一的选择，有的店铺开在闹市区，生意还不如开在相对偏僻一些的特定区域。例如，卖油盐酱醋的小店开在居民区内生意肯定要比开在闹市区好；文具用品店开在黄金地段也显然不如开在文教区理想。因此，开店者一定要根据不同的经营行业和项目来确定最佳的开店地点，要选择合适的店面，并不是越热闹的地方越好，关键是要因“行”制宜。

（二）做进一步的全面考察

在初步选定开店的地点后，开店者还应做进一步的全面考察，在对相关的情况做一定的调查和分析后，方能决定是否最后定点于此。开店者主要考察以下几方面的情况：

1. 店面本身的情况

开音像制品店的小罗不久前从别人手里盘了一个店面下来，这个面积达 15 平方米的店面位于次繁华地段，每天的人流量也十分可观，可是租金却非常便宜，每月只要 800 元，小罗以为捡到了便宜，偷偷直乐。没想到，他花了一万多元装修，开张还不到一个月，一纸《拆除违法建筑告知书》让小罗懊悔不已。原来，上家通过内部关系得知店面迟早要拆，便来了个金蝉脱壳，捞了一票便溜之大吉。因此，在租店面之前，开店者一定要对店面的情况进行仔细的调查和了解。

2. 房东的背景

有的人急于寻找店面，就满大街搜寻，有时还真能找到几家挂着“转让”字样的店面，便迫不及待地与店主谈判、交付定金甚至租金，这种做法是极其草率的。假如开店者真的看中了店面，最好先从侧面打听到真正的房东（即产权所有者），对其背景情况进行基本了解，觉得可靠后再接触。开店者最好直接与真正的房东谈，假如房东表示已将承包权出租，不愿再插手，开店者再与现在的店主谈判也不迟。另外，一旦谈判成功，也要注意必须签订正式协议并要求到房产所有者那里更改租赁人姓名。

3. 同业竞争情况

同业竞争情况主要包括经营业绩的情况、商品的价格水平等。开店者考察同一地段同类商店的经营业绩，可以初步测算出租此店面可能产生的利润状况；考察竞争者的商品价格水平，可以据此确定今后的商品价位。

4. 客流状况

“客流就是钱流”，考察客流状况，不仅能使开店者对今后的经营状况胸有成竹，而且能为营销重点的确定提供科学的依据。客流状况主要考察以下内容：(1) 附近的单位和住户情况，包括有多少住宅楼群、机关单位、公司、学校甚至其他店家（这些店家极有可能会成为你的常客）；(2) 过往人群的结构特性，包括他们的年龄、性别、职业等的结构特性和消费习惯；(3) 客流的淡旺季状况，比如学校附近的店面要考虑寒暑假，机关单位和公司集中地段的店面就必须掌握他们的上下班时间，车站附近的店面应摸清旅客淡旺季的规律，这些都是你设定营业时间的重要依据。

（三）尽快拿下看中的店面

一旦找到理想的店面，开店者就要当机立断、出手迅捷，尽快拿下看中的店面，否则很有可能会因片刻迟疑而被别人捷足先登，导致坐失良机。如何拿下店面？谈判自然是至关重要的。

1. 谈好房租价格

对于开店者来说，房租往往是最大的一项固定成本。在与房东砍价之前，开店者自己心里先应该有一个谱，先自定一个能够接受的最高价，这个价位必须符合以下条件：(1) 自己是有把握负担得起的，尤其是在必须一笔付清数年租金的情况下，看看自己有没有给付的能力；(2) 估算一下，判断是有钱可赚的；(3) 向附近类似的店面打探一下，如果价位基本一致，说明价格是比较合理的。然后，开店者依据这一自己设定的最高房租价格，比较房东给出的房租价格，权衡后进行价格谈判就比较容易成功。

2. 谈好缴付方式

缴付房租有多种方式，常见的有按月结算、定期缴付和一次性付清三种。假如房东除了固定的月租金外，还要根据经营状况分享一定比例的利润，开店者可以采用按月结算的方法，这样能及时结算，以免增加计算难度；有的店面如要续租，租金通常会按一定的比例逐年递增，这种情况下最理想的租金缴付方式是每半年或一年集中缴付一次，这样一旦开店者有了新的店面或有转业的意向，就不会损失保证金了。

3. 谈妥附加条件

与房东谈判，除了谈租金外，开店者还要注意谈妥有关的附加条件，这也可以节省不少开支。首先，开店者在租房前应对店面内现有的情况，包括装修状况、设备状况等都了解清楚；其次，开店者可以要求房东在出租前对店面进行基本的整修，如拆除原有已报废的无法再利用的设备和装修，对店面的房顶、地板、墙壁做基本的修缮，添置或维修水电设施等，或者要求房东承担相应的费用，在租金中予以抵扣。总之，开店者要尽量节省开销，并通过谈判要求免付押金。

模块 4 案例分析

案例 1 南京路商圈以“批量上新”吸引年轻客群

近年来，上海南京路商圈一直致力于通过调改升级，加速客群年轻化，为拉动商圈消费提供新动力。2024 年 4 月，南京路商圈发布年度运营思路：对标全球顶级商业街区，2024 年南京路商圈将以商业体改造更新等为重点，推进商圈转型提质，助力上海建设国际消费中心城市。

1. 着力优化商圈客群结构

老店焕新、新店首秀、消费券联动、二次元活动接连不断……近年来，南京路商圈持续升级软硬件，不断提升潮流度，在提振消费信心、激发消费活力、提升消费能级等方面取得了一定的成绩。据不完全统计，2024 年春节期间，南京路商圈七天销售同比 2023 年增长 22%，消费热度跻身全国前三。

2024 年是商务部提出的“消费促进年”。南京路步行街企业联合会会长陈湧表示，消费作为经济增长的“压舱石”和“稳定器”，其重要性不言而喻。南京路商圈将积极贯彻落实《上海市商圈能级提升三年行动方案（2024—2026 年）》，把促进商圈消费摆在优先位置，瞄准春节、五五购物节、中秋国庆、百货会员日等重要节点，持续深化商圈整体营销活动和主题特色品牌活动，制造消费新热点，同时把商圈转型提质摆在核心位置。

转型提质的切入点是什么？南京路商圈给出的答案是“优化客群结构”。据相关数据统计，南京路商圈的人群画像中，25 岁至 34 岁的占比最高，达到 40.76%，这一数据高于全市商圈均值，表明南京路商圈客群年轻化已成为新趋势。南京路商圈年度大会上，新世界大丸百货、环世纪广场区域、百联 ZX 创趣场等重点项目分享了各自在年轻化方面的特色做法，展现了对于年轻消费者需求的深刻洞察和创新应对策略。

2. 多个商业项目加速改造

继世纪广场改造升级之后，南京路商圈多个商业项目正在加速改造，2024 年将陆续亮相。“我们将于今年启动商场六、七层及屋顶的改造升级项目，外观上以‘皇冠’为灵感，通过材质转换和灯光设计，将之打造为‘外滩之眼’，成为南步街和外滩第二立面的‘空中网红打卡点’。”新世界大丸百货执行董事叶一帆表示，此次改造不仅是对商场物理空间的升级，更是对传统百货业态的一次创新尝试，希望能吸引更多时尚、年轻的消费者，让他们在不同的时段都能找到适合自己的消费场景。南京路步行街商业经营管理有限公司总经理王纲介绍，2023 年年底刚刚完工的南京东路 558 号商业体改造升级项目，整体以“百变取景框”为设计理念，同时结合南京路的历史沉淀、世纪广场的全新体验、商业街的时代特性，着力打造策展型综合商业体。

3. 让更多新业态“落地开花”

如何让年轻人重新爱上传统商圈？越来越多的新业态在南京路“落地开花”。作为国内首家聚焦二次元文化的商业体——百联 ZX 创趣场开业仅一年，便成为沪上年轻一代社交消费的“二次元文化圣地”。“我们的经营理念是‘Play Together’，就是要跟粉丝们玩到一起。”该项目市场管理部副经理施艳敏表示，商场内的每处细节都在“拥抱二次元”，整体上是基于“Z 世代”文化和圈层认同，从构建共同的话语体系着手，向二次元爱好者传递“懂你”的态度，打造因共同热爱二次元文化而聚集的社群空间。第一百货 2023 年在 7 层打造 4 000 平方米的“星空间”，目前有 12 个沉浸式剧场，已经成为上海市民游客看剧追“星”的新地标。乘胜追击，2024 年将在 10、11 层扩容出占地面积 3 500 平方米的中型剧场，引入更多经典剧目、国际剧团。

资料来源：张钰芸．项目更新、业态创新：百年南京路以“批量上新”吸引年轻客群［N］．新民晚报，2024－04－08.

问题

（1）南京路商圈转型提质的切入点是什么？

（2）南京路商圈的商业项目改造主要特色有哪些？

案例 2　购物中心新能源汽车品牌的选址逻辑是什么？

随着新能源汽车高速发展，越来越多的汽车品牌选择在购物中心开设门店，成为新开商业标配业态，一些新能源车品牌占据了各大热门购物中心一楼。时至今日，新能源汽车品牌在开店选址上又有了哪些变化？

新能源汽车入驻购物中心成为新的标配业态，特别是一二线城市新开商场和一站式大型购物中心中这一现象更加常见。广州悦汇城是全国新能源汽车品牌最多的购物中心之一；2022 年 6 月全新开业的北京首钢园·六工汇打造京西唯一的汽车展厅集群；上海百联旗下多家购物中心携手新能源汽车品牌开展各类活动，打造新能源汽车馆和快闪活动。除此之外，龙湖重庆时代天街、成都锦华万达广场、上海长泰广场、上海龙之梦购物公园、昆明大悦城、龙湖北京长楹天街、天津万象城、天津滨海吾悦广场、杭州西溪印象城等项目也集合了众多新能源汽车品牌门店。新能源汽车品牌开店的城市、商圈及项目偏好如下：

1. 城市偏好

GDP 万亿俱乐部是重要分水岭：以 2021 年为例，共有 24 个城市的 GDP 超过万亿元，除泉州外的 23 个城市均位列新能源汽车门店数量 TOP30，门店数量超 50 个。长三角城市群最聚集，整体南方优于北方，东部优于西部：新能源汽车门店数量 TOP30 城市中有 13 个城市位于长三角城市群，占比近半；整体来看，东部沿海省份占绝对优势，南方优于北方。这与汽车产业的分布、城市经济发展水平、气候因素等都有关系。城市商业发展水平是重要衡量标准：在构成城市的各项要素中，商业活动是城市之所以建立和繁荣的根基，也是影响新能源汽车品牌布局的重要衡量标准。2022 年城市商业魅力排行榜 4 大一线城市、15 个新一线城市均位列新能源汽车门店数量 TOP 20 城市。

2. 商圈偏好

城市核心商圈向超级区域商圈外溢，人口和辐射力为准入门槛商圈级别、人口基数、人群质量匹配度、商圈辐射等成为新能源汽车品牌进驻商圈的重要考量要素。从这个角度讲，城市地标商业落位区域、高净值人口密集区域成为最优选商圈，但事实上受商场定位、租金承受力、门店位置、商圈数量等因素影响，在高线城市，车企现状分布最多的商圈多为区域级商圈核心商业。以上海为例，宝山商圈、五角场商圈、七宝商圈新能源品牌进驻数量最多，均在 10 家以上；二线以下城市仍聚集在城市级商圈。

3. 项目偏好

头部成熟品牌（特斯拉、蔚来、小鹏、理想）：作为首个将门店开在购物中心的新能源汽车品牌，特斯拉选址大多为核心商圈的地标级项目，国内首店落地北京侨福芳草地；定位高端的蔚来汽车，首家门店落地东方广场的奥迪城市展厅，上海首家门店选址南京西路的兴业太古汇。总体来看，头部成熟品牌选址多青睐城市商业地标，随着其市场扩大，一线城市的超级区域型购物中心成为新的争夺之地。

进击中的新势力品牌（极氪、岚图、零跑、哪吒）：极氪全国首店落地杭州，为西湖边独栋建筑，整体设计极具年轻化、潮流化和科技感，极好地体现了品牌文化；上海首店落地上海中心，西南首店选址成都远洋太古里。总体来看，新势力品牌正处于品牌建设的关键期，与头部成熟品牌最初的选址策略相仿，青睐城市地标，品牌文化的展现优于销售业绩。

实力车企的新能源品牌（飞凡、比亚迪）：作为实力车企的新能源品牌，多年品牌积累使它们在品牌建设方面具有先发优势，与此同时，它们也肩负着集团在新能源领域的使命，为更贴近年轻人，也迫切希望建立年轻化、科技化的新形象。在线下布局方面，为了更贴近用户的生活，这些品牌通常青睐核心商圈的大型一站式购物中心和次核心商圈的超级区域型购物中心。

资料来源：购物中心新能源汽车品牌的选址逻辑是什么？[EB/OL]. 中商数据，2022-08-03.

问题

（1）新能源汽车品牌在选址方面主要有哪些偏好？

（2）新能源汽车品牌在核心商圈购物中心开店的原因是什么？

模块5 知识拓展

商业地产开发与零售业的关系

商业地产开发与零售业有何关系？过去似乎没有人认真探讨过，然而，随着杭州零售业、房地产业的发展，这两个不相干的行业逐渐有了共同语言。尤其是涌金广场等反映出来的零售商与房地产商之间的脱节所带来的负面影响，更是受到了业内的关注。

银泰百货是杭州百货业态经营最成功的典范之一，它自当年开业之后的前三年，就完成销售额19.5亿元、利润额6 200万元，上缴各种税费7 380万元，实现投资回报1.5亿元。在当时取得如此骄人的业绩原因固然有许多，其中，在建造银泰百货大楼期间，房地产商与零售商结合较好，大楼用途定位清晰，始终坚定做百货等策略为银泰百货日后的成功经营创造了有利条件。特别是当其将目光投向百货业的连锁发展时，银泰百货深感房地产开发商较少考虑零售商对商业用房的特殊需求。房地产商与零售商要携手，为零售商在经营中提供合适的物业。

一、利益最大化就是共同语言

零售业是一个比较传统的行业，而房地产业是新兴的、发展得很快的行业。近年来，出现了两种行业的联系越来越紧密的现象。房地产商开始注意到自身物业外的概念，如建在某名牌大学和某大型超市旁的房子可以增值等；如建一幢高层建筑，它的高层以住宅楼、写字楼的形式出售，低层作为商铺出售，可以使这幢楼的价值达到最大化。而且，较之学校、游乐园，房地产与零售业相结合更加容易开发，见效也最快。

从零售商的角度看，外资大型超市如家乐福、麦德龙、沃尔玛等大举进入中国，这使零售业界重新认识到中国零售业的市场潜力。由于国外的世界500强零售企业全部是连锁企业，因此在国内，经过竞争生存下来的企业都认识到要扩大规模、发展连锁。零售商的资金积累很慢，建房子的能力也不强，从而有必要寻找房地产商与其共同开发物业，采取合建、购买的方式，或者采取租赁的方式获得物业的使用权，从而使零售商在连锁领域能够实现大踏步地扩张。

二、三种业态对物业有何要求

（1）百货店。该业态的位置应在市中心或购物中心等人流量比较大的路段。最佳规模是2.5万～3万平方米的营业面积，如果是在购物中心内，可以是1万～1.5万平方米的营业面积。在物业规格方面，大门不能太多，店内设施能够满足需要即可，不能太豪华。百货店的形状要求比较规则，很多顾客进店不一定是买商品的，这就需要有一些服务设施来留住他们。这也是在物业设计上要注意的，比如要有咖啡店、休息处等。另外，由于百货店的购买率一般在25%～30%，房地产商也应依此测算设计的面积。

（2）大型超市。该业态一般应选在住宅区、郊外、购物中心内。以1万平方米的经营面积为宜，除此之外应留有相当大的辅助面积。另外，还应该有大型停车场。在物业结构上，可以普通一点，装修应简单。在楼层布局上，可以单独在地下一层，也可以在地上，但最多两层，否则不利于推车购物。

（3）购物中心。选址可以是市内、城郊交界或郊外。经营面积：市内5万～8万平方米，郊外10万平方米，甚至15万～20万平方米。物业装修上要求宽、亮。此外，要有大型停车场，郊区的停车场面积要大于市区的。规格上，可以是一字形、三角形、四边形等。

三、开设购物中心的三个误区

（1）认为购物中心是小店的叠加。购物中心必须有主力店铺的支撑，同时，购物中心内的经营店铺必须是优秀零售商的集合。

（2）认为购物中心的管理简单。事实上，购物中心的管理比百货商店要复杂得多，主要管理难点是招商品牌的搭配。主力店铺租赁可以有相当长的时间，但是小店铺的租赁期不应过长，否则会给品牌调整带来困难。同时，在租金问题上也要把握好，否则零售商会因大幅提高的租金而放弃进场经营。

（3）房地产商把好的物业都卖完后，将剩下的待租商铺出售，这大大影响了购物中心的整体经营效果，管理也将会更加困难。如果房地产商把物业分割出售，就会破坏购物中心的整体性，虽然资金收回了，但风险转移给了零售商，会出现很多不必要的问题。因此，实力不强的房地产商不要介入购物中心的投资。

四、房产商和零售商共创双赢

房地产商和零售商进行结合的前景是广阔的，因为中国的零售市场空间还是很大的。

为此，首先，双方要统一理念、共同开发。这样就可以准确定位，在设计上少走弯路，使招商和基建同时进行，从而争取时间、减少浪费，既能提高物业的使用效率，又能缩短投资回报期。其次，优势互补、利益共享。零售商具备成熟经验、招商能力和一整套有效的管理模式；房地产商具有雄厚的开发实力和资金实力，也有良好的物业开发地段。只要双方诚心合作，就会优势互补、利益共享。最后，化解风险、争取双赢。对房地产商而言，高层楼层易售、低层楼层难以出售，风险是很大的。对于零售商而言，如果没有好的物业，就无法发展壮大，竞争实力也得不到增强，同样有巨大的竞争压力。如果两者能够很好地结合起来，是可以实现双赢的。

模块 6　团队项目实战训练

一、项目名称

零售店的商圈与选址分析。

二、步骤及要求

（1）团队的每位成员明确各自的分工。
（2）收集有关零售店所在商圈的资料，并进行实地走访调查。
（3）各组在资料整理与分析讨论的基础上绘制零售商圈地图。
（4）归纳总结。
（5）每个团队提交一份《零售商圈与选址分析报告》（2 000 字以上）。
（6）每组将调查成果制作成 PPT，并在课堂上进行简单介绍。

三、过程评价

（1）组内打分。
（2）组间打分。
（3）教师打分。

项目四 零售企业组织结构与人力资源

学习目标

知识目标

1. 掌握零售企业组织结构的基本类型。
2. 掌握零售企业人力资源管理的含义。
3. 掌握零售企业人力资源管理的流程。

能力目标

1. 能够分析零售店店长如何进行门店运营管理。
2. 能够设计零售企业人力资源招聘与培训计划。

素养目标

1. 遵守诚信经营和零售职业规范。
2. 具备从事零售行业工作应有的职业道德和社会责任感。

模块 1 大家来讨论

7-ELEVEn 独特的特许制度

7-ELEVEn 公司是世界上最大的便利店特许组织之一，店铺营业面积按总部统一规定，一般约为 100 平方米。商店的商品构成比例为：食品 75%、日用品 25%。商店商圈的直径一般为 3 000 米，经营品种达 3 000 多种，都是比较畅销的商品。另外，总部每月向分店推荐 80 个新品种，使经营的品种经常更换，给顾客以新鲜感。商店内部的陈列布局由总部统一规定、设计。商店的建设、管理原则中，为分店着想的特许经营制度尤其值得称赞。

1. 培训特许经营受许人及其员工

7-ELEVEn公司为了使特许经营受许人适应最初的经营，消除他们的不安和疑虑，在新的特许分店开业前，对特许经营受许人实行课堂训练和商店训练，帮助他们掌握MS系统的使用方法。为了提高员工、临时工的业务经营能力，围绕商店运营和商品管理、接待顾客等内容，公司会对特许经营受许人集中进行短期的基础训练。

2. 合理进行利润分配

毛利分配的原则是：总部将毛利额的57%分给24小时营业的分店（16小时营业的为55%），其余为总部所得。商店开业5年后，根据经营的实际情况还可按业绩增加1%～3%，对分店实行奖励。在毛利达不到预定计划的情况下，分店可以被保证得到一个最低限度的毛利额，从而保证其收入。

3. 总部对分店的支持机制

总部协助各分店进行开业前的市场调查工作，并从经营技巧培训、人才的招募与选拔、设备采购、配货等方面对分店给予支持。总部还向分店提供商品陈列柜、货架、陈列台等设备。总部指派专人负责分店的日常经营指导、财会事务处理等工作。总部还负责向分店提供各种现代化信息设备及材料。

请思考：

7-ELEVEn的特许经营制度对我国连锁企业经营管理有何启示？

模块2 基本知识

零售企业的经营环境相当复杂，企业为了组织、指挥经营活动，实现其经营目标和销售任务，必须从零售企业的实际需要出发，按照市场的动态发展状况，设置组织结构，进行人事管理，充分调动零售企业员工的积极性。

一、零售企业组织结构概述

零售是一种劳动密集型的活动。我们这里分析的是零售企业在承担任务的基础上确定自身的组织结构模式、不同职位的职责及协调员工行为，设立控制商品流（从供应商到商店）和信息流（从商店销售地点至分销中心、供应商）的系统。

（一）组织结构的内涵

组织结构明确了每个员工应该做的工作和公司内权力与责任的界限。

零售企业的组织结构决定了企业中每名员工应该承担的具体任务，以及企业的权力线和责任线。因此，设计零售业组织结构的第一步就是确定所要承担的任务。这些任务主要分为四大类：战略管理、商品管理、商店（店面）管理和行政管理（运作）。

在零售商店中，不同类型的任务由不同类型的管理者负责。一般做法是：零售战略决策主要由高层管理人员来承担，包括首席执行官以及代表股东利益的董事会；商店的行政管理人员提供有关信息来帮助营运经理贯彻和执行企业的战略计划，负责制定实施战略计划的具体实施步骤；具备人力资源管理、财务会计、信息管理系统、广告和市场调研等专业知识的员工为商店提供相应的行政支持；商店的营运经理（管理者）负责贯彻执行商店的战略计划，负责商品管理和商店管理，并且制定能够直接影响零售商业绩的日常决策。

（二）零售企业的组织结构

微课 6：

新零售对人力资源的影响

零售企业有不同的组织结构类型。组织结构需要与企业的零售战略相匹配。那些以价格反应敏感的消费者为目标对象的零售企业，非常重视建立竞争性成本优势来保持其商品的低价位。例如，一些专业商店和仓储超市就会非常关注在低成本的基础上建立竞争性优势。这种成本优势是通过将决策权集中于企业总部的少数人手中，使企业的员工数量保持最低限度的中央集权式组织结构来实现的。在顾客需求存在较少区域间和本地差异的情况下，这种集权式的组织结构是非常有效的。

组织结构也会随着企业的类型和规模的不同而变化。例如，独立经营的零售商的组织结构比连锁经营商的简单得多。独立经营店中，业主往往一个人就可以监督所有的员工，员工在遇到与工作有关的问题时随时可以与业主接触。相比之下，连锁经营商必须弄清如何委派任务，如何协调多个分店间的业务，以及如何为所有员工制定统一的政策。

1. 小零售商的组织结构模式

小零售商通常采用简单的组织结构，其业主可能就构成了该商店的整个组织结构，或者它们只有两三个人事层次（业主与员工），由业主亲自管理业务，监督员工。由于人员数量有限，小零售商很少进行专业分工，因此商店的每一名员工都从事范围很广的活动，业主则负责所有的管理任务，而且没有分支机构。随着业务的不断扩充和销售额的不断增加，业主开始雇用管理人员，这时管理分工就产生了。

2. 百货商店的组织结构模式

在美国，百货商店传统上是由家庭所有并管理的。这些企业的组织结构完全由家庭情况而定，行政职位是为了容纳家庭当中从事商业的成员而设计的。于是美国零售联合会的梅热在 1927 年提出了一项已为大多数零售商接受的有效的组织计划，即把整个零售活动分为四个职能领域——商品销售、公关宣传、商店管理及财会与控制的一种组织结构。这些职能部门的任务如下：

（1）商品销售：采购、销售、库存计划和控制、促销活动设计。

（2）公关宣传：橱窗设计和店内陈列、广告设计和实施促销活动（与商品销售经理合作）、广告调研、公共关系。

（3）商店管理：商品保管、顾客服务、商店和商品保护等。

（4）财会与控制：信用审查、开支的预算和控制、库存计划和控制。

梅热结构有三种衍生形式：母子型分店组织，由总部人员对分店进行监督和经营；独立型商店组织，由各分店负责采购；平等型商店组织，采购集中化，各分店是地位平等的销售单位。

3. 连锁商店（集团）的组织结构模式

连锁商店是连锁经营的具体组织形式。它是采取同一经营策略，采用统一商号，在经营管理上受总店指挥和控制的若干中小型零售商店的总称。相对于总店来说，它的各个零售点规模不大，但通过联合、统一行动，经营方式灵活多变，商品价格低廉且服务周到。各种类型的连锁店通常都采用一种平等型的组织结构，这种模式的特点是采购职能（如预测、计划、采购、定价、把商品运送到分店、促销）均采用集中管理，销售职能（如商店陈列、推销、顾客服务、商店运营）由各分店管理。各销售点（包括总店）的待遇是平等的，采购人员不受总店人员的监督。数据收集至关重要，因为采购人员与顾客和商店的接触更少了，责任更加分散。虽然连锁店的结构各不相同，但是它们有以下共同特征：划分多个职能部门，如促销、商品管理、配送、商店运营、不动产、人事和信息系统；权责高度集中，各分店经理负责销售；完善的控制系统使管理保持一致。

一定程度的分权使分店能更好地适应当地的情况，并增加商店经理的责任。例如，在一些大型连锁店将其网点业务量的 80%～90%标准化之后，商店经理还可以根据当地的市场情况拥有 10%～20%的调整余地——不管是在乡村还是在城市，收入高还是收入低。这的确是一种授权方式，但只有商店的经理层采用。

（三）组织结构设计与发展

1. 组织结构设计的含义和类型

组织结构设计是指在管理劳动分工的基础上，设计组织所需的管理部门以及各个管理部门之间的关系。零售组织结构的设计从直线型、职能型结构开始到现在，经历了直线职能型组织结构、事业部制组织结构、矩阵式组织结构、多维组织结构和委员会式组织结构的演变。目前，零售企业主要采用集权式和分权式两种组织结构。

（1）集权式组织结构。在集权式组织里，零售决策权由董事会或总公司经理把控，而不归于地理位置分散的地区经理、行政区经理和门店经理。多数全国性的和大型连锁店及折扣连锁店都采用集权式组织结构。例如，沃尔玛公司所有决策都在公司总部制定，在地区和地方连锁店层次上不制定任何决策。

集权式组织结构有以下优点：

1）由于决策权集中于总公司的管理层，零售企业在制定商品管理、人力资源管理、营销管理和财务管理决策时只需要很少的经理来完成，因此可以降低成本。

2）采用集权式组织结构的零售企业通过协调在地理位置上很分散的门店之间的经营活动，并且进行大批量的商品订货，从而可以从供应商那里以更低的价格获得商品。

3）集权式组织有利于员工发挥专业化优势。例如，在采用集权式组织结构的企业中，熟练掌握管理信息系统、商店设计、视觉购物等专业知识的人员可以使所有的门店从他们的技术中获益。

（2）分权式组织结构。分权式组织结构是指在总公司领导下按地区或市场划分，地区经理分别负责当地门店的营运和商品的管理，形成一种相对独立经营、单独核算的部门化分权结构。例如，美国的联合百货公司拥有大量的地区连锁店，该公司是采用分权式组织结构的一个范例，因为该公司的许多零售决策是地区连锁店做出的，而不是由总公司经理做出的。

分权式组织结构有以下优点：

1）权力下放，有利于最高管理层摆脱日常行政事务，集中精力研究企业的大政方针，将标准的管理政策应用于商店管理和人事管理，更加注重经营效率。

2）各事业部独立核算，给予门店经理更多的决策权，能充分发挥地区管理的积极性、主动性和创造性，提高整个零售企业经营的适应能力。

图 4－1 为组织结构的演变导致权力分配变化的示意图。

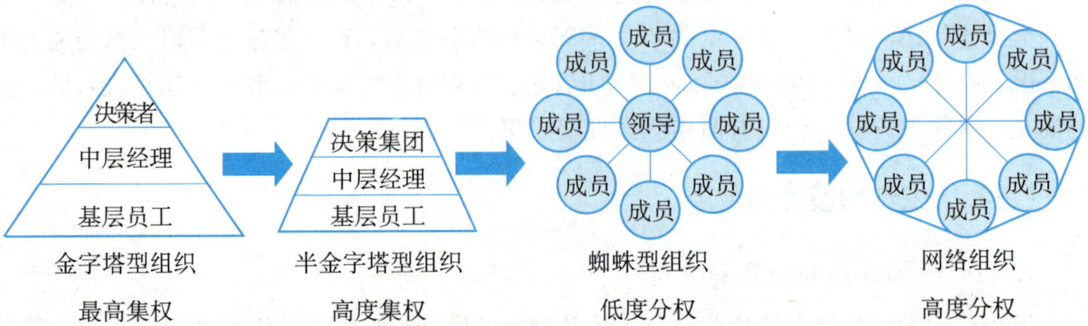

图 4－1　组织结构的演变导致权力分配变化

2. 组织结构模式的发展

(1) 扁平化。所谓扁平化，就是减少中间管理的层次，增大管理幅度，促进新的传递与沟通（见图 4-2）。一个典型的扁平化零售企业通常只有三级组织结构：首席执行官、部门经理和采购员。通过减少管理层级，管理人员也相应地减少，不仅可以大大降低费用，而且可以提高零售组织对顾客和竞争对手的反应速度，使高层的经理与顾客更接近，公司只需要更少的层次来进行变革并贯彻新的计划；可以促进上下级之间的沟通，提高领导决策的效率；更重要的是层次减少，人员精简后，加大了员工的工作责任，增大了工作职位的挑战性，迫使员工自我施压，促使人才快速成长。

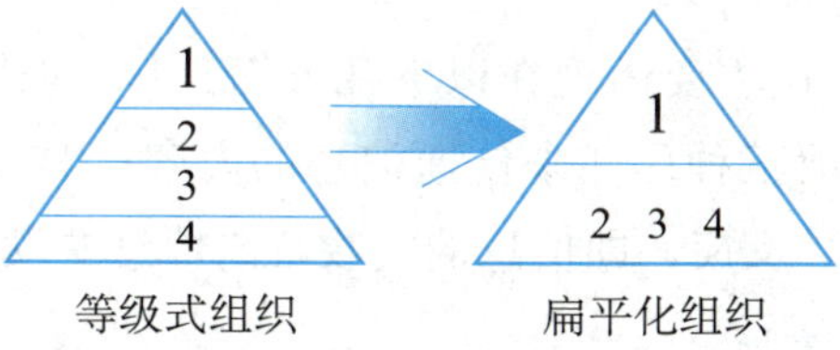

图 4-2　等级式组织和扁平化组织

(2) 组织文化。组织文化是指在一定的历史条件下通过社会实践所形成的并为全体成员遵循的共同意识、价值观念、职业道德、行为规范和准则的总和。经验丰富的员工指导年轻员工，这些指导代替了一些书面的政策和程序。许多零售企业创立了强有力的企业文化，并用它来指导员工，使其明确应当在工作中做些什么，以及应该怎样做才能与公司的战略相一致。

许多成功公司的领导倡导的价值观、制定的行为准则，常常激励着全体员工，使公司具有文化特色，并成为外界的一种精神象征。例如，沃尔玛公司的组织文化集中于降低经营成本，以使公司能够为顾客提供物美价廉的服务。

(3) 授权。随着组织发展的演进，发展充分授权的组织形式、推行分权化成为现代零售企业的新潮流。授权是指经理委派给下属一定的权力，使下属在一定的监督下，有相当大的自主权和行动权。当下属拥有决策权时，他们会对自己的工作能力更加有信心，会有更多的机会为顾客服务，会感觉到他们是公司业务成功的重要贡献者。当然，授权者对于被授权者有指挥权和监督权，被授权者对授权者负有报告及完成任务的责任。

(4) 业务外包。业务外包是一种管理策略，它是某一公司（发包方）通过与外部其他公司（承包方）签订契约，将一些传统上由公司内部人员负责的业务或职能外包给专业、高效的服务提供商的经营形式。

如同其他企业一样，零售企业也会检查企业员工的工作情况，并考虑如果某项业务由其他企业来操作是否会更有效率。许多零售企业将物流服务、店面维护、商品价签及价格的打印和信息系统的管理外包出去。这些专门提供类似商业服务的公司之所以能够保持较低的成本水平，主要是因为其具有规模和技术优势。

（四）组织内部的沟通

1. 沟通的含义

沟通是指主体将某一信息（或观念）传递给客体或对象，以使客体做出所期望反应的过程。它包含两个方面的内容：

（1）沟通是一种互动行为。这种行为中人与人之间的沟通是组织内部公共关系的主要沟通内容。这类沟通不仅是一种信息的交流，而且包含情感、思想、态度、观点的交流。由于人的知识、经历、职业、观念等的不同，对同一信息可能会有不同的看法与理解，因此人与人之间的沟通有特殊性。

（2）沟通是一个过程。这主要体现在以下几方面：1）沟通主体，即信息的发出者或来源；2）编码，即主体采取某种形式来传递信息的内容；3）媒体，即沟通渠道；4）做出反应，即沟通的效果；5）反馈，即信息的接收者向信息的发出者或来源传递信息。

2. 组织内部沟通的重要性

组织内部沟通在企业管理人员的工作中占有非常重要的地位，尤其对于领导工作具有特别重要的意义。人力资源管理和组织行为科学理论告诉我们，组织目标的实现与否及实现程度取决于组织内部是否存在有效的沟通。有效的组织沟通有利于内外部信息在组织内部的充分传递与共享，可以改善组织内部的人际环境，提高组织的工作效率，增强组织的内聚力和组织决策的合理性、科学性。

组织内部沟通是人力资源管理的基础环节，不能进行有效沟通的人，是不可能成为优秀的管理者的。因此，我们从组织内部沟通与工作效率之间的联系来谈谈它的重要性。

（1）组织内部沟通与组织成员工作效率的关系。马斯洛需要层次理论已经告诉我们，只有当精神得到满足后，人们才会对组织有较强的安全感、归属感和荣誉感，才能激发自身的工作热情。可以假设，在一个员工之间、部门之间相互敌对、排斥，个体行为不协调一致，在人际关系糟糕的组织中，信息不能充分共享、流通，组织成员之间缺失信任感，自身价值得不到认同和尊重，必将导致组织成员情绪低落、行为消极、工作没有热情，进而令组织整体工作效率低下。

（2）组织内部沟通与管理效率的关系。组织内部管理者的沟通管理能力、沟通方式和沟通手段能否合理搭配，往往与管理效率的高低息息相关。当管理者注重良好的沟通技能时，其管理效率高；当管理者在沟通的过程中，忽视员工的感情，不善于采用合理的沟通方式、沟通语言和沟通渠道时，就会导致沟通管理效率低下。

3. 连锁经营组织的沟通形式

连锁经营组织形式的一个主要特征是采购和销售分离。这种分离是基于这样一个事实：采购人员经常在总部，而销售人员则分散在全国各地的门店里。因此，采购人员与销售人员最好能保持紧密的联系，这样，采购人员就能了解每天面对顾客的销售人员的想法，销售人员也能知晓采购人员所购商品的细节情况。

连锁门店可以建立三个层次的沟通形式：

（1）总经理与中层经理的沟通制度。沃尔玛设有总经理接待日，中层经理或员工可以在这个时间直接与总经理对话。

（2）中层经理之间的沟通制度。安踏每周召开一次店长会议，让总部各部门经理与各店长以及各店长之间进行沟通，消除各种各样的关系障碍。

（3）中层经理与下属的沟通制度。每周应至少安排一次例会，经理与下属之间进行沟通，以增强组织的凝聚力。

二、零售企业人力资源概述

正如组织行为学教授杰弗瑞·菲佛所言：企业竞争获胜的优势来源不一定是科技、专利权和策略性定位等，而是有效的人力资源管理。企业为谋划长远的发展，最关键的是两个因素：一是企业的战略管理研究，二是人力资源管理。

（一）人力资源管理的含义

人力资源管理是指运用现代化的科学方法，对与一定物力相结合的人力进行合理的培训、组织和调配，使人力、物力经常保持最佳比例。同时，对人的思想、心理与行为进行适当引导、控制和协调，充分发挥人的主观能动性，使人尽其才、事得其人、人事相宜，从而实现组织目标。

（二）人力资源管理的特点

零售企业属于服务型企业，人力的投入占用了很大的成本。人力资源的特点与其他类型的企业相比有所区别。连锁经营形式的零售企业在人力资源管理与开发中应根据其特点来确定重点。其特点有以下几个方面：

1. 人的要素在企业中占首要地位

在零售企业的生产要素中，人的要素不论从作用、地位，还是从价值来看，都占首位。零售企业的人力资源管理与开发更直接地影响企业的生存与发展。西方商业经济学家认为：一个大中型连锁零售企业的经营支出中，人力资源成本应占50%以上。

2. 我国零售企业的人力资源水平偏低

在服务型企业中，由于历史和行业原因，我国零售企业员工的文化素质水平较低，专业与高级管理人员的比重较低，员工的流动性较大，因此在管理上的工作量与难度相应增大。目前，世界范围内都深感缺乏高层次、有经验、具备国际化视野的零售管理人才。

3. 业务活动的时段性和季节性

零售企业的业务活动和员工的劳动强度有着明显的时段性和季节性，还受到所处地段及顾客流量变化的影响。现代商务理念更强调，鉴于企业经营内容的连锁化和标准化，经营特色和风格必须同所处社区文化氛围相适应。这就对零售企业的员工招聘与培训提出了不同于其他行业的特殊要求。

（三）人力资源管理中存在的问题

1. 人才不足现象较为突出

营运、采购、店长成为零售企业稀缺人才，其中营运管理类、生鲜类人才需求数量位居榜首。需要指出的是，零售企业对企划人员及信息类人员也有较大的需求，说明零售业开始越来越重视信息化管理及市场营销工作了。零售企业开始从粗放式经营转变为数字化经营管理，从被动感觉市场转变为专业化管理市场。

2. 薪酬福利相对缺乏竞争力

大中型零售企业普遍认为，人才招聘的主要困难是人才市场资源供给相对不充足，企业的薪酬福利相对于金融等行业缺乏竞争力，对高技能营销类与管理类人才缺乏吸引力。中小型企业则认为，招聘的困难在于企业招聘管理与流程不规范，相应的薪酬相对于大型企业缺乏竞争力。

3. 人才流失率高

造成人员流失的主要原因大多集中在薪酬福利、工作环境和发展空间三个方面，导致零售企业员工的离职率较高。因此，很多大型零售企业在招聘、培训和监督方面的费用相对增加。

三、零售企业人力资源管理

（一）人力资源管理的职能

彼得·德鲁克认为，组织的目的是使平凡的人做出不平凡的事。一个组织是否优秀，看其能否使每个普通员工取得更好的绩效，能否使员工的长处得到发挥，并帮助组织内部其他员工提高绩效。

成功的零售企业人力资源管理需要把员工的个人需要与企业需要统一起来，把员工的个体行为与企业行为统一起来，这一活动涉及一系列人力资源开发与管理的重要职能，包括员工的招聘、培训、考核与激励等方面的内容。

（二）员工激励和协调

人力资源管理的一个非常关键的工作就是激励和协调员工，使员工能够为实现公司目标和实施公司战略而努力工作。这项任务通常是非常困难的，因为员工个人的目标可能会和公司的不同。例如，一个销售人员会发现对他个人来说，完成一场展示的布置要比帮助一个顾客更值得。通常有三种方法可以用来激励和协调员工的活动。

1. 奖励

激励和协调员工的主要方法是利用物质奖励，主要是要构建完善的薪酬制度。例如，采购员能基于所采购商品的获利能力获得奖金，他们自然会受到鼓舞而专注于公司利润。奖励有两种类型：提成和奖金。提成是一种按固定比例提取的报酬，如销售额的1%～2%。奖金则是根据对员工业绩的评估而定期支付的额外报酬。例如，店面经理会根据他们预计的商店销售额和利润同实际业绩相比较的结果，在年底发放奖金。

（1）薪资体系构成的基本原则。1）进行劳动消耗的补偿，即满足基本生活需要；2）薪资组成部分必须与员工相应部分的劳动数量与质量对等；3）薪资所有组成部分均应与效率、质量等经济指标相联系。

（2）薪资构成部分。1）基本薪资部分，主要以零售企业员工所在部门、岗位、职务，以及个体间的劳动差异为基准，根据定额劳动的完成情况计算求得。它是薪资体系中其他部分的计算基础，一般占薪资总量的50%～60%。2）奖励工资部分，主要以零售企业超额有效劳动为依据计算求得，是员工在完成定额任务的基础上进一步付出有效超额劳动的报酬，一般占薪资总量的20%～30%。3）各种工作津贴，主要以员工的劳动条件和劳动强度为依据计算求得，是对员工在特定劳动条件下或从事特定的具有超常劳动强度的工作所付出的超额劳动，或由此而引起的额外生活开支的补偿，一般占薪资总量的5%～10%。

2. 授权和晋升

（1）授权。授权是指管理者将管理权力和决策制定权下放给员工，当员工拥有决策制定权后，他们会对自己的能力更有信心，有更多机会为顾客服务，并感到自己能为公司做出更大的贡献。为了使授权得到实现，零售企业的经理与店长必须把他们的态度由怀疑与控制转变为信任与尊重。授予员工参与权，与员工共同掌握公司的许多指标是整个公司的经营原则。分享信息和责任也是合伙关系的核心。

（2）晋升。零售连锁企业应建立与完善多层次的、有弹性的晋升激励机制，使得企业目标与个人目标相统一，形成企业与个人双赢的局面。参照沃尔玛的做法，公司期望最大限度地发挥员工的潜能并创造机会使其工作内容日益丰富，尽可能鼓励和实现从内部提升管理人员。对于每一位员工的表现，人力资源部门会定期进行书面评估，并与员工进行面谈，存入个人档案。沃尔玛对员工的评估分为试用期评估、周年评估、升职评估等。评估内容包括该员工的工作态度、积极性、主动性、工作效率、专业知识、有何长处以及需要改进之处等。这些将作为员工日后获得晋升的重要依据。及时发现人才，并积极创造环境以最大限度地发挥人才潜力，是沃尔玛的人才观，正因为如此才会有今天的沃尔玛。

3. 书面的条例和监督

协调的最基本方法是：(1) 准备书面的条例说明员工应该做什么；(2) 利用管理者来实施这些条例。例如，零售企业可以制定关于顾客应该在什么时候退货和怎样退货的条例，如果员工利用这些条例来制定相应的决策，那么他们的行动就会同零售企业的战略保持一致。但是过分严格地依靠书面条例会降低员工的积极性，使得员工几乎没有机会发挥创造力以提高他们所负责的销售区域的业绩。

（三）零售企业管理的绩效评价

1. 零售企业绩效评价的重要性

科学、准确地评价零售企业的经营业绩，必须以零售企业的经营特点为依据，全面分析影响零售企业经营的各种因素，为提高零售企业的经济效益提供依据。从这方面讲，进行零售企业绩效评价有十分重要的意义。

(1) 绩效评价有助于零售企业认识其经营过程，改善经营管理。从本质上讲，零售企业绩效评价是企业销售状况、经营管理水平及零售服务工作的信息反馈，可以使管理者及时掌握和了解本企业的实际状况，验证企业经营思想、经营目标和经营决策是否正确。同时，管理者可以据此发现企业在日常经营中存在的问题，以便及时调整经营策略。

(2) 绩效评价有助于加强和调整零售企业经营活动的计划性。通过定期的考核和评价，管理者一方面可以对经营计划的执行情况和结果进行全面分析，总结经验；另一方面可以据此分析经营计划执行的过程中所出现的问题，及时调整计划和采取改进措施，保证零售企业计划的顺利实现。

(3) 绩效评价有助于企业更好地利用各种资源调动员工的工作积极性。绩效评价需要对企业的人力、物力和财力等资源利用情况进行全面考评，分析各种资源的利用程度，便于深挖潜力，充分利用好各种资源，找出完成企业经营目标的最佳途径。同时，通过绩效评价可以使员工共同参与企业的经营管理活动，调动员工的工作积极性。

(4) 绩效评价有助于提高企业管理者的管理水平。商品经营是零售企业的工作重心，而企业管理必须围绕这个中心开展活动。零售企业只有通过对商品经营的全过程进行考核和评价，才能及时发现管理中存在的问题，帮助管理者制定适合本企业特点的经营方针、经营目标和具体经营措施，从而更好地开展商品销售活动。

2. 零售企业绩效评价的主要内容

作为以零售为主营业务的商业企业，零售企业的日常业务活动首先是向消费者提供适当的商品组合。零售企业应设计与提供适当的商品组合，让消费者在花色品种上有较大的选择余地，节约消费者的购物时间，使消费者能够做到“一站式”购买。其次，伴随着商品的销售，零售企业还需要提供许多其他的服务，如提供信息、展示商品、送货上门等。因此，零售企业提供的不仅是消费者需要的商品及其组合，还提供各种零售服务。所以说，零售企业的经营活动是商品与服务的组合。

零售企业开展经营活动时，不仅要把商品及时送到消费者手中，满足消费者的物质需求，还应讲究在经营过程中对消费者的服务质量。因此，评价零售企业经营业绩需要从商品销售的经营效益、为消费者提供的服务效益和保证最佳经营成果的管理效益三个方面进行。

（1）零售经营效益的评价。零售经营效益主要是通过组织商品流转、资金占用与费用开支等各项经济指标反映出来的，对这些经济指标的完成情况分别进行评价，既可以了解零售企业的经营状况，也可以发现问题并及时改进，不断提高企业的经营业务水平。

（2）零售服务效益的评价。零售企业在销售商品的同时向顾客提供各种服务，商品经营和提供服务的组合与统一是现代零售企业的经营特点之一。零售企业通过服务方便消费者的日常购买，通过服务保持企业与顾客的关系，树立良好的企业形象。零售企业一般都提供与商品销售直接相关的服务，因而服务质量同样是一种经营业绩，它不仅是一种社会效益的体现，而且直接影响企业的销售额和利润额，以及经营效率。

（3）零售管理效益的评价。在现代企业经营中，管理是永恒的主题，企业经营离不开科学管理方法。越来越多的证据表明，高水平的管理是零售企业获取市场竞争优势的重要因素。零售企业需要根据对各项管理指标的考核与评价，分析原因，找到更好的管理方法，使零售企业管理更有针对性，以便提高零售企业的经济效益。

3. 零售企业绩效评价应注意的问题

零售企业的绩效评价和企业经济核算有密切的联系。绩效评价是建立在经济核算基础上的，因此也是加强企业经济核算的重要途径。零售企业通过经济核算，掌握企业劳动消耗、资金占用和劳动成果等全面、系统的资料，评价企业所取得的社会经济效益。通过绩效评价，零售企业可找出经营中的问题，采取相应措施，完善零售企业的经济核算机制。同时，对零售企业经营业绩评价也是一项极为复杂的工作。进行绩效评价时，不管是从宏观方面，还是从微观方面，不管是定量分析，还是定性分析，都应注意一些基本问题。具体来讲，有以下三个方面：

（1）建立完整的考评指标体系。根据现代零售企业的经营管理的特点和需要，进行绩效评价时既要考核评价企业经营指标的完成状况，又要考核评价企业的服务指标状况。因此，评价的项目指标要成为相互联系、相互补充的完整体系，对零售企业效益进行综合而全面的考评。考核评价应包括经济效益指标、服务效益指标和管理效益指标三项内容。只有这样才能系统而整体地分析零售企业经营效益。

（2）定量考评与定性考评相结合。定量考评是指对零售企业经营过程中的一些指标进行以数据为依据的考核，如经营品种实现率、顾客满意度等。还有一些指标可以通过定性考评完成，如商品陈列、柜台纪律等。在绩效考评时要把定量与定性相结合，客观公正地对经营效益进行分析。

（3）考评标准的统一性。只有做到考评标准统一，才能对同类型、同规模的零售企业经营业绩做出正确的优劣评价。当然，对不同类型、不同规模的零售企业要视具体情况采用不同的标准衡量，这样才能做到公平合理。

模块3 操作指导

一、零售企业的组织设计流程

组织设计是企业管理的一项职能，是在企业目标已经明确的情况下，将实现企业目标所必须进行的各项业务活动加以分类组合，划分出不同的管理层次和部门，并将各项活动所必需的权力授予各层次、各部门的主管人员，以及规定这些层次之间和部门之间的相互配合关系。

（一）连锁超市的组织结构与职能设计

1. 组织结构的分类

（1）职能结构，即完成企业目标所必需的各项业务工作及其比例关系。

（2）层次结构，即各管理层次的构成，又称组织的纵向结构。

（3）部门结构，即各管理部门的构成，又称组织的横向结构。

（4）职权结构，即各层次、各部门在权力和责任方面的分工及相互关系。

2. 连锁超市的职能分析

职能有两种定义：从企业与外部环境的关系的角度去考察，是指企业管理系统在特定环境中保持正常运转，保证企业生存和发展所必须具备的功能；从企业的具体工作内容和工作过程的角度去考察，是指对企业管理具体业务活动所做的分析和理论概括。确切地说，职能是指组织管理具体业务活动的功能。

（1）关键职能分析。

1）为了达到企业的战略目标，什么职能必须得到出色的履行？

2）什么职能履行得不好，会使企业遭受严重损失，甚至危及企业的生存？

3）企业的经营宗旨是什么？对于体现这一宗旨具有重要价值的活动是什么？

（2）职能分解。

1）业务活动的独立性。

2）业务活动的可操作性。

（二）连锁超市部门设计

1. 部门的概念及设计的基本内容

（1）概念：组织设计中的部门是指承担一定管理职能的组织单位，是具有紧密联系的管理业务和人员所构成的集合。

（2）基本内容：一是按照一定的模式确定企业应该设置哪些部门；二是规定这些部门之间的相互关系，将它们联结成为一个整体。

2. 部门划分的模式

（1）按职能划分部门：如经理部、人事部、财务部、公关部、网络信息部、连锁经营部、统配部等。

（2）按产品划分部门：如食品部、百货部、服装部等。

（3）按过程划分部门：如储运部、检验部、销售部等。

二、零售企业人力资源的招聘与培训设计

（一）零售企业人力资源的招聘设计

招聘是解决零售企业急缺人才的重要途径。招聘程序如下：

1. 编制招聘计划

招聘计划的主要内容包括：

（1）招聘人数。根据企业发展规划确定人力的基本需求和弹性需求的数量。

（2）招聘岗位对应聘者的基本要求。基本要求涉及工作经历、学历、专业、年龄、专长等方面，可依不同职位确定。

（3）劳动保障政策规定。

（4）其他要求。

2. 制订具体的工作计划

工作计划的主要内容包括：组织招聘工作小组并确定人选，制定招聘章程、考核方案，估算招聘工作的费用并确定资金来源，规定工作进度等。

3. 确定招募工具与招募方式

（1）零售企业常用的招聘工具有：1）媒体广告：以网络、报纸广告媒体为主；2）店头 POP（售点广告）：门店橱窗张贴招募广告；3）夹报传单：采取夹报或商场柜台放置招募传单的形式。

（2）零售企业常用的招募方式有：1）店内招募；2）员工推荐；3）校园招聘；4）广

告刊登；5）政府主办的劳动力市场；6）校企合作；7）人才中介公司。

4. 接收招聘简历与接待来访报名

在接待过程中，招聘人员要向应聘者介绍企业对专业人才的需求情况，并宣传企业的发展前景，以激发应聘者的积极性，同时在交谈或接触中对应聘者进行初步考察。

5. 面试甄选与考试筛选

门店基层员工的面试一般由门店店长或门店经理处理，管理培训生与中高层管理人员一般由总部人力资源部集中面试。

6. 重点面谈与人员确定

对考试合格人员进一步进行全面考核，一方面通过审查档案和有关资料，考查应聘者的政治表现和健康状况；另一方面由技术、业务主管与应聘者面谈，进行必要的心理测试。然后，将两方面的材料综合，由招聘小组集体讨论，确定录用名单。

（二）零售企业人力资源的培训设计

人力资源培训在零售业中显得尤为重要，培训设计分为层次分类与内容设计。

1. 培训层次的分类

（1）职前培训。职前培训，又称入店培训，是新员工进店后的基础培训，主要目的是使新员工了解连锁店的规章制度和职业道德规范，以适应工作岗位的要求。职前培训应从三方面着手：教育员工增强工作自觉性，教育员工熟悉商品知识，教育员工学会礼貌待客。

针对连锁店的特点，除文化教育外，职前培训还应该包括以下基本内容：

1）道德规范教育。员工除了要学习国家有关的法律制度外，还要学习商业道德、服务规范、服务纪律，做到自觉维护企业形象，遵守企业宗旨。

2）专业技能培训。专业技能包括商品的购进与销售、配送中心的操作技术、工艺流程等专业知识，以及经营管理等基本专业知识。同时，培训人员需要让员工了解业务活动过程中诸如“为何要标价”“为什么要招呼顾客”“与顾客的关系应该如何”“连锁店应该为顾客提供怎样的服务”等方面的知识和道理，以帮助员工树立正确的工作观念，具备一定的人际交往能力。其中，尤其突出的是要树立员工的服务意识，让顾客感觉到商品的附加价值。一般的服务内容大致可分销售前、销售时、销售后三个阶段。

——销售前，包括营业现场准备、维护商品陈列状态、保持场内清洁、必须掌握的商品知识等。

——销售时，包括接待顾客的基本技巧、向顾客微笑问好、回答顾客提出的问题、向顾客介绍商品等。

——销售后，包括建立各种保障制度，解除顾客的后顾之忧；举办各种讲座、优惠销售等活动，建立并保持良好的公众关系；迅速、合理、有效地处理顾客的不满和问题等。

（2）在职培训。员工的在职培训就其内容和目的而言，有三种情况：

1）改善人际关系的培训。此类培训主要是使员工对下述人员关系有一个比较全面的认识：员工与员工之间的关系、感情、交往，员工自身的心理状况和社会关系，员工对部门、企业整体的认同感，以及整个集团内部各部门之间的关系等。

2）新知识、新观念与新技术的培训。连锁企业要发展、跟上时代的步伐，就必须随时注意环境的变迁，随时向员工传达新知识、新技术和新观念，否则员工必然落伍。

3）晋级前的培训。晋级是企业人事管理的必然过程。由于编制的扩充、人员退休、免职等各种原因，需要相应补充各类人员。为了使即将晋级的员工在晋级之前有心理方面和能力方面的准备，并且获得相关的知识、技能和资料等，企业有必要对有培养前途的员工提前实施培训。

（3）职务培训。职务培训主要是对管理人员的培训。管理人员是连锁企业生存、发展的中坚力量。对这些人的培训尤为重要。除注重培养管理人员的技术才干、人事才干、综合协调全局的才干以外，还需注意以下几点：

1）熟悉开展工作的环境。对于管理人员，应要求他们对公司的经营性质、管理制度、所分配部门的工作性质有充分了解，只有如此才能有效地开展工作。

2）注重团队生活能力的培养。管理人员在团队中生活，向具有经验的老手或行家学习工作经验，有助于自身的快速进步。在安排工作时，最好从基层干起，使其确切了解基层人员的状况，为将来的主管工作积累最实用的经验。

3）随时进行工作考核。除定期的工作报告外，管理人员应以随机测验的方式进行不定期的考核。这种方式可使管理人员更加深入地了解被培训人员的工作绩效和培训成果。

2. 培训内容的设计

连锁超市培训内容的设计如表 4－1 所示：

表 4－1　连锁超市培训内容的设计

培训对象	培训目的	培训内容
新进人员	1. 认识环境：让新进人员熟悉工作场所、工具设备所在位置，以消除其初到陌生环境的焦虑。 2. 规章介绍：了解公司规章、经营理念、工作守则及应有的权利和义务，以培养符合公司规范的工作习惯及态度。 3. 认识同事：增强工作场所人际关系支持网络，从而消除疏离感。 4. 学习新技能：发挥能动性，避免职业伤害，以消除工作挫折感。	1. 环境内容 2. 公司规章制度 3. 人际关系技能 ·认识伙伴 ·学习组织中人际关系的建立、维系与增进 4. 作业技能 ·收银机、标价机等设备的操作、维护、简易故障排除及清洁 ·清洁工作 ·商品陈列与补货技巧 ·基本报表填写 ·顾客服务技巧 ·安全防范与紧急事件处理

续前表

培训对象	培训目的	培训内容
助理店长与副店长	1. 成为店内主管、店长的职务代理人。 2. 能够协助店长教导新进人员，做好人员管理、订货、库存管理、机器设备维护及简易故障排除、报表制作、顾客服务等工作。	1. 基本工作职责 2. 管理技能 • 协助新进人员 • 倾听与沟通技巧 • 基本管理概念 3. 专业技能 • 维护商品形象 • 商品管理 • 机器设备维护保养及简易故障排除 • 营业管理、报表制作
店长或经理	1. 成为一家门店的经营者，能通过有效的人员管理、营销管理、预算控制、经营分析与顾客服务等，来创造利润最大化。 2. 成为具有计划、指挥、组织、应变及问题解决等能力的单店领导者。	1. 基本工作职责 2. 管理技能 • 领导、激励、沟通 • 会议及简报技巧 • 危机处理 3. 专业技能 • 生意圈情报搜集与分析 • 经营分析 • 营销管理 • 预算编制与控制 • 人力资源管理
中层督导	1. 成为各店与总部间称职的沟通协调者。 2. 具有专业知识、沟通协调能力、问题感应及解决能力的专业顾问。	1. 基本工作职责 2. 管理技能 • 领导 • 团队建立 • 咨商辅导 • 组织沟通与人际关系 • 问题分析与决策 • 时间管理 3. 专业技能 • 生意圈调查与商情分析 • 经营分析指标的建立与运用 • 竞争性营销策略分析与应用 • 盘损分析与行动计划 • 谈判技巧 • 情报运用与商品管理 • 门市辅导实务见习 • 各职能单位、部门实习

续前表

培训对象	培训目的	培训内容
总部企划人员及专业人员	1. 了解产业特性及与公司经营形态有关的专业知识。 2. 具有系统性思考能力、企划能力、分析能力、组织能力、沟通协调能力。	1. 专业知识 ·与所负责的功能职责有关的专业知识，此类训练宜由该部门自行规划、执行，但可由培训单位协助发展各功能的专业训练 2. 共同性训练 ·企划实务 ·创意性思考 ·系统性思考 3. 沟通训练 ·情报搜集与分析 ·专案管理
高层主管	具备宏观的观察、分析、理性决策的能力，以及微观的、感性的直觉能力。	1. 国内外产业环境分析 2. 国际局势与商情分析 3. 策划规划 4. 领导谈判与决策 5. 个人品质 6. 个人修养

模块 4　案例分析

案例 1　疯狂的架构——国内六大著名科技公司组织结构图一览

Web 设计师 Manu Cornet 在自己的博客上画了一组美国科技公司的组织结构图（见图 4－3）。在他笔下，亚马逊（Amazon）等级森严且有序；谷歌（Google）结构清晰，产品和部门之间却交错且混乱；脸书（Facebook）架构分散，就像一张散开的网络；微软（Microsoft）内部各部门相互独立；苹果（Apple）则是由一个人说了算；庞大的甲骨文（Oracle）中，臃肿的法务部显然要比工程部门更加重要。

据此，《第一财经周刊》杂志也尝试着绘制了一份中国主要的科技公司——华为、阿里巴巴、新浪、百度、联想、腾讯的组织结构图。结果发现，它们也是彼此风格迥异。不同的公司成长历史、不同的业务架构和不同的管理风格，让它们的组织结构图也呈现出明显的不同。

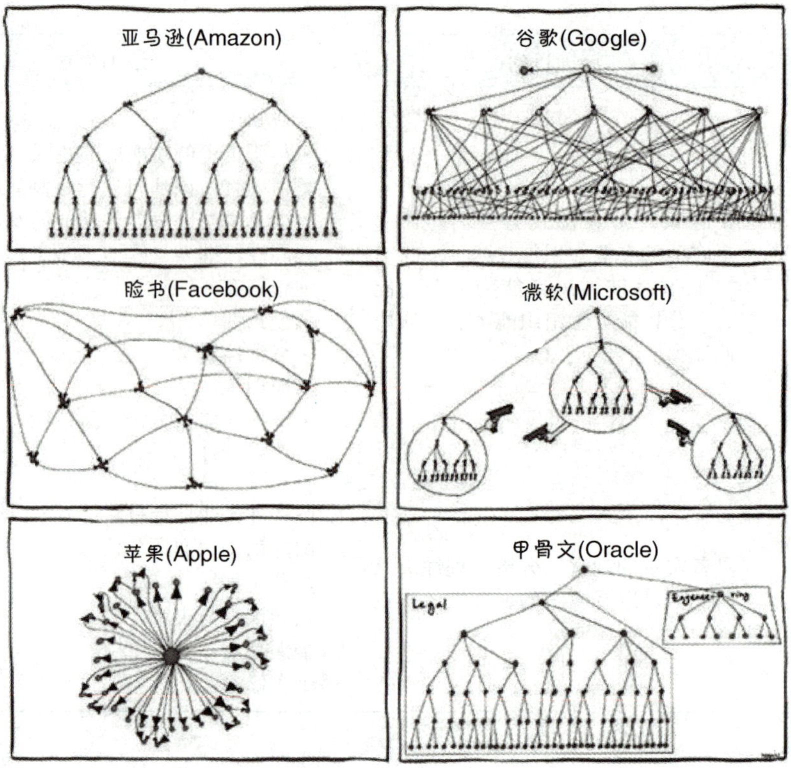

图 4-3　美国科技公司的组织结构图

一、华为

华为的组织结构如图 4-4 所示。

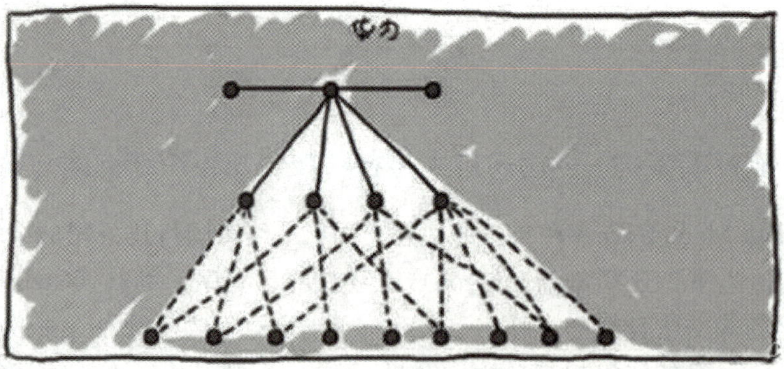

图 4-4　华为的组织结构图

与很多强调组织结构稳定的企业不同，华为建立的是一种可以有所变化的矩阵结构。换句话说，华为每次的产品创新都肯定伴随组织架构的变化，而在华为每 3 个月就会发生一次大的技术创新。这更类似于某种进退自如的创业管理机制，一旦出现机遇，相应的部门便迅速出击、抓住机遇。在这个部门的牵动下，公司的组织结构会发生一定的变形，但流程没有变化，只是部门与部门之间联系的次数和内容发生了变化。并且，这种变形是暂时的，当阶段性的任务完成后，整个组织结构又会恢复常态。

二、阿里巴巴

阿里巴巴的组织结构如图 4-5 所示。

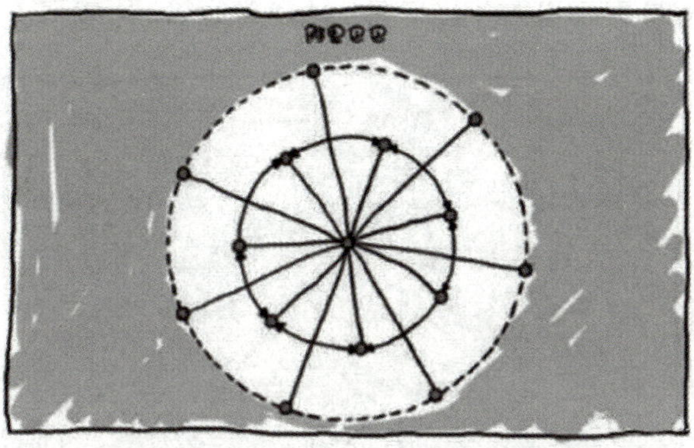

图 4-5 阿里巴巴的组织结构图

阿里巴巴的组织结构经过多次调整和优化，目前采用“1+6+N”的组织架构模式。“1”是指阿里巴巴集团上市公司主体；“6”代表六大业务集团，包括阿里云智能集团、淘宝天猫商业集团、本地生活集团、菜鸟集团、国际数字商业集团、大文娱集团；“N”代表多家独立的业务公司。阿里巴巴量身定制 B2B 和 B2C 网站，并通过阿里巴巴网站和天猫、淘宝三大平台，精确对接细分用户。分散在全国的多个百万平方米的阿里大仓和若干个小仓，由物流宝打通从供应商到阿里大小仓直至用户之间的物流数据流，囊括大阿里战略中所有的业务。

三、新浪

新浪的组织结构如图 4-6 所示。

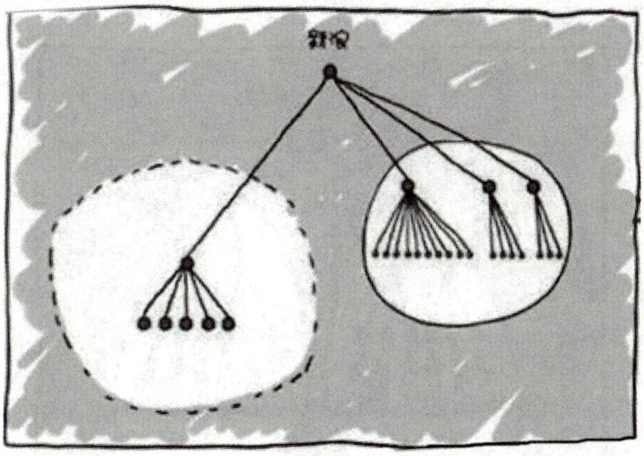

图 4-6 新浪的组织结构图

随着组织效率的显著提升，一方面，新浪对于存量的组织通过组织清理、合并、战略性调整的方式，对人数过少或职能相近的组织进行合并，对人数过多且职能较为复杂的组织进行拆分，结合业务战略要求，参考管理幅度要求，开展组织架构变革；另一方面，对于新设立的组织，规范组织设立规划，不满一定人数不得建立组织，推动组织管理幅度持续提高。

四、百度

百度的组织结构如图 4－7 所示。

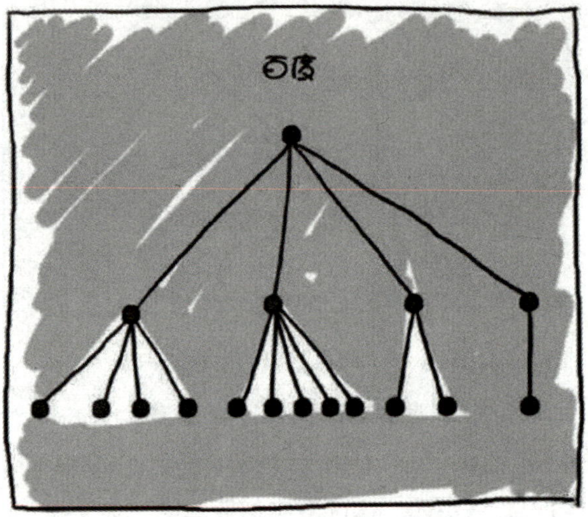

图 4－7　百度的组织结构图

百度的组织架构是由不同的事业群组共同构成的，包括智能云事业群组、智能驾驶事业群组、智能生活事业群组、百度移动生态事业群组、新兴业务事业群组、技术中台事业群组、职能平台事业群组。

五、联想

联想的组织结构如图 4－8 所示。

图 4－8　联想的组织结构图

与很多公司一样，联想希望既做好消费者市场，又出击商用市场。前者是以渠道为核心的交易型业务，后者则是以大客户为对象的关系型业务。联想管理层将此比喻为长枪与短刀，要想舞得好，就要在价值链的各个环节做到合理地区分与整合，并细致地平衡各方利益，化解模糊地带容易发生的冲突。举例而言，与双模式相对应，联想的生产线、供应链的设计也兼顾了大客户和中小客户的采购特点。联想有两类生产线：一类即大流水线，一台PC通过不同工序多人组装，这种模式适合大批量、规模化生产；另一类即小流水线，对小批量、多品种的订单，联想采用单元式的生产线，由一位工人从头到尾完成一台PC的组装。

六、腾讯

腾讯的组织结构如图4－9所示。

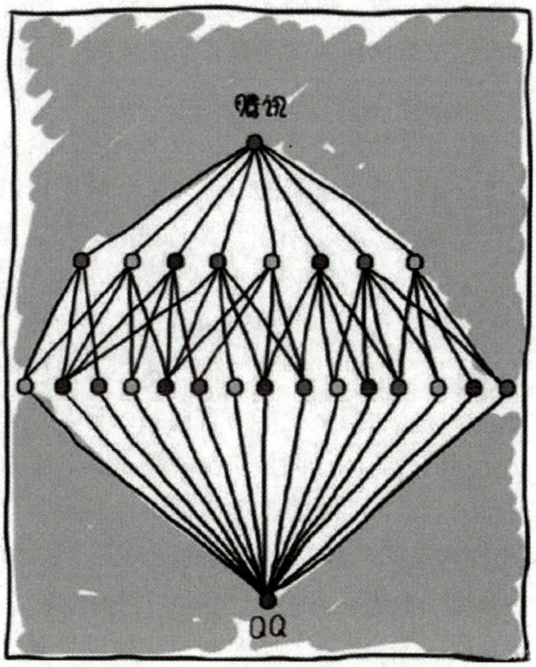

图4－9　腾讯的组织结构图

经过几次大大小小的架构调整，腾讯将不断增设的新部门重新归类为六大事业群和三大职能系统，统管所有部门的是腾讯总办。六大事业群包括企业发展事业群、互动娱乐事业群、技术工程事业群、微信事业群、云与智慧产业事业群以及平台与内容事业群。三大职能系统包括S1职能系统、S2财经线、S3 HR与管理线。

问题

对比国内外商业巨头的企业组织结构图，谈谈你对组织结构与经营业务、企业文化等内容的适应性的理解。

案例2

人才“造血”，驱动零售行业增长

由于人才是企业数字化转型的关键要素，因此企业在人才赋能上的投入及成效也十分关键。随着数字经营与实体经济的逐步融合，中国零售行业数字化进入公域结合私域、线上结合线下的全域经营阶段。然而，新的经营逻辑也导致新型能力缺口，大部分零售企业仍面临全域经营人才短缺、系统运营方法论匮乏等难题。

2024 年 4 月腾讯智慧零售发布“智慧零售全域数字化经营 2023 年度榜单”，其中设置了“年度组织人才赋能标杆”榜单，强调人才在全域经营时代的重要价值，对企业在“全域人才培养投入度、人才赋能覆盖度、培养体系完善度、对行业人才共建度”四个维度进行综合评估，评选出报喜鸟、孩子王、汉堡王、九牧王、滔搏、妍丽、周大生、自然堂等人才赋能标杆企业，为行业提供更丰富的对标与参考。观察一些典型上榜企业的举措，我们发现了一条从工具助力到组织支撑，再到文化连接的路径。

九牧王：技术引领业务，工具创新业务场景，组织支撑

作为男装行业的老字号，九牧王从 2014 年开始实施全渠道数字化转型战略，实现了从研发到设计、从品牌到销售、从物流到客服、从技术到运营全业务流程的数字化管理升级，并通过与腾讯智慧零售合作，建立系统的培训体系和数字化组织人才新架构，展现出较高的人才培养投入度。2023 年，九牧王对组织架构进行调整，整合私域流量转化、社群纳新和互动、会员的激活唤醒等，将识别顾客、服务顾客以及满足顾客需求作为运营重心。

九牧王新零售负责人徐荣彬提出，不同层级的员工需要的数字化能力不同，培训应该从不同的维度帮助员工学习成长。例如，导购工作的核心是门店销售，日常没有那么多时间和精力进行集中式培训，最好能将数字化能力直接融入日常工作，让他们“开盒即用”。员工只有看到实实在在的业绩提升，才能激发自身使用工具和提升能力的热情。

“业务侧依托工具进行场景测试，根据业务实况再来完善工具，这是一个相互拉拽、相辅相成的过程。”徐荣彬称。这样一来，在工具的助力下，人才培养的覆盖度得以扩展，真正将数字化能力送到一线员工手边。

相较于女装行业，男装门店的导购本身数量较少、流动性强，企业也需要将优秀导购的专业经验积累起来，赋能更多的年轻销售。“借助腾讯智慧零售的数字化工具，导购的经验可以通过数据留痕进行积累分析和洞察，提炼为标准的业务流程，形成系统的方法论。”例如，2023 年，九牧王联合腾讯智慧零售打造微商城人才培训营，结合小程序商城营销活动等实际的业务，带领学员进行专项课程的集中突破训练。同时，辅以岗位技能的周期课程培训、考试考核以及腾讯访学，夯实学习内容。此外，针对组织管理中，九牧王尝试将 KPI 考核嵌入对应的业务场景之中，从而发挥不同部门的优势，增强协同增长效应。

据九牧王信息中心负责人王显兵介绍，在九牧王信息管理层的考核指标中，经营业绩考核是重要的决定性指标，信息中心也计划尝试将部分领域的员工由业务领域领导进行考核，业务评价作为其绩效的重要参考。通过此种方式，进一步加快 IT 融入业务运营，加深对业务运营的理解，通过技术深度赋能业务运营，推动 KPI 与各事业部业绩的达成。

周大生：专业陪跑，赋能终端

珠宝品牌周大生采取加盟连锁的商业模式，截至 2023 年底门店总数为 5 106 家，其中自营店331家、加盟店4 775家。如何保证将总部数字化能力赋能到众多门店终端？对于许多同样采用加盟模式的品牌来说，这已经是共通的课题。“周大生采用分布式运营，即总部出运营策略和方案，区域办事处落实跟进并进行数据反馈，门店根据总部的大方向和要求来执行。”周大生珠宝CRM中心总监徐陈晨称，要想保证分布式运营的效果，提升数字化人才培育的组织覆盖度，提升终端导购的数字化能力是关键环节。

为此，周大生采取了一系列手段。

第一，规划导购成长路径，丰富课程内容。周大生建立了导购成长体系，针对不同的角色采取不同的培训体系，构建了线上直播培训、线下驻店培训、私域七天集训营、操作演示视频、培训精选切片等适合不同应用场景的培训形式。同时，周大生也与外部合作伙伴，如腾讯智慧零售共同设计集训营，专项培养人才应对全域经营时代的能力体系。

第二，专业陪跑，打造标杆门店。周大生打造KA标杆门店，并按照加盟店的数据表现提供不同程度的折扣激励。总部会派专人进行门店陪跑，通过驻店的形式对门店进行全方位的数字化运营指导。同时，周大生通过数据分析对门店进行有针对性的分析和指导，每一个门店或者每一个区域的门店都可以有不一样的SOP、方法去应对获客以及转化的需求。

第三，效率和个性化，导购两者可以兼得。珠宝行业导购往往具有很强的审美性，也需要很强的个性化，“千篇一律”的营销素材可能效果微弱，也不利于发挥导购的创造力和能动性。为此，周大生通过企业微信等工具直接赋能一线导购人员。例如，一体化的营销素材实现自动发送，让导购有更多的时间做一些提供高情绪价值的工作。另外，数字化工具也可以通过分析不同类型用户的标签，采取不同的营销策略，通过个性化的尝试探索更多的获客路径和营销玩法。

资料来源：刘玥．人才“造血”，驱动零售行业增长[EB/OL]．哈佛商业评论官方，2024-06-06.

问题

（1）零售行业全域数字化经营人才的价值主要体现在哪些方面？

（2）周大生在提升终端导购的数字化能力上有哪些举措？

模块5　知识拓展

零售企业的门店店长

门店店长是连锁零售企业门店营运的负责人，店长的经营管理水平直接影响整个门店的营运效率。店长对门店经营管理的依据是连锁总部制定的管理手册，因此，店长既要与总部保持良好的配合，又需协调与激励门店员工做好门店各项活动，从而不断地提高门店的经营业绩。

一、门店店长的任职条件

门店的店长是特殊管理者，是门店的最高负责人，但在许多方面又不拥有决策权。因此，担任店长这一特殊职务必须具备以下三个方面的基本条件：

（1）良好的个人综合素质。店长的个人综合素质主要体现在专业知识、沟通能力、培训能力、洞察力、个人形象及生活习惯等方面。

1）专业知识：连锁经营涉及许多行业，每个行业都有一定的专业知识，这就要求门店店长具有相应的专业知识和商人般的头脑。这是店长赢得顾客及员工信任的重要保证。过硬的专业知识，源于平时不断的学习和积累，源于与同行业人士的多方交流，也源于各渠道信息的收集和经验的不断丰富。

2）沟通能力：店长在工作中为达到某种目的需要经常与顾客、下属和上司等沟通，良好的人际沟通会给店长的工作开启许多便利之门。因此，店长必须与人坦诚相待，多倾听、收集各方的信息，同时多锻炼自己的语言表达能力，以提高自己的沟通能力。

3）培训能力：身为店长，在店内不但是一位管理者，而且是店内员工的老师，应拥有较强的培训能力。店长应根据门店经营管理的需要，采取各种形式不断地对员工进行培训，以提高团队的工作效能。

4）洞察力：出色的店长必须具备良好的洞察力。为此，店长要洞察每个员工的心态和情绪，发现问题并及时解决；洞察每一位顾客的消费心理，尽可能避免顾客流失；同时，要密切洞察相关市场的发展趋势，关注竞争对手的各种变化，并制定相应的策略，以提升门店的竞争力。

5）个人形象及生活习惯：在连锁经营中，店长在店里其实是一面镜子，也是门店的一张名片。店长穿戴整齐、精神抖擞，会给顾客和员工一种赏心悦目的感觉。店长在平时应养成良好的生活习惯，善于阅读和思考，有利于提高个人素养，也会带动员工效仿，从而在店内形成一种良好的氛围。

（2）出色的日常工作管理能力。店长的主要职责是做好门店的日常管理工作，主要体现在卖场管理能力、费用控制能力、市场调研能力和扩大销售能力等方面。

1）卖场管理能力：卖场管理包括店内卫生管理、商品管理、顾客投诉、人员调配及设备保养等工作。工作虽繁杂琐碎，但没有一件是小事，容不得半点马虎，可以说能不能做好卖场管理是考察一个店长是否具有较强综合能力的试金石。因此，店长应加强学习，不断提升卖场管理能力，为实现门店经营目标做出最大努力。

2）费用控制能力：店内费用的支出会直接减少门店利润。为此，在坚持满足顾客需求的原则下，店长应树立勤俭节约的观念，采取各种方法和手段，努力降低费用，增加利润。同时，店长要给每位员工灌输节约观念，发动店内全体员工来控制费用支出，以实现门店的利润目标。可以说，店内费用控制能力是店长日常工作管理能力的重要内容之一。

3）市场调研能力：近年来，市场竞争激烈，为使门店在市场竞争中不断发展，店长应定期安排人员对竞争对手进行市场调查，了解竞争对手的商品价格、促销策略、人员变化、服务状况、生意好坏以及发展动向等，并密切关注顾客消费趋势的变化，及时向连锁总部反映，以便总部制定相应的方案和措施。

4）扩大销售能力：门店销售额是连锁总部最关心的指标，门店的销售业绩不仅会牵动总部领导的每一根神经，而且是考核一个店长工作绩效最直观的指标。因此，店长应发动门店全体员工出谋划策，采取各种促销手段，积极扩大销售，提升门店销售额，以实现门店的销售目标。

（3）高度的责任感及职业道德。职业道德是衡量一个员工优秀与否以及能否可持续发展的重要标志。实践证明，要想当一位优秀的店长，必须具备或不断地养成良好的职业道德，方能被企业重用。但是仅仅有职业道德还不够，还必须有高度的责任感，具有责任感是一种敬业精神的体现。只有对顾客负责、对企业负责、对员工负责，才可能获得他们的信赖和赢得他们的尊重。

二、门店店长的作业流程

在零售企业连锁经营中，总部要对门店店长的作业活动进行控制，因此，店长每日的工作必须严格按总部规定的流程来开展。

由于连锁企业的业态、经营内容和目标顾客不同，店长每日的工作内容也有所不同。连锁企业可根据自己的实际情况，制定适合本企业自身需要的店长作业流程，以提升连锁企业门店营运管理的水平。下面以某连锁超市为例介绍店长每日的作业时间及工作内容，如表 4-2 所示：

表 4-2 某连锁超市店长每日的作业时间及工作内容

工作时段	作业项目	作业重点
8:00—9:00	1. 晨会	·主要事项的布置
	2. 检查员工的出勤状况	·出勤、休假、病事假、人员分配、仪容仪表及工作挂牌等方面的检查
	3. 卖场、后场状况的检查	·商品陈列、补货、促销及卫生状况的检查 ·后场仓库检查（包括选货验收等） ·收银员、找零金、备品及收银台和服务台的检查
	4. 昨日营业状况的确认	·营业额 ·来客数 ·每客购物平均额 ·每客购物平均品项数 ·售出品种的商品平均单价 ·未完成销售额预算的商品部门

续前表

工作时段	作业项目	作业重点
9:00—10:00	1. 开门营业状况的检查	·各部门人员、商品、促销等的情况 ·店门开启、地面卫生、灯光照明、购物车（篮）等的情况
	2. 各部门作业计划的确认	·促销计划 ·商品计划 ·出勤计划 ·其他
10:00—11:00	1. 营业问题分析追踪	·营业未达销售预算的原因分析与改善 ·电脑报表时段商品销售状况分析与改善
	2. 卖场商品态势追踪	·缺品、欠品确认与追踪 ·重点商品、季节商品、商品展示与陈列的确认 ·各时段营业额的确认
11:00—12:30	1. 后场库存状况的确认	·仓库、冷库、库存品种、数量及管理状况检查和指示
	2. 营业高峰状况的了解	·了解各部门商品销售及促销活动的效果 ·了解后场人员的调度和支援情况 ·督促服务台加强促销活动
12:30—13:30	午餐	·交代副店长（值班长）负责卖场管理
13:30—15:30	1. 竞争店的调查	·同地段竞争店与本店营业状况的分析比较
	2. 部门会议	·协调各部门的工作 ·研究如何提高销售额
	3. 教育训练	·新进人员的在职训练 ·定期在职训练 ·配合节庆的训练
15:30—16:30	1. 各时段、各部门营业额的确认	·检查并确认各部门前一时段的销售收入
	2. 全场巡视	·卖场和后场人员的工作、商品清洁卫生和促销等情况 ·迎接下午营业高峰的准备情况
16:30—18:30	营业问题点追踪	·后勤人员调度支援卖场收银和促销活动 ·收银台的开台数、收银机的工作状况 ·商品齐全 ·服务台的促销广播 ·人员交接班情况
18:30	安排代理负责人接班	·交代晚间营业注意事项及关店事宜

模块6 团队项目实战训练

一、项目名称

为选定的零售企业制订人员招聘与培训计划。

二、步骤及要求

（1）团队的每位成员明确各自的分工。

（2）收集有关企业的人力资源状况资料。

（3）各组在资料整理与分析讨论的基础上，根据流程要求设计招聘与培训要点。

（4）归纳总结。

（5）每个团队提交一份《零售企业人力资源招聘与培训计划书》（1 000字以上）。

三、过程评价

（1）组内打分。

（2）组间打分。

（3）教师打分。

项目五 零售店设计

学习目标

知识目标

1. 掌握企业形象识别系统的含义。
2. 掌握零售店外部形象设计的主要内容。
3. 掌握卖场流动线设计的基本方法。

能力目标

1. 能够对商店的橱窗展示情况进行调查分析。
2. 能够运用卖场磁石理论分析商品的分布情况。

素养目标

1. 具备一定的现代商业美学欣赏素养。
2. 理解商业活动和社会责任的紧密联系。

模块 1 大家来讨论

微课 7：

未来零售门店设计的三大发展趋势

未来零售门店设计的发展趋势

随着居民消费水平的提升和零售行业的升级转型，企业对商业设计重视程度的不断提高，未来 3～5 年商业终端展示行业仍将保持稳定的增长。如何在有限的空间范围内，尽可能精准地展现出品牌想要表达的理念或文化价值已逐渐成为零售企业越来越重视的问题。越来越多的实体店愿意为门店设计投入更多，大到麦当劳、肯德基这样的国际大型连锁品牌，小到各类买手店、零售店铺，都在大力推行门店改造，它已成为品牌年轻化和差异化中的一部分。

由于商业环境越来越规范化和多元化、商品经营品种越来越丰富，门店的设计处理上也要尽可能地简洁以方便顾客挑选商品，商品陈列和道具设计就成了其设计的重点。随着环保意识的觉醒和对传统文化的重视，顾客在进行消费时也会体现出向往自然、回归传统的倾向。一部分零售店会打破环境内外空间的界限，将大自然的生态环境引入自身门店中，越来越多的具有民族传统特色设计的老字号店铺或餐馆也应运而生。门店设计个性化的同时要和整体的艺术化并存，随着90后、00后消费力的逐渐增强，他们所看重的独特个性化和整体艺术化打破了以往千篇一律的设计风格，同时他们所追随的各类时尚潮流也被越来越多的商家视为获利的法宝。明星开餐馆、共同投资创业以及各类联名设计、跨界品牌系列等，都成为商场中聚客的利器。

资料来源：崔旭升．未来零售门店设计的三大发展趋势［EB/OL］．联商网，2017-04-25.

请思考：

请根据材料简析零售门店形象对于零售企业的重要性。

模块2 基本知识

一、零售店设计概述

目前，中国零售业竞争日趋白热化，各类零售企业都使出浑身解数来招揽顾客，促销战场硝烟弥漫、服务品牌百变玲珑。但是在充分施展各种战术的同时，商场还应该考虑以设计科学、装饰优美、布局合理的商场规划来诱发顾客的购买冲动，刺激顾客的购买欲望，促成顾客的购买行为。

（一）零售店设计的含义和基本原则

1. 零售店设计的含义

零售店设计是指零售店铺为了营造商业活动氛围和向顾客提供舒适的购物环境而进行的科学、合理、艺术化的内部和外部设计。它主要包括商店外部空间设计、商店内部空间设计、橱窗设计、营业面积规划等。

2. 零售店设计的基本原则

店铺设计的好坏是决定零售商经营成功与否的重要因素，要充分发挥店铺的销售功能，就必须对店铺进行精心的设计。为此，应当遵循以下原则：

（1）满足需要原则。零售商要根据顾客对商店的判断、期望，并结合商店的业态形式、经营商品的种类及特点，确定店铺的规模、形状及装修风格。

（2）适时、适地原则。店铺的内外装修要符合时尚和季节的变化，卖场的气氛要适时调整。同时，店铺的外观形象要与周围的环境相协调或与周围的店铺相匹配。

（3）吸引力原则。零售商要使店铺和卖场的设计和布局能够增加商品的魅力，刺激顾客的感官，增强顾客的购买欲望。为此，零售商要丰富店铺和商场的商品，即使是脱销的商品，也要让顾客感到丰富充足，还要通过高级商品的陈列使顾客“一饱眼福”。

（4）亲密、整洁原则。店铺与卖场必须从顾客生活水平和购买习惯上让顾客感到方便、亲切，同时要保持卖场与商品的整洁。

（5）便于挑选原则。由于顾客在购买商品时不仅要看，而且要触摸，并尽可能自己挑选，因此卖场的商品陈列要便于顾客对商品的接触、挑选。

（6）店内自由原则。为了让顾客看到更多的商品，增加顾客在店内购买商品的机会，必须保证顾客在店内有足够自由的走动空间。为此，零售商要充分考虑店铺的开放程度、卖场的位置及通道的宽度。

（7）销售效率原则。为了提高销售效率，方便顾客购买，零售商应尽量缩短接待顾客、取货、付款、包装及补充商品等销售工作的流通半径。

（8）经济原则。店铺规模的大小、店铺设施及内外装修的标准必须与店铺的市场定位相吻合，零售商应避免盲目投资。

（二）零售企业形象识别系统

零售企业形象识别系统包含零售企业经营活动的全部内容，是公众对零售企业的整体印象和评价。企业形象识别系统（CIS）包括经营理念识别系统（MIS）、行为识别系统（BIS）、视觉识别系统（VIS）。三者协作，缺一不可，共同塑造零售企业的整体形象。零售企业通过导入企业形象识别系统战略，对自身的理念精神、行为方式以及视觉识别进行科学、系统的整合，从而使企业各个方面都发生积极转变，产生全方位功效，塑造鲜明的企业形象，获得企业内外公众的认同。

1. 零售企业经营理念识别设计

零售企业经营理念识别是指一种通过企业经营理念定位来传达企业宗旨与方针、企业目标、企业价值取向，从而展示企业独特形象的设计系统。其内容包括：判定企业的发展战略目标、规范员工市场行为的基本准则、确定企业独特形象形成的基础和原动力。基于这三点，经营理念被人们称为“企业的心”，没有它，其他识别系统是无法建立的。对外，它是区别于其他企业的工具；对内，可用来凝聚员工，产生向心力。

2. 零售企业行为识别设计

零售企业行为识别是一种在经营理念指导下，对所有企业行为、员工操作行为实行系统化、标准化、规范化的统一管理，以形成统一的企业独特形象的设计系统。

行为识别系统是企业形象识别系统的基本内容，是理念的动态表现，是理念的升华和视觉识别的再现和强化，它是一种动态形式，强调一种行为过程，是建立整个形象识别系统的关键。有了行为识别系统，连锁企业的理念才能落到实处，推动企业良性发展。因此，相对于其他识别系统的建立来说，它较为复杂、较有弹性，实施起来也较为困难。然而，它却是建立企业形象识别系统的关键，是“企业的手”。其设计的主要内容可分为两大部分：

（1）对内方面。其包括员工教育、企业福利、工作环境、内部修缮等，以达成内部的共识以及全体员工自觉遵守的工作方式，使企业内部产生整体性和一致性。

（2）对外方面。其包括市场调查、公共关系、促销活动、流通政策、代理商、金融服务、公益与文化活动等一系列行为，连锁企业通过这些行为宣传良好的企业形象，以获得社会公众的认同和好评。

3. 零售企业视觉识别设计

零售企业视觉识别是零售企业形象识别系统中最直接、最活跃的部分，它是一种在企业经营理念、战略范围和经营目标的支配下，运用视觉传达方式，通过企业识别符号来展示企业独特形象的设计系统。视觉识别系统是连锁企业形象识别系统的重要内容，是实施零售企业形象识别系统的中心环节和重点所在，因为有了视觉系统，才能及时、鲜明地向社会传达企业经营的信息，使公众在视觉上产生强烈刺激，最终树立起企业形象。

零售企业视觉识别是指通过视觉的传播媒体，使企业的理念能够被消费者形象地认知，主要包括零售企业的名称、标志、招牌、色彩、造型等要素。

二、零售店的外部设计

（一）零售店店标的设计

店面标志是一种视觉语言，是区别于其他店铺的一种独特设计，代表的是店铺本身，是店铺形象的展示与说明，也是商店外部设计的重要组成部分。

1. 店标的种类

（1）文字标志，由各种文字、拼音字母等单独构成。这种类型的标志发音清晰，具有易呼易记的特点，适用于多种传播方式。

（2）图案标志，即无任何文字，单独用图形构成的标志。用图案表示的店铺标志不仅形象生动、色彩明快，而且不受语言的限制，易于识别。但是图案标志由于没有标志名称，不便呼叫，因此表意不如文字标志准确。

（3）组合标志，是由各种文字、图形、拼音字母等组合而成的标志。这种标志利用和发挥了文字标志和图案标志的特点，图文并茂、形象生动、引人注目、便于识别，是店铺标志设计最常用的一种方法。

2. 店标的设计要求

店铺标志的命名方式很多，具体应注意以下几点：具有独创性、识别性、统一性、可传达性。标志的设计应遵循三个原则：其一，新颖独特、易于识别；其二，寓意准确、名副其实；其三，造型优美、具有艺术感染力。

（二）零售店招牌的设计

招牌是店铺店标、店名、造型及其广告的载体，它以文字、图案或立体造型标明卖场的名称、经营范围、经营宗旨、营业时间等重要信息。好的招牌能给人留下生动、清晰的印象，有利于扩大店铺的知名度，增加客流量。

1. 招牌的种类

（1）屋顶招牌：通常设置在屋顶位置。

（2）标志杆招牌：通常用水泥杆或钢管矗立在店铺门前，用于公路或铁路两旁的店铺，以远远地吸引顾客的注意。

（3）栏架招牌：通常设置在店铺所在建筑物的正面，用以标示店名、商品名、商标等。

（4）侧翼招牌：通常设置在店铺一侧或两侧，常用于门前道路狭窄的店铺，有很好的宣传效果，但要注意高度适中，太低易被载货车辆撞坏，太高则不易被注意到。

（5）活动招牌：通常设置在店前人行道上，对往来行人的吸引力较大，如海尔兄弟、三只松鼠颇能使顾客产生亲切感。

（6）壁上招牌：位于拐角的店铺，其临街一侧的墙壁空间往往可以写上店名或服务项目，作为店铺的壁上招牌使用，效果会很不错。

（7）其他放置位置，如靠街道或上层建筑的店铺可以使用悬挂垂吊的招牌，用以发布展销商品信息，经常可以更换，有的店铺为了在停止营业后还能收到宣传效果，会在 LED 屏幕上显示服务项目等。

2. 招牌的设计要求

其一，以顾客最容易看见的角度来设置招牌，并以顾客易看到的位置来决定招牌的大小和高低；其二，店名、业种、商品名、商标等文字内容应准确，尤其是店名的选择以独特、新颖为佳；其三，文字、图案造型要与卖场的经营内容和形象相匹配；其四，设计与色彩要符合时代潮流。

另外，一般认为眼睛与地面的垂直距离为 1.5 米左右，以该视点为中心上下 25°～30° 的范围为人的视觉的最佳区域，在此区域内放置招牌的效果最佳。

（三）零售店出入口的设计

零售店布局的关键点是出入口的设计。醒目的招牌只能吸引顾客的目光，而入口开阔才能吸引顾客进店。入口的选择是决定连锁门店客流量的关键。出入口设计应考虑店铺规模、客流量、经营商品的特点、所处地理位置及安全管理等因素，既要便于顾客出入，又要便于店铺管理。

微课 8：

体验式购物中心入口设计

出入口设计务必以客流量、路线选取规律和视觉范围取向调查为基础，把门开在行人最多、路径最顺畅、最引人注目的地方。对于一些开设在楼上或地下室的连锁卖场，其入口要设立醒目而有特色的标志，并采取人员促销等方式克服出入口的先天不足。

1. 出入口设计的要求

其一，出入口可以设置在中央，顾客进入商场后可以自由向左右分流，左右两侧可以增设边门便于顾客走出商场；或者将门安置在左右两侧，一个是进口，一个是出口，通常入口比较宽一些、出口相对窄一些，入口比出口宽 1/3。

其二，大型商场的出入口如果是分开的，那么由于入口与商场内部配置的关系密切，因此在布局时，应以入口设计为先。在入口处为顾客配置购物提篮和手推车，一般按每 10 人 1～3 辆（个）的标准配置；出口通道宽度应大于 1.5 米，出口处按每小时 500～600 人配置一个收银台的方式设置收银台，出口处附近可以设置一些单价不高的商品，如口香糖、图书、报刊、饼干、饮料等，供排队等候的顾客选购。

小型门店因为店堂面积较小，如果进出位置设置在中央会影响店内实际使用面积和顾客的自由流通，因此，小店的进出口设计在左侧或右侧比较合理。

2. 出入口设计的类型

（1）封闭型。由于全部封闭，使人产生一种错觉，认为店里的商品高档且昂贵，因此这种类型非常适合以经营宝石、玉器、金银等商品为主的高档商店，既不能随便把顾客引入店内，又要给顾客提供安静、愉快的购物环境。这样设计的商店入口能够给进店的顾客带来一种与众不同的优越感——为能在这样的店里消费而自豪。这类橱窗设备不必太突出，要让行人难以看到商店内部，从而营造一种优雅、安静的购物氛围。

（2）半封闭型。半封闭型店铺有“犹抱琵琶半遮面”的韵味。这种类型的店铺通常注重入口的宽敞度和橱窗的设计，一般都倾斜地配置橱窗，借此吸引顾客的视线。其外观一般是平面型，但很多店铺也使门面突出一部分。半封闭型店铺入口比开放型店铺的小一些，但比封闭型店铺的大一些，顾客从大街上一眼就能看清店铺内部，从而尽可能无阻碍地把顾客吸引到店内。这种类型的店铺适合经营化妆品、服装、装饰品等的零售店。购买这类商品的顾客一般都是从外边看到橱窗，对店铺经营的商品产生兴趣才进入店内的，因此，这类店铺的开放度要求不是很高，顾客在店铺内可以安静地挑选商品。

（3）开放型。开放型店铺的优点是顾客进出方便，从而可以提高购买效率和速度。一般是把店铺面向马路的一侧全部开放，使顾客从街上很容易看到店铺内部和陈列的商品。顾客出入店铺没有任何障碍，可以自由地出入，因而客流量比较大。经营大众化的消费品的店铺，如出售食品、生鲜及日用品，以及经营商品单价较低的店铺多采用这种类型。开放型是指店铺前面很少设置障碍物，在店铺内要设置橱窗，前面的柜台要低些。同时，不要把店内商品摆放得过满，以免影响顾客选购商品。

（4）出入分开型。出入分开型店铺是指将出口和入口通道分开设置的店铺，一侧是进口，顾客进来之后，必须走完整个商场才能到出口处结算。这种设置对顾客不是很方便，但对商家管理却非常有利，可以有效防止商品失窃事件的发生。这种出入口设置往往适用于经营大众化商品的大中型商店，比如沃尔玛、麦德龙等都采用这种设计。

3. 出入口设计的注意事项

（1）出入口设置应以客流量、路线选取规律和视线范围取向调查为基础，把门开在行人最多、路径最顺畅、最引人注目的地方，选择人多、方便并与行人靠近的方向与位置。

（2）一些开设在商场内部或地下的商店，其入口要设置醒目且有特色的标志，并采取人员促销等方式克服这些商店出入口自身的缺陷。

（3）透过出入口应能清楚地看见商店的内部，陈列要有强烈的吸引力，以便引起顾客的购买欲望。

（4）出入口一定要方便顾客进出，务必排除商店门前的一切障碍。有时还应注意店门口拐角处设置的橱窗和特价台的位置与高低，不应妨碍顾客进出。

（5）商店的出入口门槛应与街面持平。很多顾客都不愿光顾高于或低于街面的商店。商店的入口不可设置得过深或过窄，顾客进入不便就会影响客源。

（6）出入口的大小应考虑当地气温和太阳辐射情况。既要利用阳光带来的自然光线，又要避免因阳光照射而使商品发生变质、变形、变色等问题。

三、零售店的内部设计

（一）零售店内部空间设计的原则

零售店内部空间是企业与顾客进行货币和商品交换的场所，是供顾客选购的营业场所。虽然不同业态的卖场对布局有不同的要求，但归纳起来主要有以下三条基本原则。

1. 通道开放畅通，顾客可轻松入店

门店卖场是为顾客购买商品服务的，如果连锁门店通道拥挤、顾客出入不方便，即使

店内商品丰富、价格便宜、服务周到，仍然很难招揽顾客入店购买商品，门店营业收入肯定也会减少。因此，连锁企业在进行门店卖场设计时，应切记成功生意的第一步是让顾客进得来，保持进入通道的开放畅通，有利于吸引更多顾客入店购买。

2. 合理设计，增加顾客停留时间

根据一项市场调查资料，我国不少顾客消费属于随机购买和冲动购买。因此，如何合理设计卖场布局，增强商品存在感，使店内商品最大限度地变得让顾客目力所及、伸手可得，进而吸引顾客停留更长时间，最终实现购买，便成为卖场布局必须注意的一个关键性问题。因此，零售店主应通过合理设计购物主、副通道，科学安排淡、旺季商品，从而起到留住顾客、扩大销售的效果。

3. 明亮清洁，使顾客心旷神怡

明亮清洁的卖场、优雅轻松的购物环境，往往会使顾客对店内商品产生一种新鲜、优质的印象。零售店主只有把握住整洁与优质之间的心理连接，合理运用和安排有效空间内的灯光、音响、摆设、色彩，使之相互配合，才能营造出令顾客心旷神怡的物质、精神双重消费的氛围。

（二）卖场通道的设计

卖场通道，又称动线，是顾客购物与商场服务人员补货的必要通路，其设计要方便各方人员行走和参观浏览。门店内顾客流动主线是主通道，顾客流动副线是副通道。主、副通道要根据连锁门店营销目标和商品布局及陈列设计来安排。卖场通道的设置既要“长”得能留住顾客，又要“短”得能一目了然，还得考虑到顾客走动的舒适性和非拥挤性。

在设计卖场通道时，零售店主还要考虑购物车及购物篮所占的面积，通道宽度应方便顾客购物，使顾客可以蹲着或站着挑选商品，还可以在这里装车；通行区要能使两位推车的顾客并排行走；顾客能清楚地浏览整个卖场的情况。

1. 通道设计的原则

（1）开放通畅，使顾客轻松出入。通道要能引导顾客按设计的自然走向，步入卖场的每一个角落，接触尽可能多的商品，使入店时间和卖场空间得到高效利用。通道要足够宽，即要保证顾客提着购物篮或推着购物车时，能与别的顾客并肩而行或顺利地擦肩而行。

（2）曲径通幽，使顾客停留更久。调查显示，在购物的顾客中，有明确购物目标的顾客只占总购物顾客的25%，而75%的顾客是随机购买和冲动购买。因此，为了吸引顾客在店里停留更长时间，零售店主必须增强商品的存在感，使店内商品最大限度地与顾客亲密接触，使顾客伸手可得，最终产生购买动机并实际购买该商品。

（3）笔直，少拐角，使顾客行走方便。零售店主要尽可能避免出现“迷宫式”通道，尽可能进行笔直的单向通道设计。在顾客购物过程中，零售店主应尽可能通过科学合理的货架排列方式，避免顾客走回头路。即使有拐角，也要尽量少，而且可以借助连续展开不间断的商品陈列线来进行调节。

（4）卖场与后场衔接紧密，使补货更加容易。卖场与后场的通道联系是卖场通道设计必须注意的一个问题。后场包括仓库、作业工场、更衣室、办公区等，是商场的补给后方。因此，零售店主在设计通道时要寻找最合理、最经济的商品补给路线，一般选择最短的距离；采取单行道方式，减少多种商品补给线的交叉或共用；地板应平整一致，保证商品补给的平稳顺畅，避免出现台阶、门槛等；建议后场使用推拉门，这样可使出入口宽敞，节约开门空间，美观又实用。对于实行正规配送制的门店，按照国外卖场的经验，后场与卖场面积之比约为 1∶4，商品库存与上架之和应是前一天销量的 1.5 倍。

2. 主、副通道的设计要求

卖场通道一般分为主、副通道。主通道是顾客从店门进入店内的通道，是引导顾客行进的主线。副通道是辅助的通道，可以帮助顾客进入店内的各个角落。零售卖场流动线布局应充分考虑主、副通道的宽度、商品布局及路线选择、非营业场所与营业场所连接等各个方面。主、副通道不是根据顾客的随意走动来设计的，而是根据店内商品的配置位置与陈列来进行设计和规划的。

（1）主、副通道要相适宜。主通道的形状一般以“凹”字形为代表，可以让顾客明显地看到陈列的各大类商品，并能走过店内主要的商品陈列区，较快找到目标商品。大中型卖场的主通道宽度一般在 2 米以上，副通道在 1.2～1.5 米。最窄的通道也不能小于 0.9 米，因为 0.9 米是两个人并行或逆行非侧身避让的最小宽度（见表 5-1）。

表 5-1　主、副通道长度对比表

商店类别	主通道（米）	副通道（米）
普通商店	0.9～1.5	0.6～0.9
超级市场	2.1～3.5	1.5～1.8
百货商场	2.7～3.5	1.8～2.1

（2）主、副通道要有层次感。主、副通道要错落有致，零售店主应将不同商品陈列在不同空间，从顾客感受上加以显著区别。一般而言，卖场的主力商品尽量放在主通道，而连带商品和辅助商品安排在副通道，但也要考虑整体商品布局。为了消除卖场死角，有的店铺也将特价商品或畅销商品摆放在最里面或副通道上。

（3）主通道要保证畅通。主通道内应尽量少摆放广告牌、试尝试用台等设施，少采用商品突出陈列，更不能陈列与所售商品无关的器具、用品，以免妨碍客流，影响销售。

3. 通道的设计模式

（1）直线式通道（又称单向通道）。这种通道的起点是卖场的入口，终点是收银台。这种通道的设计理念是顾客根据货架排列的方向单向购物，以商品陈列不重复、顾客不回头为设计特点，使顾客在最短的线路内完成商品购买行为。

(2) 环绕型通道（又称回型通道）。这种通道的布局以流畅的圆形或椭圆形为佳，按照逆时针环绕卖场的整个区域，使顾客依次浏览、购买商品。使用中，可采用大环型和小环型两种路线模式。大环型通道，即卖场内部一侧的货位一通到底，中间没有穿行的路口，顾客沿四周环型浏览后进入中间的货架，它适用于一般规模的百货零售店；小环型通道是指顾客进入卖场，沿一侧前行，不必走到头，就可以很容易地进入中间货架。

(三) 门店的统一货架布局

门店的统一形象是由连锁总部统一策划的，以保证连锁门店的统一性，这就使得顾客走到连锁企业的任一门店，都能很容易地识别出其所属的连锁企业，进而达到吸引顾客、扩大销售之目的。因此，为了保持连锁企业形象的统一性，连锁门店货架布局一般也是在总部的统一指导下进行的。

1. 敞开式销售的货架布局形式

敞开式销售是指将商品摆放在营业现场的柜架上，允许顾客直接挑选商品，使营业现场与顾客活动空间完全交织在一起的一种销售方式。它的主要优点是：顾客可充分享受自由购物的乐趣，任意逗留，接触商品，从容挑选，有满足感；有利于刺激顾客的购买欲望，从而提升连锁门店的销售业绩。敞开式销售的货架布局形式主要有以下几种：

(1) 岛屿式布局。这是指连锁门店营业现场以岛状分布，在门店的卖场中央围成一个闭合空间，在中间设置货架。连锁企业可视门店的具体情形或促销季节的不同，将该闭合空间变换布置成正方形、长方形、圆形、三角形等多种形式。岛屿式的柜台周边较长，陈列的商品也较多，既便于顾客行走、观赏和选购商品，又便于店家随时补充商品。但这种布局形式只适用于小型的连锁门店，若大中型连锁门店要采用，通常需要将附墙式和岛屿式两种布置形式结合起来运用，以达到良好的卖场布局效果。现在国内的百货商店在不断改革经营手法，许多商场引入各种品牌专卖店，形成“店中店”，于是岛屿式布局被改造成专业店布局而被广泛使用。实践证明，这种布局是符合现代顾客要求的。专业店布局可以按顾客“一次性购买钟爱的品牌商品”的心理设置。

岛屿式布局的优点：1) 可充分利用营业面积，在顾客行走畅通的情况下，根据建筑物的特点布置更多的商品货架；2) 采取不同形状的岛屿设计，可以装饰和美化营业场所；3) 环境富于变化，使顾客增加购物的兴趣；4) 满足顾客对某一品牌商品的全方位需求，对品牌供应商具有较强的吸引力。

岛屿式布局的缺点：1) 营业场所与辅助场所隔离，不便于在营业时间内临时补充商品；2) 存货面积有限，不能储存较多的备售商品；3) 现场售货员较多、各司其职，不便于柜组售货员的相互协作；4) 岛屿两端不能得到很好利用，会在一定程度上影响营业面积的有效利用。

（2）格子式布局。这是传统的商店布局形式。连锁卖场一般呈格子式布局。这种布局是通过将陈列商品的柜架或其他设备在门店营业现场中呈纵向或横向平行排列，形成多线条的布局形式，而且主通道与副通道的宽度各自保持一致。采用这种布局形式，门店的可利用面积大，能陈列较多的商品，同时便于理货员进行商品补货，有利于连锁门店加强对商品的安全管理。但由于该种布局方式不方便顾客在商店内自由流动，不利于理货员之间开展协作，因此其主要适合于营业面积较小或营业面积呈矩形的连锁门店。

格子式布局的优点：1）营造一种严肃、有效率的气氛；2）走道依据客流量需要而设计，可以充分利用卖场空间；3）由于商品货架的规范化安置，顾客可轻易识别商品类别及分布特点，便于选购；4）易于采用标准化货架，可节省成本；5）有利于售货员与顾客的愉快合作，简化商品管理及安全保卫工作。

格子式布局的缺点：1）商场气氛比较冷淡、单调；2）当拥挤时，易使顾客产生被催促的不良感觉；3）室内装饰方面的创造力有限。

（3）自由流动式布局。自由流动式布局以方便顾客为出发点，试图把商品最大限度地展现在顾客面前。这种布局有时既采用格子形式，又采用岛屿形式，是一种顾客通道呈不规则分布的卖场设计方式。

自由流动式布局的优点：1）货位布局十分灵活，顾客可以随意穿行于各个货架或柜台之间；2）卖场气氛较为融洽，可促使顾客冲动购买；3）便于顾客自由浏览，不会令其产生紧迫感，增加顾客的滞留时间和购物机会。

自由流动式布局的缺点：1）顾客难以寻找到出口，难免产生怨言；2）顾客拥挤在一起，不利于分散客流；3）不能充分利用卖场，浪费场地面积；4）对商场管理的要求较高，尤其要注意商品安全的问题。

2. 封闭式销售的货架布局形式

除了以上三种经典店面布局类型，还有一类封闭式销售的货架布局形式。封闭式销售是指用柜台将顾客与售货员隔开，顾客不能进入售货员工作的现场，顾客选购商品需依靠售货员传递的售货方式。这种销售方式可使顾客通过售货员获得更多的商品信息，而门店则能有效防止商品的丢失和损坏，便于售货员管理，但不利于顾客选购商品，易引发顾客与售货员之间的矛盾。目前，封闭式销售的货架布局形式主要有以下两种：

（1）附墙式。这是指货架、柜台等陈列器具依墙面而排列。由于一般门店的墙面多为直线，因此在附墙式布局中，架柜常为直线型布置，沿墙面四周顺序排列。采用这种布置形式的主要优点为：能创造清新明朗、高效率的卖场形象，且卖场现场陈列和储备的商品较多；对于顾客来说，便于迅速发现并走近所需商品的柜台选购商品；对于售货员来说，则有利于现场补货和与其他售货员相互协作，从而节省了人力；还便于连锁门店工作现场的安全管理。其主要缺点是会使营业现场中间部位的面积处于闲置状态，造成浪费。附墙式主要适用于小型连锁门店。

（2）斜角式。这是指将货架和柜台等设备根据门店的建筑格局布置成斜角形式。斜角式布置是卖场货架布局的一种辅助形式。一般来说，斜角形柜台主要放置在门店营业现场的角落，占地省，能满足食品、日用百货等斜角式陈列需求，使门店营业现场既有变化又有明显的规律性。众多的三角形柜台还可排列成半圆形、圆形或扇面形布局，使门店的总体布局呈现美感，形成独具特色的连锁门店形象。

（四）门店内部设计的其他要素

1. 天花板设计

天花板所起的作用不仅是把房梁、管道和电线等杂乱的部分遮蔽起来，还有与空间设计、灯光照明组合后形成的美感，有助于创造良好购物环境，影响卖场气氛。在设计上，首先考虑的是高度问题。一般而言，天花板的高度在 3.5～4 米给人感觉最好，宽敞的卖场的天花板应当高一些，狭窄的卖场则相应低一些。

2. 地板设计

地面的覆盖物能以非常微妙的方式激发顾客的欲望。例如，入口处的坚硬地面将促使顾客更快地行走，并深入卖场。与此类似，柔软的地面会刺激顾客步速放缓。地面的装饰材料一般有四种：乙烯基瓷砖、陶砖、硬木地板、地毯。

3. 墙壁设计

作为店铺销售空间的重要组成部分，墙壁在作为陈列商品的背景方面有很大的作用。墙壁在设计上应与所陈列商品的色彩及内容相协调，与卖场的环境和形象相适应。一般墙壁设计有四种：第一，壁面上架设陈列柜，用以摆放、陈列商品，多用于食品店、书店、药店等；第二，壁面上安置陈列台，做商品展示用，多用于各类服饰、家用电器等；第三，壁面上做简单设计，用以悬挂商品、布置展示品；第四，壁面上做一些简单设计，做装饰用，多用于家具店等主要在地面上展示商品的卖场。

4. 店内色彩设计

色彩在现代商业中起着传达信息、烘托气氛的作用，通过色彩设计可以创造亲切、和谐、鲜明、舒适的购物环境。根据卖场的属性和顾客的爱好设计店内色彩，是影响卖场销售的一个积极因素。不同的环境色彩能令顾客产生不同的联想和不同的心理感受，激发顾客潜在的消费欲望。

商场的色彩设计也可以刺激顾客的购买欲望。在炎热的夏季，商场如以蓝、棕、紫等冷色调为主，顾客在心理上会有凉爽、舒适的感受。采用这个时期的流行色布置女士用品销售场所，能够刺激女性顾客的购买欲望，增加销售额。色彩对儿童有强烈的刺激作用，儿童对红、粉、橙色反应敏感，销售儿童用品时采用这类色彩，效果更佳。使用色彩还可以改变顾客的视觉印象，弥补营业场所的缺陷。如将天花板涂成浅蓝色，会给人一种高大的感觉，将商场营业场所墙壁两端的颜色涂得渐渐浅下去，会给人一种辽阔的感觉。一段时间变换一次商场的色彩，会使顾客不断产生新奇感。

色彩对商场环境布局和形象塑造的影响很大，为使营业场所的色调达到优美、和谐的视觉效果，须针对商场各个部位如地面、天花板、墙壁、柱面、货架、柜台、楼梯、窗户、门以及售货员的服装等，分别设计出相应的色调。

（1）运用色彩要与商品本身色彩相配合。目前，市场销售的商品包装也很注意色彩的运用，这就要求商场内货架、柜台、陈列用具为商品销售提供色彩上的配合与支持，起到衬托商品、吸引顾客的作用。如销售化妆品、时装、玩具等，应用淡雅、浅色调的陈列用具，以免喧宾夺主，掩盖商品本身的美丽色彩。销售珠宝首饰、工艺品等，可配用色彩浓艳、对比强烈的色调来显示其艺术效果。

（2）运用色彩要与楼层、部位结合，创造出不同的气氛。如商场一层营业厅，入口处客流量大，可以暖色调装饰，形成热烈的迎宾气氛；也可以冷色调装饰，缓解顾客紧张的心理。地下营业厅沉闷、阴暗，易使人产生压抑的心理感觉，用浅色调装饰地面、天花板可以给人带来赏心悦目的清新感受。

（3）色彩运用要在统一中求变化。商场为确定统一的视觉形象，应定出标准色，用于统一的视觉识别，显示企业特性。但是在运用中，在商场的不同楼层、不同位置，又要求有所变化，形成不同的风格，使顾客依靠色调的变化来识别楼层和商品部位，唤起新鲜感，减少视觉与心理的疲劳。

5. 店内照明设计

销售场所的光线可以引导顾客进入商场，使购物场所形成明亮、愉快的气氛，可以使商品鲜艳夺目、五光十色，引起顾客的购买欲望。光线暗淡，商场会显得沉闷压抑；而光线过强，又会使顾客感到晕眩，使售货员视力紧张，易出差错。由于光线强弱对购物环境的影响极大，因此现代商场都非常重视合理运用照明设备，以营造明快轻松的购物氛围。

采用自然光源，既可以展示商品原貌，又能够节约能源。但自然光源受建筑物采光和天气变化的影响，远远不能满足经营场所的需要，特别是大型商场多以人工照明为主。商场的人工照明分为基本照明、特殊照明和装饰照明。

（1）基本照明。基本照明是指商场为保持店堂内的能见度，方便顾客选购商品而设计的照明灯组。目前，商场多采用吊灯、吸顶灯和壁灯的组合，来创造一个整洁宁静、光线适宜的购物环境。设计灯具的原则是灯光不宜平均使用，要突出重点、突出商品陈列部位，总的照明亮度要达到一定的强度。

（2）特殊照明。特殊照明，又称商品照明，这是为突出商品特质以吸引顾客注意而设置的灯具。如在出售珠宝和金银饰品的柜台，采用定向集束灯光照射，可以使商品显得晶莹耀眼、名贵华丽；在出售时装的柜台，则采用底灯、背景灯，以显示商品的轮廓线条。

（3）装饰照明。这是营业场所现场广告的组成部分，营业场所可使用霓虹灯、电子显示屏或旋转灯吸引顾客注意。

一般而言，营业场所的灯光照明应视不同位置配以不同的亮度，纵深处高于门厅，陈列商品处高于通道，这样可以吸引顾客注目。

6. 店内音乐设计

音乐是营造商场气氛的有效途径，影响顾客情绪和营业员的工作态度。音响运用适当，可以达到以下效果：第一，吸引顾客的注意力，如电视、音响的播放；第二，指导顾客选购商品，商场向顾客播放商品展销和优惠出售信息，可引导顾客选购；第三，营造特殊氛围，促进商品销售。随着时间的不同，商场定时播放不同的背景音乐，不仅能给顾客以轻松、愉快的感受，还会激发顾客的购物兴趣。例如：刚开始营业的早晨，播放欢快的迎宾乐曲；临打烊时，播放轻缓的送别曲；在气候变化时，播送音乐提示，为顾客提供服务。商场内有各种声音，并不是都能对营业环境产生积极影响，也会有一些噪声，如柜台前的嘈杂声、机械的声响，都可能使顾客感到厌烦。有些虽然可以采用消音、隔音设备，但也不能保证消除所有干扰声响。因此，可以采用背景音乐缓解噪声。背景音乐要选择旋律轻柔舒缓的，以营造温馨的气氛，不要播放节奏强烈的打击乐等，以免影响顾客的情绪，打乱售货员的工作节奏。

7. 通风调温设计

商场内客流量大、空气易污浊，为了保证空气清新，应注意通风设施的配置。营业场所的温度对顾客和商品保管都有影响，商场也应考虑空调设施的配置。一般而言，空调本身只有通风和调节温度功能，但有的空调设备还有空气净化、灭菌功能。选用合适的空调，可以改善营业场所的环境质量，可以为顾客提供一个舒适、清新的购物环境。

商场的空调应遵循舒适性原则，冬季应使温度达到暖和而不燥热，夏季应达到凉爽而不骤冷，否则会对顾客和售货员产生不利影响。如冬季暖气太足，室内温度过高，顾客从外面进店都穿着厚厚的棉衣、羽绒服等，在商场内待不了几分钟就会感到燥热难耐，急于离店；如夏季空调冷气太强，顾客从炎热的街上进入商场，会因受到冷风刺激而不适应，抵抗力弱的顾客还会着凉。

商场在选择使用空调机组时，最好选择那些能够根据楼层不同分别调节温度的设备。否则，就会出现这样的问题：用同一个温度，一楼适中，二楼以上就会觉得太热，二楼以上合适，一楼就会觉得太冷。这也是目前有些商场空调机组使用的通病，如果解决不好，会带来长期的负面影响。

商场选择空调时还要注意：根据营业面积的大小，解决好一次性投资与长期运行的费用承受能力；对空调系统热源进行投资经济效益分析，最好集中供热；慎重选择制冷方式、制冷剂类型，减少污染；考虑空调的用电负荷。

模块 3 操作指导

一、商店橱窗的设计

商店橱窗是一种重要的广告形式，也是装饰店面的主要手段。一个构思新颖、主题鲜明、风格独特、装饰美观的橱窗可以与整个卖场的建筑结构和内部环境构成一幅和谐的立体画面。店面的橱窗尺寸主要取决于店铺类型和门面长度。其长度和宽度的比例一定要符合人的视觉习惯。橱窗的高、宽比例一般以 0.618∶1 为佳，符合黄金比例。

橱窗陈列的技巧有：

（1）注意颜色搭配。如橱窗陈列商品的颜色搭配不当，会降低整体美感，甚至让人产生脏、乱的感觉。

（2）陈列商品选择。陈列在橱窗内的商品必须是本商店所销售的，而且是最畅销、最时尚的商品，要能代表商店经营特色和优势。

（3）突出季节性。橱窗陈列要随季节变化及时调整和更换，季节性商品必须在季节到来之前一个月预先陈列出来，起到应季宣传的作用。

（4）把陈列焦点集中在顾客目光所及之处。最好让顾客很轻松地边走边有东西看，很自然地被吸引入店。

（5）不要过分追求艺术化。橱窗商品毕竟不是艺术品，它的陈列要讲究实效，杜绝浮夸等不切实际的做法。

（6）突出陈列主题。确定和突出橱窗陈列的主题，它可以让摆设的商品收到意想不到的效果；橱窗吸引顾客的并不是大量的商品陈列，陈列数目过多，容易给人混乱的感觉。陈列时做到有一到两个亮点就够了。

（7）注意配色和灯光。在配色方面，要使其发挥充分的美感，陈列柜越大，越需要专门的人员来为其配色；灯光照明的成本不是太高，因此没必要为省钱而让商品的阴影到处都是。

（8）陈列要富于变化。橱窗陈列一个月至少要变更两至三次，重要的是保持橱窗陈列的新鲜感。

二、磁石理论在卖场布局中的运用

商品布局是关乎连锁经营成败的关键环节。店铺选址失误会造成单店的失败，而商品布局失当，则会因连锁经营的统一性而给整个连锁体系造成致命打击。合理的商品布局，一是要按消费需求趋向灵活配置商品；二是要根据消费者的购买心理趋向做好科学的商品位置规划；三是要运用商品布局中的磁石理论，最大限度地吸引顾客，以扩大销售，提高效益。

磁石理论是指在卖场中最能吸引顾客注意力的地方，配置合适的商品以促进销售，并能引导顾客逛完整个卖场，以提高顾客冲动购买的比重。磁石点就是顾客的注意点，应按不同的磁石点来配置相应的商品。其操作过程如下：

（一）确定磁石布点

1. 确定第一磁石点

第一磁石点位于卖场主通道两侧，是顾客必经之地，也是商品销售最主要的地方。第一磁石点应主要配置主力商品、采购力强的商品、购买频率高的商品等。

2. 确定第二磁石点

第二磁石点穿插在第一磁石点中间，一段一段地引导顾客向前走，直至走完整个卖场。第二磁石点应主要配置季节性强的商品、引人瞩目的商品、同类商品、流通前沿商品等。

3. 确定第三磁石点

第三磁石点位于卖场中央陈列货架两头的端架位置。第三磁石点应主要配置特价商品、打折商品、促销商品等。

4. 确定第四磁石点

第四磁石点位于卖场中副通道的两侧，是充实卖场各个有效空间并让顾客在长长的陈列线中引起注意的位置，因此在商品的配置上主要以单项商品来规划。第四磁石点应主要配置流行时尚商品、广告商品等。

5. 确定第五磁石点

第五磁石点位于收银台前方的中央位置，是卖场根据各种节日组织大型展销、特卖活动的非固定位置。第五磁石点应主要配置非主流商品、低价展销品等。

（二）绘制卖场磁石布点图

卖场的布局是否合理是决定卖场最终能否得到顾客认可进而赢得市场的重要因素。卖场的平面往往是一个矩形，最有号召力的商品应放在这个矩形的周边，即卖场的三条边线。在以食品为主的卖场内，这里配置的商品一般是购买频率高的商品，如米、油和菜等。卖场内必须处处有卖点，以增加顾客在场内的停留时间，增加卖场的销售收入。具有卖点的商品一般购买频率高、时尚性强、季节性强，或者属于促销品、高利润品、特价品。卖场的磁石点有五个，不同的磁石点应该配置相应的商品（见图 5-1）。

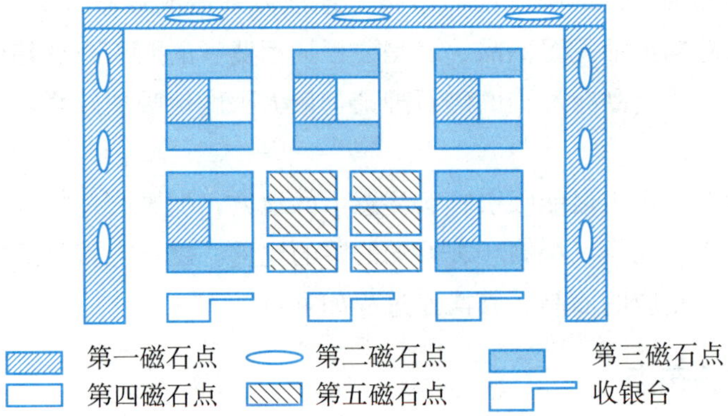

图 5-1　卖场磁石布点图

模块 4　案例分析

案例 1　星巴克咖啡的 CIS

从一杯杯咖啡开始，星巴克已经改变了世界各地人们喝咖啡的习惯。它开创了一种星巴克式的生活方式，这种生活方式在全世界范围内正被越来越多的人接受。星巴克已从昔日西雅图一条小小的"美人鱼"进化成今天遍布全球 80 多个国家和地区，连锁店达到近 4 万家的"绿巨人"。

一、星巴克理念识别系统

1. 目标市场的定位

星巴克的目标消费者是注重享受、休闲、崇尚知识、尊重他人、富有情调的城市白领。

星巴克人认为：星巴克的产品不单是咖啡，咖啡只是一种载体。正是通过咖啡这种载体，星巴克把一种独特的格调传递给顾客。咖啡的消费很大程度上是一种感性的文化层次上的消费，文化的沟通需要的就是咖啡店所营造的环境。这种文化能够感染顾客，并形成良好的互动体验。

2. 经营理念

星巴克公司以真心对待员工，员工以真心对待客人，客人在星巴克享受的不仅是咖啡，而且是一种参与活动的文化体验。星巴克为什么既能为顾客带来期望的价值，又能让企业获得更可观的利润？一个重要的原因就是，星巴克始终坚持"尊重员工，从顾客出发，与员工及顾客多赢”的经营理念。

3. 星巴克的诉求

顾客体验是星巴克品牌资产的核心诉求。就像麦当劳一直倡导销售欢乐一样，星巴克将咖啡文化逐步分解成可以体验的元素——视觉的温馨、听觉的随心所欲、嗅觉的咖啡香味等。

4. 星巴克的价值观

“星巴克出售的不是咖啡，而是人们对咖啡的体验。”这是星巴克的价值主张。星巴克创造出的“咖啡之道”使每个光临的顾客都有独特的体验。

二、星巴克视觉识别系统

星巴克的标志演变如图 5－2 所示。

图 5－2　星巴克的标志演变

（1）星巴克的这个标志很有神秘色彩，是根据 16 世纪斯堪的纳维亚的双尾美人鱼木雕（版画）图案进行设计的。

（2）标志中的美人鱼像也传达了原始与现代的双重含义：她的脸很朴实，却用了现代抽象形式的包装，中间是黑白的，只在外面用一圈彩色包围。

（3）设计风格严谨，有大家风范。对称的标志造型和对色彩严格的把握，从标志延伸出来的是一个横跨欧亚、覆盖全球的王者形象。

（4）秩序化手法很成熟地被应用到设计中，有秩序、有节奏、有规律、有韵律地构成图形，给人以规整感。

（5）没有抢眼的色彩，却有着丰富的造型，深刻、含蓄。

三、星巴克行为识别系统

1. 星巴克员工教育

星巴克的每一位工作伙伴在每天营运的过程中，就是不断地实践“one cup at a time”（当下认真专注地煮好一杯咖啡的精神）这种一次认真地做一个选择的积极态度。星巴克伙伴透过每一次和客人在店里相遇的机会与瞬间，创造独一无二的服务与体验价值，承诺用自己的智力、心力和劳力，热情地解决问题，绝不争功诿过。

2. 星巴克人力资源管理

（1）文化与理念：星巴克总是把员工放在首位，坚持“员工第一”的理念和价值观。

（2）员工招聘：星巴克在选员工时，重视人的本质。

（3）员工培训：核心训练是培训员工具备为顾客服务的理论和技巧。

（4）薪酬福利制度：薪资水平锁定在业界前25%。

（5）员工激励制度：创新激励、报酬激励、鼓励授权。

3. 企业广告行为策划

（1）环境宣传：星巴克以咖啡制作的四大阶段衍生出以绿色系为主的“栽种”；以深红和暗褐系为主的“烘焙”；以蓝色为水、褐色为咖啡的“滤泡”；以浅黄、白和绿色系诠释咖啡的“香气”。

（2）感官宣传：嗅觉、视觉、听觉、触觉和味觉共同塑造了星巴克浪漫的情调。

（3）包装宣传：星巴克的美学不仅是借鉴，还融合了自己的风格。不同的标志在基本统一的风格下又显示出其多样性和变化性。

资料来源：星巴克咖啡CIS案例［EB/OL］. 百度文库，2022-09-06.

问题

星巴克的企业形象识别系统对国内餐饮零售商有何启发？

案例2　新零售革命下传统超市门店升级改造的要点

随着消费的升级，超市行业经营发生了深刻的变化，传统超市门店已无法适应消费升级的需求，出现竞争力下降、顾客满意度下降、销售额下降等问题，因此传统超市门店升级改造成为必然。如何升级改造？升级改造哪些内容？这是很多超市企业面临的困惑。

一、门店动线的升级

新零售下的超市门店动线规划趋势主要表现在以下几个方面：

1. 生鲜品类前移

很多传统超市门店把生鲜品类规划在卖场最里端或死角，把生鲜品类当成引客利器。新零售下的生鲜品类销售占门店总销售的50%左右，生鲜品类不仅是集客利器，还是利润的重要贡献者。传统超市门店商品布局规划是“百货→生鲜→食品→收银”的品类组合顺序，这已不符合如今的消费需求，如今品类动线规划主流是“生鲜→食品→非食→收银”。超市门店应将生鲜品类前移至超市入口，顾客首先看到的品类是水果、面包、面点、熟食。为什么要这样布局商品品类呢？主要有以下三个方面的原因：首先，这种商品布局更符合消费者的购物习惯，生鲜品类属于高动销、高复购率品类，顾客选购完生鲜类商品后，才会更好安排时间选购其他商品；其次，在购物过程中，感官是决定购买的最有诱惑力的因素，很多顾客的计划外购买都是看、摸、闻、尝满意后的结果。把面包规划在入口附近，面包赋予的是香味，通过气味来吸引消费者；把水果规划在入口，水果呈现的色彩，如红色、黄色和橙色是暖色，给人以温暖、热情和亲近的感觉，顾客一走入门店就看到鲜艳的颜色，能激发购物欲望；最后，门店入口处空气流动大，有利于蔬果的保存。卖场商品陈列如图5-3所示。

图 5-3 卖场商品陈列

2. 适当缩小门店经营面积

近几年来，我们对升级改造的门店进行分析和总结后发现，门店面积的适当缩小并不会影响销售。门店经营面积缩小的窍门是：生鲜品类基本保持不变，让食品品类变得更紧凑，重点压缩、弱化非食品品类的经营。门店经营面积适当缩小有哪些好处？首先，门店经营面积变得更紧凑，可以缩短顾客购物的时间；其次，可以降低经营成本，如人员减少、电费降低等，从而提升门店效益；最后，缩小的经营面积可以作为租赁面积，从而增加租赁收入、提升客流价值。

3. 常规商品品类专厅化设计

超市设计百货化，表现之一就是品类专厅化设计，借助主动线，在两侧设计一个个品类专厅，如洗化专厅、休闲食品专厅等。专厅结构布局有以下好处：首先，有利于门店的街景布局，提升顾客体验；其次，每个专厅都是独立的品类专区，使品类陈列更加清晰，从而方便顾客购买；最后，增加了高货架的使用量，增加了商品陈列米数，提升了坪效。在专厅结构设计过程中还应注意以下几个方面：首先，局部使用“V”形货架布局，把货架与主通道之间的角度由原来的90°直角改为45°角，这样货架上进入顾客视野的商品就增多了；其次，厅与厅之间要设计便捷通道，方便顾客购物时行走；最后，专厅内的单组货架长度控制在4～5组，如果专厅结构过深，可以通过两组货架的方式布局。

4. 以商品品类作为顾客引流主动线

目前，超市主动线表现的主要形式是通过地砖、吊顶和灯光的组合，强制引导顾客按超市设计的动线行走。随着消费升级，顾客喜欢更自然、更自由、更开放的购物行走动线。以商品品类作为顾客引流行走的路线是超市动线设计的最好表现，根据顾客的消费习惯，把超市各品类关联、有序、合理地布局在门店内，按蔬果、肉类、鱼类、冷冻、调味、休闲、百货、个护等顺序安排动线，在设计过程中，尽可能地把生鲜品类布局拉长，通过品类引导顾客在门店内从入口到出口过程中的随意和自然行走，既能减少卖场死角，又能提升顾客的购物体验。卖场动线如图 5-4 所示。

图 5-4　卖场动线

二、购物环境的升级

购物环境对门店的消费影响有多大？正是因为影响门店销售的因素很多，所以对此问题行业内始终没有定论。但有一点行业内已有了共识，每个门店都在试图做一件事情，就是让顾客在门店里待的时间更长，让顾客更愿意在门店内逗留。而顾客在门店内花费的时间取决于购物的过程是否舒适、惬意，也就是说门店是否提供了良好的购物环境或顾客喜欢的购物环境，让顾客享受更好的购物过程和体验。相关数据研究分析表明，购物环境美化对门店销售的影响在15%左右。好的购物环境是门店的必备条件，好的购物环境应该由以下方面组成，即好的动线设计、好的装修风格、好的灯光照明、好的音乐氛围、好的陈列道具、好的商品售卖、好的卫生表现。

资料来源：超市升级改造思路指引［EB/OL］. 百家号，2022-03-16.

问题

（1）门店动线调整中为何要把生鲜品类放在超市入口？

（2）简要分析传统超市门店升级改造的重要性。

模块 5　知识拓展

卖场布局设计与顾客心理

以顾客为中心、为顾客服务是零售企业经营管理的核心理念。因此，零售企业的卖场设计应研究顾客的心理特点，并与之相适应，为顾客提供适宜的环境条件和便利的服务设施，使顾客乐意到商店并能够舒适、方便地选购商品。而要达到这一要求，就必须研究商店卖场设计与顾客心理的关系。通过对商店卖场设计及顾客心理的研究，掌握其规律，使商店卖场设计适应顾客的心理特点，从而扩大商品的销售量，既满足顾客的需求，又使企业获得较好的经济效益。

零售企业的卖场设计与顾客心理有着密切的联系。人的心理现象是多种多样的，但归纳起来可分为两大类：心理过程——认识、感情和意志，个性心理——个性的心理倾向性及个性的心理特征。每个人在任何时候所产生的心理活动，都是这两类心理现象若干部分参与结合成整体的心理活动，都是这两类心理现象相互联系、相互作用的结果。因此，在设计零售商店卖场前，零售企业要了解、掌握影响顾客购买行为的心理活动，了解、掌握顾客的心理特点，并与之相适应，达到最佳设计效果。

卖场设计与顾客心理的关系主要从售货现场布置与设计、通道设计、照明设计、商品的陈列设计和景点设计等方面来分析。

售货现场的布置与设计，应以便于顾客选购商品、便于展示和出售商品为前提。售货现场是由若干经营不同商品种类的柜组组成的，售货现场的布置和设计就是要合理安排各类商品柜组在卖场内的位置，这是设计售货现场的一项重要工作。零售企业的管理者应将售货现场的布置与设计当作创造销售（而不仅仅是实施销售）的手段来运用。

一、研究卖场布局对顾客意识的影响

顾客的意识具有整体性的特点，它受刺激物的影响才可能产生，而刺激物的影响又总带有一定的整体性。为此，在售货现场的布局方面，就要适应顾客意识的整体性这一特点，把具有连带性消费的商品种类邻近设置、相互衔接，给顾客提供选择与购买商品的便利条件，方便售货人员介绍和推销商品。

二、研究顾客的无意注意

顾客的注意可分为有意注意与无意注意两类。顾客的无意注意是指顾客没有明确目标或目的，因受到外在刺激物的影响而不由自主地对某些商品产生的注意。这种注意，不需要人付出意志的努力，却对刺激顾客购买有很大意义。如果在售货现场的布局方面考虑到这一特点，有意识地将有关的商品柜组如妇女用品柜与儿童用品柜、儿童玩具柜邻近设置，向顾客发出暗示，引起顾客的无意注意，刺激其产生购买冲动，诱导其购买，就会获得较好的效果。

三、考虑商品的特点和购买规律

对于销售频率高、交易零星、选择性不强的商品，其柜组应设在顾客容易感知的位置，以便于他们购买、节省购买时间。对于花色品种复杂、需要仔细挑选的商品及贵重物品，要针对顾客求实的购买心理，设在售货现场的深处或楼房建筑的上层，以利于顾客在较为安静、客流量较小的环境中认真仔细地挑选。同时，零售企业应在一定时期内调整柜组的摆放位置或货架上商品的陈列位置，使顾客在寻找所需商品时，受到其他商品的吸引。

四、尽量延长顾客在卖场逗留的时间

人们进入超级市场购物，所购物品总会比原先预计要买的东西多，这主要是因为售货现场的设计与商品的刻意摆放。售货现场设计为长长的购物通道，以避免顾客从捷径通往收款处和出口，当顾客走走看看时，便可能看到一些引起购买欲望的商品，从而增加购买概率。例如，零售企业将体积较大的商品放在入口处附近，这样顾客会用商场备有的手推车购买大件商品，并推着手推车在行进中不断地选购商品。超级市场购物通道的这一设计思路可以为其他业态所借鉴，尽可能地延长顾客在售货现场的停留时间。

售货现场的通道设计要考虑便于顾客行走、浏览与选购商品，同时特别要考虑为顾客之间传递信息、相互影响创造条件。

进入商店的人群大体可分为三类：有明确购买动机的顾客、无明确购买动机的顾客和无购买动机的顾客。无明确购买动机的顾客在进入商店之前并无具体的购买计划，而无购买动机的顾客则根本没打算购买任何商品。他们在进入商店浏览之后，或是看到了许多人都在购买某种商品，或是看到了自己早已想购买而一时没碰到的某种商品，或是看到了某些有特殊感情的商品，或是看到了与其知识经验有关的某一新产品等，从而产生了购买欲望与动机。引起这两类顾客的购买欲望是零售企业营销管理的重要内容之一，而这种欲望、动机的产生，在很大程度上是顾客彼此在商店进进出出、在卖场通道之中穿行时相互影响的结果。因此，在售货现场的通道设计方面，要注意柜台之间形成的通道应保持一定的距离，中央通道要尽可能宽敞些，使顾客乐于进出商店，并能够顺利地浏览和选购商品，为顾客彼此之间无意识的信息传递创造条件，扩大顾客彼此之间的相互影响，增加商品对顾客的诱导概率，从而引起顾客的购买欲望，使其产生购买动机，同时也可为顾客创造较为舒适的购物环境。

售货现场是顾客活动的公共场所，保持售货现场内光线充足，为顾客创造一个舒适的购物环境，对零售企业卖场设计来说，是很重要也是很有必要的。售货现场的采光方式有自然采光和人工采光两种，二者可以结合利用。

人工采光灯光设计在售货现场设计中的地位日益重要。先进的灯光设计能够增加店容店貌的美观度，能够突出商品展示效果，从而吸引顾客浏览和选购，刺激顾客的购买欲望。因此，在进行售货现场的灯光设计时，零售企业要以方便顾客选购、凸显商品为原则，灯具装置和灯光光源均要符合这一要求。零售企业可灵活采用不同的人工采光方式，如采用暗射灯光，能使整个售货现场光线柔和；采用聚射灯光，可突出显示陈列的商品，从而使顾客在柔和、愉悦的氛围中挑选商品。

在商品的陈列方面，零售企业要考虑顾客的购买心理，既能美化店容店貌又能扩大商品销售。顾客进入商店，购买到称心如意的商品，一般要经过购买心理过程，即“感知→兴趣→注意→联想→欲求→比较→决定→购买”的整个过程。针对顾客的这种购买心理特征，在商品陈列方面，零售企业必须做到易为顾客所感知，最大限度地吸引顾客，使顾客产生兴趣、引起注意，从而刺激顾客的购买欲望，促使其做出购买决定，形成购买行为。因此，商品的陈列方式、陈列样品的造型设计、陈列设备、陈列商品的花色等方面，都要与顾客的这种购买心理过程相适应。总之，设计卖场时，零售企业要深入地研究顾客心理，了解、掌握影响顾客购买行为的心理活动，要处处体现零售企业以顾客为中心的理念，从而达到最佳设计效果。

模块 6　团队项目实战训练

一、项目名称

商店橱窗展示情况与商品货位分布调查。

二、步骤及要求

（1）教师选择 3～4 家不同业态的商店作为橱窗展示的调查对象。

（2）每组选择一种业态商店进行橱窗展示调查，以及对商品货位分布的调查。

（3）每组在调查结束后完成调查报告和 PPT 汇报文件，并在课堂上汇报调查结果。

（4）各组之间对汇报结果进行互相评价。

（5）每组指出所调查的商店橱窗与商品货位分布存在的问题，并提出改进意见。

三、过程评价

（1）组内打分。

（2）组间打分。

（3）教师打分。

项目六 零售商品管理与采购

学习目标

知识目标

1. 掌握品类管理的定义与商品分类。
2. 掌握商品陈列的基本原则与陈列方法。
3. 掌握商品采购的主要方法。

能力目标

1. 能够制作卖场商品配置表。
2. 能够分析卖场的商品组合情况。

素养目标

1. 强化商品经营与品牌建设中的社会责任感。
2. 具有公平竞争和诚信经营意识。

模块 1 大家来讨论

生鲜超市成为“新零售”布局重点

京东首家线下生鲜超市 7FRESH 于 2018 年 1 月 4 日正式开业，京东计划未来 3～5 年在全国铺设多家门店。加上阿里的盒马鲜生、永辉的超级物种、苏宁的苏鲜生、美团的掌鱼生鲜等，新零售门店开始扎堆出现，并在创新模式甚至价格上互相“叫板”。以盒马为例，除了快速在全国各大城市开店，其还将大幅拓展商品品类，并在全国乃至全球建立自己的种植、养殖、捕捞基地，推出盒马超级用户体系，在线上推出 7×24 小时服务等。盒马不仅是一家生鲜电商，还是满足消费者即时需求的生活品类电商。其核心模式是：线下是引流、体验，线上是真正的销售。

业内人士认为，在消费升级的大背景下，2018年“类盒马”的门店会越来越多。而盒马从最初的生鲜不断探索更多消费领域，预示了在新的一年里，零售市场将出现更多创新。资本的争相入局，让目前以生鲜超市为代表的新零售竞争火药味十足。分析认为，目前新零售在一线城市的竞争还远未到红海的格局，而且还有大片的二线城市尚待挖掘，市场仍有很大的机会和空间。“生鲜超市”争夺战升级，已经成为新零售领域的现象级话题：新零售到底新在哪？扎堆出现后未来又将何去何从？

资料来源：王淑娟．生鲜超市扎堆出现“新零售”争夺战升级［EB/OL］．新华网，2018-01-11.

请思考：

国内零售巨头们为何如此重视生鲜？

模块 2 基本知识

一、商品管理

商品管理是零售经营者在正确的时间、正确的地点，经营数量和种类正确的商品并保持适当库存水平的过程。对顾客而言，零售企业经营商品的种类、品质、数量、价格、式样、花色品种、营业时间、销售服务等，决定了他们是否愿意到某家商店购物。对零售商而言，商品管理问题，如向顾客提供哪种类型的商品、如何进行科学合理的商品组合等，决定了顾客到该商店能否买到令其满意的商品，决定了企业能否获得合理的经营利润。零售企业在经营过程中必须进行商品类型的选择，了解不同类别商品的特点。

（一）品类管理的定义

微课 9：

品类管理才是新零售的核心竞争力

品类管理作为商品管理的内容之一，其概念起源于美国食品营销协会。欧洲最大的品类管理解决方案供应商 Galleria 公司认为：品类管理是一项能够推进现代化零售业提高竞争力的技术。作为“高效消费者回应”的重要策略之一，品类管理的目标是满足消费者的需求，同时促进某类商品的整体销售和盈利。

按照美国“快速用户反馈”计划的定义，品类管理是指消费品生产商、零售商以品类为业务单元的管理流程，通过消费者研究，以数据为基础，对一个品类做出以消费者为中心的决策思维。这个定义的范围包括：了解消费者需要，满足消费者需求，确保适当的商品在适当的时候放置在适当的地点，并且以消费者能接受的价格出售等。

品类管理工作主要通过数字化的管理方法，对商品品种和货架空间进行管理。因此与传统的商品管理相比，品类管理更为科学化、规范化。在竞争激烈的当代商业环境里，品类管理对于刺激消费、加快商品流动、增强品牌实力和提高零售商的竞争力都起到了至关重要的作用。品类管理是一个由供应商和零售商共同合作的过程，在这个合作过程中，企业将品类视为经营策略单元，专注于实现消费者价值，最终提高企业经营业绩。欧洲的实践表明，实施高效的品类管理可以提高 5%～10%的销售利润和库存投资回报率，降低 10%～20%的库存成本。

在传统的商业活动中，品牌为供应商的经营核心，所有的经营活动都是以品牌营销为主，商品的开发、定价、促销活动、销售状况分析及市场调查都以品牌为中心。零售商的经营则是以其店铺的销售情况来决定商品组合及陈列摆设的调整。供应商及零售商以品牌或店铺为中心来决定其经营策略，因此在收集产品信息时难免会有所遗漏。品类管理则为零售商和供应商提供了另一个经营方向，通过品类管理来主导经营活动，要求零售商和供应商密切协作，打破以往各自为政甚至互相对立的情况，以追求更高利益的双赢局面。

（二）品类划分

品类是指一组被消费者了解的可以相互关联的、可以管理的、特定商品的组合。品类包括次品类、大分类、中分类、小分类等。要确定高效的品种组合，先要对商品的品类进行明确的定义，这也是进行品类管理的第一个步骤。

在品类管理过程中，大型卖场一般将自己的品类结构分为四个层次，即先设置部组，在部组下设大类、中类、小类，每一种商品都分别归属于不同的品类。

1. 部组

部组是最粗线条的分类。部组的主要分类标准是商品特征，如酒类、饮料、休闲食品、杂货、冷冻冷藏食品、自制熟食、面包、农产品、畜产品、水产品等一系列产品分类。

2. 大类

大类是从部组中细分出来的类别。其分类标准主要有：

（1）按商品功能与用途划分。例如，在冷冻冷藏这个部组下，可分出乳制品、奶饮料等大类。

（2）按商品产地划分。例如，在畜产品这个部组下，可细分出国产水果与进口水果等大类。

3. 中类

中类是将大类进一步细化所分出来的类别。例如，按照口味的不同，可以将休闲食品部下的饼干大类分为咸味饼干、甜味饼干、原味饼干、加味饼干、营养饼干、点心类等中类；按照类别的不同，可以将糖果、零食大类分为肉干肉松、糖果巧克力、膨化食品等中类；按照制作方法的不同，可以将熟食大类分为煎炸、烧烤、卤和蒸等中类。

4. 小类

小类是商品分类中最底层的管理单位，在小类下面就是单品管理。沃尔玛冷食大类下的小菜中类可以分为海产小菜、豆腐小菜、蔬菜小菜、熟肉小菜、其他小菜等小类；点心类的饮料中类可以分为各个品牌的果汁和汽水等小类；水果大类中的本地水果中类可以分为坚果类、柑橘类、瓜类、浆果类和热带水果等小类。在小类下是单品管理。

通过这样的分类，商品的类别管理划分得极其详细，有利于商品陈列和促销。每一次商品促销都可依据不同部类下的不同商品进行不同方式的促销，为商品销售额的提高奠定良好的基础。

（三）品类角色

在定义品类角色时，需要考虑品类对商店的重要性、对目标购物群的重要性以及对品类发展的重要性。不同的品类因为其角色的不同，应在产品组合、货架安排、定价及促销方面采取不同的策略。

在长期的经营实践中，为了方便商品的组合管理，大型卖场将自己的商品按不同的标准分成不同的类型，定义了不同的品类角色（见表 6－1）。

表 6－1　零售商的品类角色划分

划分标准	商品类别	划分标准	商品类别
按销售情况	畅销商品	按顾客对商品的选择程度	便利品
	平销商品		选购品
	滞销商品		特殊品
按价格和质量	高档商品	按商品销售比重及其在商场销售中的作用	主力商品
	中档商品		
	低档商品		关联商品
按商品耐久性	耐用商品		
	易耗商品		辅助商品

（四）品类组合

1. 品类组合的定义

高效的品类组合是零售企业进行品类管理的一个重要组成部分，目的是增加商品的多样性，降低商品的重复性。

每个零售企业的商品组合一定要有自己的特色。这就要求零售企业对销售数据进行及时、合理的统计与分析，合理选择同种类型的商品，做到商品结构合理化，并且对商品陈列数进行必要的限制，而绝对不是越多越好。

同时，为了实现商品的多样性，零售企业在确定销售商品时，除了按销量、销售额和利润综合指数进行 80/20 排名外，还需考虑商品细分的完整性（如商品功能、成人/儿童、价格带）、商品在整个市场的表现、是不是新品等诸多因素。专业的市场调查公司或行业领先的供应商都可以提供市场份额数据，据此，零售企业还可以引进市场上热销但本商店没有销售的产品，以提高商品的多样性。

2. 品类组合策略

品类组合策略是品类管理的根本。零售企业必须依据自身的定位、目标顾客和目标市场进行品类组合策略的选取。

例如，沃尔玛的品类组合策略遵循“二八法则”。按照商品销售的比重及其在销售中的作用，沃尔玛将自己的商品分为主力商品、辅助商品和关联性商品。在零售企业经营中，无论在销售金额还是销售数量方面，主力商品均占主要部分。主力商品的品种数量在沃尔玛零售店中一般只占 20%，却能创造出 80%左右的销售额，这就是“二八法则”。沃尔玛的主力商品是市场上具有竞争力的商品或品牌，它的经营方针、经营特点以及企业的性质和竞争力主要通过主力商品来塑造和体现。如果在经营中发现主力商品有些滞销，沃尔玛就会立即采取措施加以调整。

微课 10：

零售商的价格带管理

3. 品类组合优化

零售企业要优化品类组合，必须和供应商进行协作，这方面最经典的案例就是沃尔玛与宝洁的合作，该项合作采用针对店铺的品类管理来优化商店的品类组合。这个项目包括对 15 个店铺的实验和对 25 个店铺的监控，其中参加实验的店铺使用了针对不同店铺的品类管理数据，被监控的 25 个店铺其品类组合则是统一的。通过和宝洁公司的合作，沃尔玛的销售额上升了 32.5%，库存下降了 46%，周转速度则提高了 11%。

微课 11：

品类管理优化策略在线上鞋服零售中的应用

4. 新品引进

随着科技的进步，市场上几乎每时每刻都会有新的产品出现，人们的消费喜好和市场热点都在不断变化。因此，零售企业在激烈的市场竞争中经常需要调整品类结构或开发新的品种，根据市场的变化及时引进新的商品。

高效的新品引进是维持高效品种组合的要素之一，与竞争对手相比，如果新品上架速度快，就会使消费者感觉该卖场品种既多又新。

某些零售商在优化品类组合后又持续大量地引进商品，致使品类组合重新趋于混乱。因此，在引进新品时，零售企业首先要考虑以下五个因素：

（1）品类角色，如目标性品类需要确保其多样性，但便利性品类只需要销售主要品种。

（2）产品特点，如产品表现及新功能、性价比、消费者测试、盈利能力、销量潜力等。

（3）市场支持，如媒体投入、样品派发、消费者教育、公关活动等。

（4）店内推广活动，如店内促销、店内广告等。

（5）供应商评价，如供应商过去 3 个月的店内销售业绩、该品牌或相关品牌过去 3 个月的店内销售业绩、生产商分销新品的能力和付款期。

以沃尔玛为例，其有自己的一套新品引进标准。

沃尔玛对其品类的角色定位主要是从自己店铺业态定位出发的。购物广场侧重为市民提供“一站式”购物。面包熟食、新鲜果蔬、肉类海鲜、冷冻食品、服饰服装等都属于质优价廉的大众商品。而山姆会员商店是专门向会员提供服务的仓储式购物商店，主要商品是高科技产品、高档生活用品、进口食品及特别为会员开发的自有品牌商品等。在社区店里，主要提供的是日用品。

沃尔玛的新品引进流程为：1）确定品类角色适合店铺的业态定位；2）考察新品的特点；3）初评新品的广告宣传、赞助等项目；4）进行市场推广活动；5）进行供应商能力评估。

（五）品类管理成为新零售的核心竞争力

移动互联网时代的消费者希望获得个性化的消费体验，目前零售业已真正发展到以消费者为中心的买方市场。零售企业内的每一位从业人士都必须始终高度重视消费者需求。消费者的购物行为日益复杂，这就要求零售企业能跟上当前和未来的发展趋势，提供高度响应和灵活的品类管理平台。只有这样才能满足复杂的全渠道零售需求，支撑新零售业务的发展。

1. 本地化/全球化选品

繁忙的现代生活催生了消费者对购物便利性的要求，无论是购物模式还是商品组合，在越来越多的选择面前，零售企业需要在选品方面进行一定的差异化，更好地吸引消费者，进行本地化/全球化选品，快速满足不断变化的市场需求。

2. 大数据发挥关键作用

零售企业需要充分挖掘消费数据的流量、变化和速度，进而形成有市场价值的信息，然后将此类信息用于深入了解消费者偏好，进行消费者群体细分并帮助厘清推动消费需求的行为。零售企业只有及时了解消费结构和需求趋势，才能更好地进行新品引进、优化选品和布局，并制定更具针对性的营销策略，改善企业与消费者的关系。

3. 空间优化及场景打造

当前，市场对本地化/全球化选品和个性化需求程度的要求越来越高，这对品类管理提出了更多的功能要求。零售企业可通过多个数据来源深入了解市场，并将这些市场信息转化为本地化/全球化的选品方案，自动为各门店有针对性地生成货架排面图或场景组合陈列展示图。而由货架驱动的供应链可以保证库存和货架使用率，门店订货和补货也由门店货架图驱动。在新零售时代，消费者的主导性越来越强，唯品牌、唯利润的时代已经过去，真正进入了以消费者为中心的品类时代。而品类时代最显著的特征就是门店需要从消费者需求出发进行思考，通过优化品类、优化品牌、优化商品与消费者建立深度连接，让商品自己“说话”。

4. 有效支撑全渠道运营

对大部分消费者来说，其实并没有特别明确的渠道偏好，他们所中意的只是适合自身需要的便捷购物体验，如满足自身囤货、补货和即时需求的购物行为。渠道之间的模糊化导致门店业态间的区别也不再那么清晰。

因此，零售企业有必要针对具体门店的特定需求，优化排面和货架数量；确保单品的补货和更换保持较高的效率，满足全渠道零售需求的品类管理平台能够支持店内拣货和移动技术应用，并保持门店较高的合规性。而门店展示（最小值）和货架能力（最大值）将驱动准确的最大/最小值订货流程，并设置安全库存系数，优化发往门店的库存。

5. 无缝的数字供应链

为了在全新的时代赢得先机，零售商需要以更快的速度了解、预测消费者行为。有关消费者购物内容、原因、地点、方式和时间的信息将帮助零售商更好地从消费者的角度考量自身经营。这就要求零售商具备高度响应和灵活的品类管理平台，加快决策过程，进行快速的策略转变。

6. 驱动新零供关系建设

零售业必须回归零售的本质，围绕消费者需求打造商品力，通过新零售品类管理大力发展自有品牌，改善商品研发滞后、自有品牌占比低、同质化竞争的问题，建设共生共荣的新零供关系。

二、商品陈列

（一）品类陈列空间

品类陈列空间是指每个产品及相关品牌应占有的货架空间。度量货架空间的指标有平面空间、立体空间、面积空间三种。

以沃尔玛为例，其产品空间分配是以产品的表现为基础的，其所占空间与销售量成正比，对于销量不好的产品减少其空间，使其让位于销量更好的产品。例如，飘柔、潘婷、海飞丝三种洗发水各占一块货架板，即其所占空间均为33.33%。但如果飘柔业绩突出，销量远远超过潘婷和海飞丝，那么飘柔就会获得比后两者更大的货架空间。

零售企业在进行货架布局时要注意以下几个问题：

（1）一般在顾客视线水平线且伸手可及的范围内，货架的销售效果最好。

（2）产品陈列的高度对于销售有决定性的影响，理想的高度一般应由地面起向上80～130厘米。

（3）摆放产品的价格标签应易于查阅，以便于消费者获得价格信息和商品参数，并有助于产品的补充与陈列。

（4）货架的POP硬卡可伸出货架，标明产品特性和价格，可以增强促销效果。

（二）商品陈列的原则

商品陈列是指将具有促进销售性质的商品摆放在适当的位置，目的是创造更多的销售机会，从而提高销售业绩。商品陈列的基本原则包括：

1. 便于选购原则

连锁门店卖场的商品成千上万，如何使顾客较容易地判断什么商品在什么部位，便于顾客选购，这是商品陈列时必须解决的问题。因此，大中型连锁门店卖场应做好三个方面工作。首先，应有鲜明的货位分布图和导购标志牌，使顾客一进卖场就能迅速找到商品。其次，商品的陈列分类有序、标示明确，能让顾客充分了解商品的规格、产地、质量等。最后，尽量避免将顾客偏爱的商品置于过高或过低的货架上，以方便顾客选购。

2. 先进先出原则

先进先出是指在陈列时先把原有的商品取出来，然后放入补充的新商品，再在该商品前面陈列原有的商品。因为顾客大多习惯于购买靠近自己的前排商品，如果不是按照先进先出的原则来进行商品的补充陈列，那么陈列在后排的商品会永远卖不出去。门店的大多数商品尤其是食品都有保质期，顾客会很重视商品的出厂日期，用先进先出法来进行商品的补充陈列，可以在一定程度上保证顾客买到新鲜的商品，这也是保护顾客利益的重要方法。

3. 放满陈列原则

货架上的商品必须经常充分地放满陈列，空荡荡的货架会让顾客产生门店经营状况不佳的感觉，使顾客失去对所购商品的安全感，购买热情就会大大降低，从而影响门店的销售业绩。因此，连锁门店应尽可能缩短商品库存时间，做到及时上柜、尽快陈列，以饱满美观的货架来吸引顾客，达到最好的销售效果。

4. 确保安全原则

商品陈列在于帮助销售而不是特技表演，连锁门店进行整箱展示时，既要考虑适当高度以保持吸引力，也要顾及其稳固性。整箱展示时，连锁门店应把打开的箱子摆放在一个平稳的位置上，从最上层开始更换空箱以确保安全。

（三）商品陈列的基本方法

由于连锁经营所涉及的行业、业态和商品等的不同，连锁门店商品陈列的方法较多，但归纳起来主要有以下八类：

1. 整齐陈列法

整齐陈列法是指将单个商品整齐地堆积起来进行商品陈列的方法。采用此种陈列法只要按货架的尺寸确定商品长、宽、高的排面数，将商品整齐地排列就可以完成。整齐陈列法突出了商品的量感，给人以价格低廉的印象，能够刺激顾客购买。因此，整齐陈列的商品往往是连锁企业欲大量推销给顾客的商品、折扣率高的商品以及因季节性需要而购买量、购买频率增加的商品。整齐陈列法较适用于特价商品、季节性商品、节庆商品和新上市商品等（见图 6－1）。

图 6－1　商品的整齐陈列

2. 不规则陈列法

在连锁卖场中，采用整齐陈列法能使商品得到整齐的配置和秩序井然的陈列。但这种整齐的配置和有秩序的陈列，久而久之会给顾客单调乏味之感而降低其购物兴趣。因此，连锁门店可通过把各个中央陈列货架的搁板形成错位安排来进行商品陈列，使顾客产生一种新鲜感和错觉，认为中央陈列货架内的商品又有了新的变化，从而吸引顾客选购商品。

3. 随机陈列法

随机陈列法是将商品随机堆积的陈列方法，给顾客一种仿佛是将商品陈列于筐中的感觉。与整齐陈列法不同的是，该陈列方法只需要店员在确定的货架上随意地将商品堆积上去即可。随机陈列法所占的陈列作业时间很少，主要适用于陈列特价商品，它的表现目的是给顾客一种“特卖品就是便宜品”的印象。

4. 盘式陈列法

盘式陈列法是把非透明包装（如饮料、啤酒、调味品等的包装箱）的上部切除（可用斜切方式），将包装箱的底部留下来作为商品陈列的托盘，以显示商品包装的促销效果。盘式陈列实际上是在整齐陈列的基础上变化而来的，它表现的也是商品的量感。与整齐陈列所不同的是，盘式陈列不是将商品从纸箱中取出来一个一个整齐地堆积上去，而是将装商品的纸箱底盘切开后留下来，然后以底盘为单位堆积上去，甚至就是整箱整箱地堆积上去。这样可以加快商品陈列的速度，同时在一定程度上提示顾客可以整箱购买。适合这种陈列方法的商品主要有：广为人知及深受顾客欢迎的品牌、预计可薄利多销的商品、大中型商品、裸露陈列难以堆高的商品。

5. 端头陈列法

端头是指卖场中双面的中央陈列架的两头，即卖场第三磁石点位置。在卖场中，中央陈列货架的两端是顾客流量最大、往返频率最高的位置，从视角上说，顾客可以从三个方向看见陈列在这一位置的商品。因此，端头是商品陈列的黄金位置，也是卖场内吸引顾客注意力的重要位置。同时，端架还能起到接力棒的作用，吸引顾客按门店布局设计的安排不停地向前走。端头一般用来陈列特价品、门店推荐给顾客的新商品，以及利润高的商品（见图 6－2）。

图 6－2　商品的端头陈列

6. 比较陈列法

比较陈列法是将相同的商品，按不同规格、不同数量予以分类，然后陈列在一起的方法。比较陈列法的经营意图是促使顾客更多地购买。例如：一瓶矿泉水售价 1 元，旁边陈列的包在一起的 6 瓶矿泉水售 5.4 元，包在一起的 12 瓶矿泉水只卖 10 元。把单瓶、6 瓶、12 瓶装的矿泉水陈列在一起，就可使顾客比较后认识到买得越多就越便宜，从而刺激顾客购买包装量较大的商品。值得注意的是，在进行比较陈列作业时，连锁门店要多陈列包装量大的商品。

7. 悬挂陈列法

悬挂陈列法是指将无立体感的扁平或细长型商品悬挂在带有固定的或可以转动的专门挂钩的陈列架上的方法。悬挂陈列能使这些无立体感的商品产生很好的立体效果，并且能增添其他特殊陈列方法所没有的变化。这种方法主要适用于有孔型包装的小商品，如糖果、剃须刀、铅笔、玩具、小五金工具、头饰、拖鞋和袜子等（见图 6－3）。

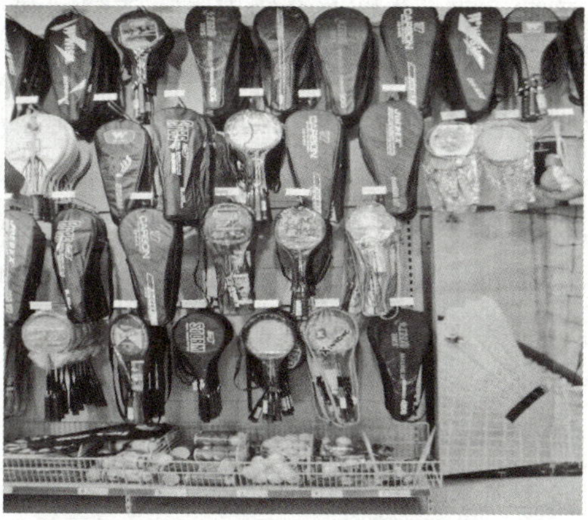

图 6－3　商品的悬挂陈列

8. 岛式陈列法

岛式陈列法是指在卖场的进口处、中部或者底部不设置中央陈列架，而配置特殊陈列用的展台陈列商品的方法。如果说端头陈列使顾客可以从三个方向观看的话，那么岛式陈列则可以从四个方向都看到，岛式陈列能在卖场内起到较好的展示效果。岛式陈列的用具一般有冰柜、平台、大型的货柜和网状货筐。采用此法时应注意用于岛式陈列的用具不能太高，否则会影响整个卖场的视野，也会影响顾客从四个方向对岛式陈列商品的透视度。为了使顾客能够环绕岛式陈列台（架、柜、筐）选购商品，应给予岛式陈列台较大的空间（见图 6－4）。

图 6－4　商品的岛式陈列

三、商品采购

（一）商品采购的原则

商品采购是指零售企业为实现销售，以市场消费需求为依据，向其他生产企业或流通企业购买商品的一种经营活动。商品采购业务作为零售活动的起点，是零售企业生存和发展的基础，直接关系到零售企业的经济效益。

商品采购在企业经营中有十分重要的作用。为了做好商品采购工作，零售企业应遵循以下原则：

（1）“以需定进”原则。这是“以顾客为中心”的经营理念在采购中的具体表现，它要求企业根据市场需要采购商品。企业采购什么商品、采购多少商品、什么时候采购商品，都取决于市场的需要。坚持该原则，能提高商品的适销率，避免采购工作的盲目性，有利于企业取得良好的经济效益。

（2）“勤进快销”原则。该原则要求企业采购时小批量、多批次、短周期。商品流通企业的资金相对有限，一旦因某种商品占用了资金，必定会影响其他商品的采购。因此，勤进快销能够加速商品周转和资金周转，避免商品积压。

（3）“以进促销”原则。它要求企业发挥进货的能动作用，不断开辟进货渠道，刺激商品销售。因此，企业要广开货源，利用新的商品来吸引消费者，并带动其他商品的销售。

（4）“经济核算”原则。它要求企业尽可能降低采购成本，扩大采购效益。因此，企业在组织货源时，要对商品的质量、价格、货源地点等进行综合分析和比较，合理选择渠道和进货时机，以取得良好的经济效益。

（二）商品采购的方法

目前，国内连锁企业常见的采购方法主要有以下四种：

1. 代销式采购

代销式采购是指连锁企业先将供应商的商品采购到各门店销售，然后按采购合同约定的结算时间和结算方法，与供应商进行货款结算的一种采购方法。其具体有两种形式：

（1）定期结算。定期结算，即双方在约定时间期限内（一般是三个月以内），连锁企业根据所采购商品的销售情况付款给供应商。连锁企业实际销售多少，便给供应商结算多少，已在连锁企业但还没销售的商品暂不结算，待下次结算时再根据销售情况结算。

（2）批次结算。批次结算，又称翻单结算，即连锁企业与供应商约定，供应商送来第一批商品，连锁企业先暂不付款，在连锁企业要求进下一批货时，再将上次所欠的货款全部结清。结算的利润分成由双方事先在合同中约定，没有固定模式。

这种采购方法的最大优势是减少了连锁企业的资金占用和经营风险，但是大量占用了供应商的流动资金，连锁企业的利润空间较小，在结算不及时的情况下，还会引起经济纠纷。

2. 买断式采购

买断式采购是指连锁企业收到供应商的商品时，经检验后，符合合同所规定的标准，便立即付清全部货款的采购方法。这是一种购销关系比较规范的采购方法，现代市场经济中企业经常采用。这种方法增加了连锁企业的资金占用和经营风险，但是连锁企业能以较低的价格采购商品，利润空间也较大。

3. 订单式采购

订单式采购是指连锁企业根据市场情况和销售经验，在商品的规格品种、花色质量和数量时间等方面明确向供应商提出要求，并按单订货的方法。结算可分两种方式进行。一是连锁企业先付一定比例的定金，货到后再付清余款。二是连锁企业等货到后一次性付清全部货款。这种方法的灵活性较强，能较好地满足市场需求的变化。

4. 招标式采购

招标式采购是指大型或特大型连锁企业定期向全社会公布本企业的商品采购计划和要求，各供应商自愿投标竞争，连锁企业经过一定程序选定供应商后，再签订合同，按合同供货的方法。采用此方法能使连锁企业在较大范围内选择最佳供应商，以采购到质优价廉的商品来满足市场需求。但要求连锁企业具有较大的规模和较高的市场信誉，国内外大型的连锁企业常采用此方法。

模块 3　操作指导

一、商品配置表的制作流程

（一）商品配置表的含义

商品配置表是将商品陈列的排面在货架上做有效的分配，以书面表格形式制作出来。实际工作中，很多连锁企业会利用电脑来制作、修改和调整商品配置表，在设定的区域内配置和陈列什么商品、怎样配置和陈列，主要是通过商品配置表的运用来具体实施的。

（二）商品配置表的管理功能

商品配置表的管理功能包括：（1）商品品项的有效控制；（2）商品陈列定位管理；（3）商品陈列排面管理；（4）畅销商品保护管理；（5）商品利润控制管理；（6）超市连锁经营标准化管理。

（三）制作商品配置表的准备工作

（1）商品陈列货架标准化。连锁门店所使用的陈列货架应尽量标准化，货架的标准视每个超市的场地和经营者的理念而定，以便对商品进行配置与陈列管理时，不至于出现一个门店一种配置或一种陈列方式的现象，因为那样易令顾客产生不信任感。一般来说，仓储式超市的仓储货架为 6～8 米，大型综合超市的大型平板货架为 2 米左右，便利店的货架为 1.3～1.5 米。

（2）确定商品分类清单。连锁门店应确定哪些是主力商品（包括盈利商品和畅销商品），哪些是辅助商品，哪些是形象商品，哪些是消费量大的商品，哪些是购买频率高的商品等。

（3）单品项商品资料卡的设立。每一个单品项商品都要设立资料卡，如商品的品名、规格、尺寸、重量、包装材料、进价、售价、供货量等。

（4）配备商品配置实验架。配备商品配置实验架供采购部人员或货架管理员在制作商品配置表时进行实验性陈列。

（四）商品配置表的制作程序

（1）连锁门店通过顾客需求调查，决定要卖什么商品、使用多大的卖场以及卖场的形状。

（2）连锁门店对决定要卖的商品进行分类，并把商品面积分配给商品大类、中类，使每一类商品都在卖场中占有一定的面积比例。

（3）连锁门店应根据商品的关联性、需求特征、能见度等因素，决定每一类商品的平面位置，制作商品平面布置图。

（4）连锁门店应根据商品的平面位置配备陈列设备，使其与前场设备、后场设备构成一个有机整体。

（5）连锁门店应收集商品品项资料，包括价格、规格、尺寸、成分、包装材料、颜色、需求程度、毛利率、周转率等，并决定经营品项。

（6）连锁门店可使用商品布局表详细列出每一个单品项商品的空间位置。有一个货架、柜台就应有一张商品布局表，如卖场有陈列设备 20 台，就应有 20 张商品布局表。货架标准是：高 180 厘米、长 90 厘米、宽 45 厘米，五层陈列面。

表 6－2 为商品配置表样表。

表 6-2　商品配置表样表

商品分类 No. ×××				
货架 No.			制作人：×××	
180 170 160 150	白猫无泡洗衣粉 1 000 克 4F　12001　12.2			E
140 130 120				D
110 100 90 80				C
70 60 50 40				B
30 20 10				A
厘米	30	60	90	

商品代码	品名	规格	售价	单位	位置	排面	最小库存	最大库存	供应商

注：1）位置是最下层为 A、二层为 B、三层为 C、四层为 D、最高层为 E。每一层从左至右，为 A1、A2、A3……B1、B2、B3……C1、C2、C3……D1、D2、D3……E1、E2、E3……

2）排面是每个商品在货架上朝顾客陈列的面。

3）最小库存以一日的销售量为安全存量。

4）最大库存为货架放满的陈列量。

（五）商品配置表的调整

商品配置表的调整包括：

（1）每月销售情况的分析；

（2）应季应节商品的销售预测；

（3）滞销商品的淘汰；

（4）畅销商品的调整和新商品的导入；

（5）商品配置表的最后修订。

二、商品采购业务流程

规范化、标准化管理是连锁经营管理的基本特征，采购业务流程的规范化与程序化是连锁企业采购系统高效运作的基本保证。

采购业务流程是采购计划的具体执行程序，也是连锁企业与供应商开展交易活动的规范程序。每一个程序均包括采购业务中连锁企业与供应商双方的权利与义务。采购业务流程如图 6－5 所示。

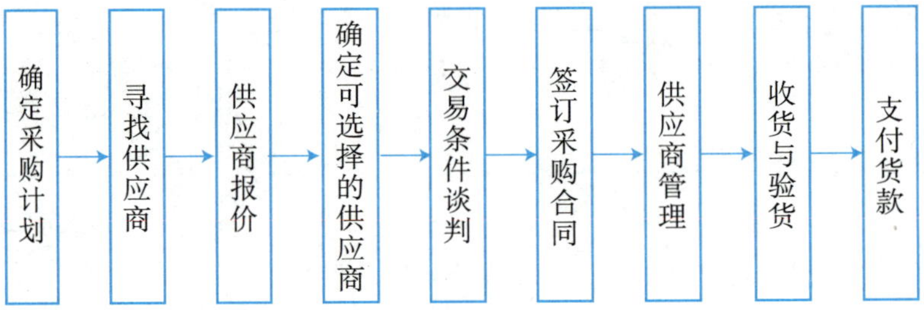

图 6－5　采购业务流程图

（一）确定采购计划

连锁企业商品采购业务以商品采购计划为主要依据。因此，确定采购计划是商品采购业务流程的起点。连锁企业确定商品采购计划时，应着重抓好以下四个方面的工作：

（1）采购什么，即采购的商品项目，这是在对收集到的市场信息进行分析研究后确定的。连锁企业除了应考虑过去选择商品项目的经验、市场流行趋势、新产品情况和季节变化外，还应考虑主力商品和辅助商品的安排等。

（2）采购多少，即采购的数量。连锁企业确定采购数量时，不仅要决定采购总量，而且应该考虑采购批量，这关系到销售成本和经营效益。如果采购批量过多，会造成保管费用增加，影响资金的周转和利用率。如果商品采购批量太少，不能满足顾客需要，会使门店因商品脱销而失去销售的有利时机。

（3）何时采购，这是指双方正式签订采购合同的时机，主要应考虑所采购商品价格的变化。连锁企业要通过调查研究对所采购商品的市场价格波动信息有充分了解，掌握其变动的规律性，尽可能把采购时机确定在商品价格处在谷底时，以降低进货成本，提高效益。

（4）何地采购，即商品的货源问题。连锁企业货源主要包括两个方面：一方面是指商品的产地及来源，如是原装进口还是国内组装，蔬菜水果是否来自原产地；另一方面是指供应商是制造商还是批发商，向制造商直接进货，商品价格较低但通常距离较远、运输费用较高，而向批发商间接进货，商品价格较高但通常距离较近、采购费用较低。连锁企业可根据实际情况权衡利弊后进行合理选择。

（二）寻找供应商与供应商报价

这是连锁企业采购流程中紧密联系的两个环节。连锁企业可通过三个途径来寻找供应商：一是建立企业网络平台，把企业计划采购的商品品种、数量和要求等在网页上公布于众；二是通过报纸杂志、广播、电视、互联网等媒体公布采购内容和要求；三是通过信函、电话和传真等方式来寻找供应商。有合作意图的供应商在明确了连锁企业的采购要求后，就会根据企业实际和市场动态向连锁企业提交报价单。

（三）确定可选择的供应商

由于采购总量多，连锁企业往往会吸引众多供应商报价。但供应商良莠不齐，要想有效地执行采购计划，选择合格的供应商是关键。

1. 选择供应商应考虑的因素

连锁企业选择供应商时，主要应考虑以下六个因素：

（1）货源可靠程度：主要分析供应商的商品供应能力和商品供应信誉情况，弄清供应商是否有能力提供满足采购商品的花色品种、规格及数量等要求，以及以往交易中的信誉和履约等情况。

（2）商品质量和价格：主要分析供货商的商品质量是否稳定可靠、是否与消费者的需求特点和企业生产经营的需要相符、商品包装是否美观大方及牢固等；在价格上是否达到预计毛利率水平，该价格是否为消费者和企业所接受，质价是否相符，有无优惠条件等。

（3）供应商结算条件：包括结算方式是否灵活方便及有利于己方（如延期付款等）。

（4）供应商服务条件：包括周到的购货服务，如代发运、代办理各种手续、按客户要求改包装等，还有完善的售后服务，特别是采购一些技术含量较高的商品，应选择能提供配套服务的供应商。

（5）供应商其他条件：包括路途远近、交通是否便利、运输方式是否合理、进货费用高低、交货的准确率等。

（6）促销支持：包括供应商是否利用当地的宣传媒介做商品广告，能否派促销人员和技术人员到门店提供促销服务等。

2. 选择供应商的程序

供应商的选择是一项复杂的、涉及面较广的工作，应按一定的工作程序进行。

（1）建立供应商选择和评估小组。供应商的选择涉及技术、财务、运输、仓储、加工和计划等方面，因此连锁企业选择供应商时，除采购部门之外，还应由上述部门共同组成评估小组，以全面、正确地评价供应商。

（2）全面收集供应商资料。连锁企业对供应商资料的收集，不仅包括已有供应商，还应从各种展销会、媒体、政府统计资料、网络、招标等渠道收集新供应商的资料，以便在较大范围内确定较好的供应商。

（3）列出评估因素及确定权重。连锁企业应列出质量、价格、服务、交货期等各类评估因素，根据不同产品的特征及要求赋予各因素不同的权重。例如，采购机电产品或技术附加值较高的产品，供应商提供的产品售后服务的权重就应高一些。

（4）通过对供应商的调查和实地考察，逐项评估供应商的履约能力，并进行评估打分。

（5）综合评价并确定供应商。连锁企业可通过加权计算，得出供应商的综合评分，并选择得分较高的供应商作为企业合作伙伴。

（四）交易条件谈判

连锁企业根据一定程序确定了可供选择的供应商后，就应与供应商就交易条件开展进一步协商。一般情况下，交易条件主要包括：付款方式及条件、交货期及逾期交货的赔偿条件、用料及检验、用错料的赔偿条件、品质检验不合格的赔偿条件、数量及数量折扣、保险费支付、商品包装、运输方式及费用支付、税项负担和售后服务等。

交易条件谈判应注意以下四个方面：一是交易谈判的基本原则是双赢，既要使己方做出最少让步而获得最大收益，又要能使对方满意；二是谈判前要做好充分准备，如明确己方的责任及可承担的极限，明确要达到的目的，分析对方的有利和不利条件，认清对方应承担的责任，了解对方的要求，了解对方谈判代表的背景（如教育程度、职位、权力、性格、喜好、年龄、资历、籍贯、语言、家庭结构、身体状况等）；三是选择对己方有利的谈判地点、谈判环境和谈判时间；四是灵活运用各种谈判技巧，如拖延法、速战法、最后出价法、抛砖引玉法等。

（五）签订采购合同

采购合同是连锁企业和供应商在采购谈判达成一致的基础上，双方就交易条件、权利义务关系等内容签订的具有法律效力的契约文件，是双方执行采购业务活动的基本依据。经过交易条件谈判，双方在达成一致、明确权利义务关系的前提下，应签订采购合同，以保证采购活动正常、稳定地进行，用法律手段来保护企业利益。

（六）供应商管理

连锁企业一般都拥有成百上千家供应商，而且由于商品更新换代，供应商变动也比较频繁，这就需要对供应商进行统一管理，连锁企业应着重做好以下四个方面的工作：

（1）对供应商进行分类与编码。分类一般可按产品来进行，以便于管理。比较简便的编码方法是用四位数码：第一位为商品大类代码，后三位为供应商代码。若用更细的分类码，其编号原则也是一个供应商一个代码。

（2）建立供应商档案。连锁企业应将每一个供应商的基本资料归档，如公司名称、地址、电话、负责人、营业证件号、注册资本金、营业资料等。

（3）建立供应商商品台账。为了加强商品管理，连锁企业应为每一个供应商供应的商品建立台账，其主要内容包括商品代码、商品名称、规格、单位、进货量、销售额、进价、售价和供应商代码等，并定期统计分析供应商的销售状况，列出各供应商销售额排行榜，作为今后采购谈判的重要依据。

（4）供应商的评价。为了正确地评价供应商，连锁企业可按一定标准将供应商分为A、B、C、D类，实施分类管理，以便抓住重点、兼顾一般，进而做好供应商的管理工作。供应商评价表如表6－3所示。

表6－3　供应商评价表

指　标	状态及分值				得分
	优秀	良好	一般	较差	
畅销程度	非常畅销	畅销	一般	滞销	
	(15)	(10)	(6)	(2)	
缺货率	2%以下	2%～5%	5%～10%	10%以上	
	(10)	(8)	(6)	(4)	
配送能力	准时	偶误	一般	经常误	
	(15)	(10)	(8)	(4)	
供应价格	比竞争店优惠	与竞争店相同	略逊于竞争店	与竞争店差距大	
	(15)	(12)	(8)	(4)	
促销配合	配合极佳	配合佳	配合差	配合极差	
	(15)	(10)	(8)	(4)	
商品品质	品质佳	品质尚可	品质差	经常出现坏品	
	(10)	(8)	(6)	(2)	
退货服务	准时	偶误	一般	经常误	
	(10)	(8)	(6)	(2)	
经营能力	潜力极佳	潜力佳	一般	潜力小	
	(10)	(8)	(6)	(4)	

注：1）评价可每隔半年进行一次，取平均得分。
2）综合分75分以上为A类，55～74分为B类，45～54分为C类，45分以下为D类。

连锁企业按表6－3对供应商进行综合评分后，就应对供应商的基本情况进行研究，分析原因，并结合本企业实际情况提出有效的管理措施。一般来说，A类供应商表现好、发展潜力大，是连锁企业的重点管理对象，连锁企业应在资金、场地、销售和信息等方面给予大力支持，以与之形成良好的合作关系；B类和C类供应商存在一定的问题，影响连锁企业的经营管理，连锁企业应与供应商一起共同分析原因，寻找对策，帮助供应商提高经营管理水平，尽可能使它们向A类转化；对于D类供应商，如果没有特殊原因，一般应予淘汰。

（七）收货、验货和支付货款

收货、验货和支付货款是连锁企业履行采购合同的三项主要工作。首先，当接到供应商的发货通知后，作为采购方的连锁企业要及时通知配送中心或门店做好准备工作。其次，配送中心或门店应对供应商的商品按照约定的规定和方式进行验收，验收合格后，签发收货单，并通知采购和财务等部门准备支付货款。最后，财务部门经有关领导批准后，按合同约定向供应商支付货款，并取得相应的凭证入账。

模块 4 案例分析

案例 1

自有品牌崛起：零售市场新趋势

传统商超一方面面临市场新业态挤压，另一方面在寻找突破口积极转型。我们也发现一个很有意思的现象，一些低线城市开始流行山姆、盒马、胖东来等自有品牌商品的代购。背后的根本原因是这些商品对比同品类商品更具质价比，商品也更有差异性，其他渠道买不到。

头部玩家集体瞄准“自有品牌”

首先来说，零售商做自有品牌主要基于对市场需求的洞察，通过直连源头、直连工厂来减少中间环节，能有效提高商品毛利，并将利润空间让利给消费者，做到高质价比。

近年来自有品牌在国内商超的占比也越来越高。我们以头部零售商为例来看，虽然一些业态不同，但在自有品牌上都下了功夫。

沃尔玛在中国市场有“惠宜”“沃集鲜”“George”三个自有品牌，品类覆盖包装食品、鲜食和家居服装等。根据德勤的数据，沃尔玛在全球每年30%的销售额、50%以上的利润来源于其自有品牌。山姆在2000年将自有品牌Member's Mark引入中国市场，几乎涵盖所有品类。近年来，山姆上新了近600款自有品牌单品。目前，山姆的自有品牌Member's Mark占销售额的1/3以上。

被业内视为“硬折扣鼻祖”的奥乐齐更为极致，在中国市场的自有品牌占比已达到90%左右。它采取多个自有品牌的策略，包括超值系列、ALDI Delight（你的零食乐园）、谷悦仁家、Urban Eaters（你的城市厨房）、ALDI Bakery（你的烘焙大师）、ALDI Marketplace（你的新鲜市集）等。2023年12月，奥乐齐全新上市“超值”系列，迭代数百款自有品牌产品。

而在国内最近备受追捧的商超胖东来，其吸引消费者蜂拥到店的很大部分原因也是自有品牌商品。我们观察到，胖东来“爆改”多家国内商超，同时会引进很多款自有商品，如烘焙类的网红“大月饼”、熟食、DL果汁、DL燕麦片、DL洗衣液等70多个商品。

再比如盒马，从2017年发力自有品牌开始，盒马日日鲜、盒马工坊、盒马原标等自有品牌商品不断上线。截至2022年10月底，盒马自有品牌商品类目已经达到1 200多种，销售占比达到35%。到2025年，盒马的自有品牌销售占比或达50%。我们从盒马的运营也能看出变化。目前针对盒马 X 会员店，自有品牌“盒马 MAX”占比已达 40%。而盒马 NB 自有品牌也已经作为运营重点。盒马 NB 自有品牌商品涵盖粮油、调料、纸类等日杂品类，烘焙、预制菜等加工和半加工品类，以及一些冲调品等，其自有品牌的一些商品甚至达到同类商品价格的 50%。

自有品牌，成为本土零售的撒手锏？

自有品牌正在成为国内各大零售商重点发力的方向，零售企业自有品牌的数量、销售占比等都在提升。中国连锁经营协会发布《2023 中国商超自有品牌案例报告》显示，中国超市 TOP 100 企业的自有品牌销售占比呈逐年上升趋势，从 2018 年的 3.2%提升至 2022 年的 5%。另据上海自有品牌专业委员会的预测，未来 5 年内，中国自有品牌市场的国内市场空间将超过 3 万亿元。

由此可以判断，未来零售行业中，自有品牌的发展将是一个重要的增长点。无论是电商还是实体零售企业，对自有品牌的态度从试水转变成了热衷，还通过宣传促使消费者对自有品牌的认知与高品质、低价格、高毛利等挂钩。自有品牌的核心在差异化、高质价比，但是国内零售企业自有品牌的发展仍存在战略模糊、定位低价等情况，相应的商品采购、销售能力等方面均面临不少挑战。《2023 中国自有品牌经理人调研报告》显示，42%的自有品牌经理人认为自己企业的自有品牌战略模糊。国内一些零售企业开发的自有品牌产品同质化严重，同时对消费趋势和市场变化洞察力不够，导致自有品牌新品上市不及预期，反而要承担较大的风险。

打造自有品牌要具备足够大的销售体量和市场渗透率，建立强供应链优势，控制毛利率。自有品牌本身能很好地控制成本，从研发、设计、生产线、价格等都能够自主可控，保证了供应商品的质量，最终将利润让给消费者。而零售商要发力自有品牌，取得供应链优势，也需要自身有足够大的销售体量和市场渗透率，这样才具备集中采购成本优势。

例如，山姆大力发展的自有品牌 Member's Mark 几乎涵盖所有品类。要做到与众不同是基本的要求，从商品开发、品质控制到定价都要涉及。山姆开发自有品牌有两大原则：一是针对还没有清晰行业标准的产品，由山姆定义标准生产。二是当山姆发现外部供应链中某个环节利润太大时，为了给会员最佳性价比，山姆也会选择开发自有品牌，这样能保证给会员最合适的性价比。同样，奥乐齐在开发自有品牌时，首先会通过初步筛选、工厂审核等不同方法，精选出资质更优、产业链成熟的供应商，通过源头直采、大规模集采等形式，获得了更具优势的价格。为此，奥乐齐的采购部门建立了一个高标准的“供应商池”，坚持在“供应商池”内进行高频率比价。

国内零售业自有品牌市场规模正处于快速增长的阶段，零售商要能及时洞察消费趋势，根据不同消费阶段开发新品，提高产品的成功概率。

资料来源：山姆、胖东来、奥乐齐、盒马们发力，自有品牌走上 C 位？[EB/OL]. 零售商业评论，2024-08-06.

问题

(1) 零售商重视自有品牌的原因有哪些？

（2）零售商如何打造自有品牌？

案例2 Costco——实体新零售物种

小米CEO雷军曾说，有三家企业的范例对他创建小米影响深远。一家是同仁堂，让他知道要坚守品质；一家是海底捞，让他懂得口碑是超预期；而第三家则是Costco，让他了解如何能够将高质量的产品卖得便宜。同仁堂和海底捞大家都再熟悉不过，这个Costco是干啥的？它是怎么运转的？

Costco是美国著名商超，中文官方译名为“开市客”，以贴近成本的低价格著称。在Costco内部，有两条硬性规定让高质量的产品卖得便宜成为可能。第一，所有商品的毛利率不超过14%，一旦高过这个数字，则需要汇报CEO，再经董事会批准。第二，面对外部供应商，无论是哪家企业，一旦它在别的地方定的价格比在Costco的还低，那么它的商品将永远不会再出现在Costco的货架上。这两条规定严格地执行下来，才造就了Costco商品的低价。Costco平均的毛利率只有7%，而一般超市的毛利率会在15%～25%。而把平均毛利率压到7个百分点，需要的不仅仅是管理层拍脑袋的勇气，更重要的在于Costco异于其他常规零售企业的经营模式。

一、Costco的商品和策略

1. Costco的商品结构

从2017年财报上看，Costco有六大商品品类：

（1）食品：包括干货、包装食品和杂货。

（2）生鲜：包括肉类、农产品、熟食和面包。

（3）杂项：包括零食、糖果、酒精和非酒精饮料、清洁用品。

（4）家电玩具：包括电器、电子产品、健康美容设备等。

（5）服装日用：包括服装和日常用品。

（6）其他服务：包括加油站、药房等。

2. Costco的商品数量与选品策略

Costco商品数量在3 700～4 000个SKU（库存单位），这是什么概念呢？我知道有很多企业家并不是零售圈的，我给它们做个对比，方便大家理解。

7-ELEVEn一个便利店大概有多少SKU？3 000上下。Costco 3 700的SKU比它多了约23%。大家想一想，一个便利店在100平方米内卖3 000个SKU，而Costco在13 000平方米的一个店里卖3 700个SKU，这就很有意思了。

这时你就会理解，Costco是做大批量采购的，很明显在7-ELEVEn便利店肯定是每一种商品摆几个，Costco一定是摆很多箱、很多桶了。

我再给大家讲讲什么叫“大批量采购”，很多人理解不了，给大家列几个数据：Costco原来卖的橄榄油是意大利产的Tuscan，它并没有说它进了多少货，但是数据显示，它一年的销售量达到了全美该品牌销售量的40%。这就叫大批量采购，这样一来也就有了非常强大的压价能力了。

3. 大批量采购品类冠军，导致超低价格

两个真实事件：

第一件事发生在2009年，某全球饮料巨头的饮料在Costco售卖，Costco表示其价格太高了，得降价。该饮料巨头拒绝，Costco把它下架了。下架了一个月之后饮料巨头意识到不行，损失太大，不得已降价，于是一个月后该品牌又出现在Costco。

第二件事跟某咖啡业巨头有关，它把咖啡豆放在Costco售卖，Costco表示要降价。然后该咖啡业巨头也说不行，不降。最后Costco直接把它的咖啡豆给下架了，引发了一场“血案”。

该咖啡业巨头的创始人直接给Costco联合创始人吉姆·西格尔打了一个电话，说了两句话：

第一句话，你以为你是谁？

第二句话，你以为你是价格警察吗？

这话说得很强硬，结果吉姆·西格尔回了一句：Yes。

大家想一想，如果一家大型卖场只卖3 700个SKU的话，那就会出现这样一种情况，每个品类只卖1～3种商品，这就意味着卖场必须精选。7-ELEVEn采用的也是一样的逻辑，主张必须精选。

从长尾商品到头牌商品，Costco只要品类冠军。这就会导致消费者买得多，于是就出现了Costco存货的周转期是31天的惊人情况，同为顶尖零售商的山姆会员商店的存货周转期是42天。

二、对Costco商品的总结

“头牌商品”（少就是多）＋“极致供应链”（多就是赢）＋“新制造”（“自有品牌”为王）＝为消费者提供生活解决方案

1. “头牌商品”（少就是多）

Costco只卖头牌商品。Costco的SKU是3 700，而沃尔玛是14万。14万意味着什么？消费者走进一家大型超市去买筷子，走到卖筷子的货架那里一看，大概能有好几十种大小各异、颜色各异、厂家各异的筷子。从20种中挑一个和从2种中挑一个，对于消费者而言差异很大。美国西北大学凯洛格商学院的研究显示，如果我给你过多的选择，就算你做出了选择，你总会认为有更好的。反而是，我就给你一两种选择，你能玩得更开心。这就是“少就是多”。

2. “极致供应链”（多就是赢）

第一步：把别人的东西卖好。

（1）针对特定消费群体（卖给谁）。

（2）精选品类冠军、头牌商品（卖什么）。

（3）海量采购，获得超低价（压低价）。

Costco 的会员体系决定了每一位消费者必须拥有会员卡才能购物，这样一来就有了会员数据，Costco 就能精准地知道每个人都买了什么，从而就能调整商品结构了。

于是，就可以接着干第二步了：

根据别人的商品以及消费者数据，开发出自己的商品，再把自己的商品卖好。这就叫“新制造”。

3. “新制造”（“自有品牌”为王）

Costco 财务报表中显示，25%的销售额来自自有品牌。这才叫“新制造”，生产的东西好，价格还不一定高。通过技术、数据和对产业链的影响，Costco 创造出“新制造”，而不是直接“山寨”。

Costco 通过这两点就成功地为广大消费者提供了生活解决方案。

资料来源：王子威 . Costco 重塑“人货物” 美国版实体新零售物种 [EB/OL]. 亿邦动力网，2018-08-23.

问题

（1）简要分析 Costco 独特的商品经营模式。

（2）结合品类管理知识分析 Costco 的选品策略。

模块 5 知识拓展

国内零售行业自有品牌的发展

微课 12：

新零售环境下的自有品牌开发策略

零售行业已全面进入微利时代，从百货、超市到便利店，零售企业为克服发展局限，提高自身竞争力，正不断加快自有品牌产品开发的步伐。芝加哥零售咨询公司的一份最新报告显示，预计到 2027 年，自有品牌的市场销售份额可能会超过 25%，将比目前增长 8.0 个百分点。

一、什么是自有品牌

零售商自有品牌从 19 世纪 80 年代出现至今已有 100 多年的历史。自有品牌的出现是零售业态的一项重大创新和发展。这种经营方式被称为商业经营的一大变革，已成为全球商业发展的新热点。

自有品牌（Private Brand，PB）产品，是指工厂与零售企业根据市场需求联合研发，而后由工厂进行产品代加工生产，由零售企业冠以自己的自有品牌标签并在自有的商超连锁门店进行营销的一种产品。

对于制造商品牌的商品，大部分超市的毛利率在15%左右，而自有品牌平均毛利率在28%～40%。自有品牌商品价格要比同类商品价格低10%～30%，而利润要高出10%～30%。同时，由于自有品牌都是独家经营，连锁零售商本身也提升了消费者对其的黏性和忠诚度，这也是稳定消费群体的重要利器之一。自有品牌的经营是连锁零售体系发展到一定阶段、一定规模时的必然选择。

二、自有品牌利好零供双方

眼下，无论是日渐成熟的实体商超行业，还是方兴未艾的网络购物，自有品牌产品的发展浪潮已经不容忽视。随着更多零售商、电商的大力开发，自有品牌产品已经广泛地进入人们的日常生活。在经济势头走弱，零售商、电商、供应商之间微妙角力，商品价格不断上涨的时代，自有品牌的发展似乎也迎来了久违的春天。

自有品牌产品由零售商和生产商直接合作开发，减少了中间环节，省却了各种渠道费用，这种简单透明的零供合作方式已成为解决零供矛盾的重要途径。中国连锁经营协会调查结果显示，自有品牌依然处于起步阶段，销售占比大多数在6%以下，自有品牌品项开发能力不高，但与此同时，部分企业已从自有品牌获益，自有品牌毛利率普遍高于25%。事实上，自零售商自有品牌产品在欧美出现以来，美国经历了三次金融危机，这类产品却一直未受到影响，高、中、低端都有，目前占超市日用消费品的销售比例，在英国、德国、法国和西班牙已超过40%。

传统零售企业只经营制造商的品牌商品，这种“搬运”式的经营方式使零售企业在市场竞争中处于被动地位，价格和利润受厂家的限制。如果实施自有品牌战略，企业就可以通过收集、整理、分析消费者对某类商品特性的信息，提出新产品的开发设计要求，进一步选择合适的生产企业进行开发生产或自行设厂生产，迅速推出消费者需要的相应产品，最终在本企业内以自有品牌进行销售，取得了市场经营的主动权，同时获得了制定价格的主动权。企业不仅获得商业利润，还可以获得部分加工制造利润，增强了抗击市场风险的能力。零售企业成为市场经营活动的积极参与者，从厂家的销售代理人转变成消费者的生产代理人。

大型零售企业的优势集中体现在收集消费者信息的能力和营销能力上。自有品牌战略的选择，使大型零售企业的这种优势能够得到有效的发挥，直接面对消费者，能够迅速了解市场需求动态，并及时做出反应，大数据在零售企业中的广泛应用使这种优势更加明显。从这一点看，大型零售企业实施自有品牌战略往往能够领先生产者一步，在无形中增强企业自身的竞争力。

实施自有品牌战略，首先要求零售企业的经营者革新经营观念——以“主动营销”取代传统的“被动零售”；其次要求零售企业造就和培养一批高素质的经营管理人才，因为此时的零售商不仅要销售商品，还要负责产品开发设计、品牌管理、生产与质量检验、促销宣传等一系列复杂的整体营销工作。商品品牌是商品质量和企业形象的市场表现，是企业信誉的标志。零售企业的全体员工必须积极工作，竭尽全力提高经营管理水平和服务水平，以保证质量为核心，共同维护零售企业自有品牌的信誉。

对于生产企业来说，为大超市生产自有品牌，可以免去高额的进场费、上架费、条码费、促销费，节省产品广告宣传费和驻店促销员的人力成本。如果是联合开发产品，还节省了新品研发经费，迅速帮助企业技术升级。自有品牌产品由超市总部采购，各门店统一销售，订单量一般都较大，货品直接送到商超大仓，由商超配送到各店面，省却了产品分拨带来的物流费用，降低了供应商的物流成本。超市通常还会为自有品牌产品安排黄金货架位置促销，因此产品周转更快。

消费者是最终的受益者。消费者的个性化消费需求得到满足，并且自有品牌也有较强的价格优势，能给其带来真正的实惠。自有品牌的目的是依靠自己的渠道能力，向上打通供应链，适时、适量（数量和质量）、适价向消费者提供产品，是供给和需求高度衔接的艺术。

三、自有品牌发展的趋势

确实有一些因素正在推动零售商将自有品牌作为一个业务突破口，这些因素包括品牌客户的忠诚度正在减弱、消费者购物行为的变化以及价格竞争压力等。而自有品牌至少可以通过两种方式缓解价格竞争压力：一是提供其他商店里没有的产品，这样压力就会比较弱，甚至可能不存在；二是自有品牌产品来自零售商，成本较低，零售商可以低于其他品牌产品的价格出售同类型产品，还能获得不错的利润。

从目前自有品牌发展的趋势来看，可以得出以下几点结论：

（1）头部企业及供应链管理能力强的地方龙头和中小型企业未来发展自有品牌的意愿强烈。

（2）线上巨头是未来五年自有品牌发展的重要推手，如现在做得比较成功的网易严选，其国内首创的 ODM（原始设计制造商）模式对同业影响深远，有力促进了自有品牌的发展。

（3）未来五年中国自有品牌的发展与国外的一个显著差别是销售渠道的占比不同，今后中国自有品牌的增量突破口一定在线上（重点突破口是移动互联网），如“双 11”京东的超级商品。

（4）未来中国自有品牌能打败大品牌的一定是基于 ODM 模式、产品质量可追溯、不断满足消费者需要的产品，是供给和需求高度衔接的艺术。

(5) 未来中国自有品牌发展的核心驱动力是个性化的消费升级，慢慢脱离工业化时代的标准化产品模式，因为零售商更接近消费者，可以将信息资源接入供应链，满足消费者的个性化需求，让更多的消费者能参与上游的原创设计和需求定制。这正是线上巨头的优势所在，因而未来中高端自有品牌的重头戏在线上巨头，特别是线上线下融合的巨头会非常强大，如盒马鲜生。

目前，大多数零售商侧重于发展低端自有品牌，对供应商的压价现象非常普遍。而面对如此的压价，自有品牌供应商只能是以牺牲质量为代价来努力完成订单，从而为质量问题埋下了隐患。另外，目前国内所谓的自有品牌供应商，大多数只是代工企业，只是希望能够拿到零售商的订单完成生产，对产品的开发和创新缺乏热情，只是把自己现有的产品换个包装交付给零售商，或者因为压价而将低于自己现有产品质量的次品换个包装交付给零售商，对零售商的自有品牌造成巨大的损害。

自有品牌供应商应在产品开发和包装设计上增加投入。好的自有品牌供应商能够反向开发品牌产品，主动向零售商提供关于产品方面的建议，而不仅仅是更换一下包装。因此，零售商和供应商只有相互扶持、相互培养，才能达到零供双赢的目标。这也是盒马鲜生所倡导的新零供关系。

模块 6 团队项目实战训练

一、项目名称

线下门店商品组合分析与商品配置表的制作。

二、步骤及要求

(1) 每组选定要调查的某一品类的商品。

(2) 实地调查线下门店的商品组合与商品陈列情况。

(3) 各组在调查基础上绘制商品组合的图片与商品配置表。

(4) 每组代表将绘制的图片在课堂上展示出来，并要求分析其商品组合的优点与缺点。

(5) 每组代表展示所制作的商品配置表，并提出修改意见。

三、过程评价

（1）组内打分。

（2）组间打分。

（3）教师打分。

项目七 零售企业服务管理

学习目标

知识目标

1. 掌握零售企业服务的含义。
2. 掌握顾客满意度的测量体系。
3. 掌握零售企业服务管理的基本内容。

能力目标

1. 能够对零售企业服务提供情况展开调查与分析。
2. 能够设计卖场顾客满意度测量表。

素养目标

1. 具有“顾客至上”的服务理念。
2. 强化“以人为本”的服务意识。

模块1 大家来讨论

购物者关注购物体验，这既费钱又费神

“新零售”背景下消费升级带来的服务升级，一方面，人们在意体验，开始愿意为更好的体验付额外的钱，这突出了线下的现场体验优势，为线上线下融合、实现“新零售”提供了基础动力；另一方面，中国的线下零售当年正是因为体验差，才给了电商巨大的机会。那么，我们这一轮的服务提升靠什么？

其一，要拼软实力。市场在变，但客户体验的要素还是“老三样”：购物环境、可

选择的商品、得到的服务。环境和商品都是硬件，服务是软件，最不好拿捏。日本著名管理学家大前研一认为专业主义是“把方法都告诉你，你也做不过我的那种能力”，即“服务”之类的软实力。

其二，对人的要求。如果是自助服务，对系统的要求就高，如 Amazon Go；如果是人员服务，对人的要求只会越来越高。那种接近体力劳动的“导购”没有什么存在的价值，他们只是“POP＋喇叭＋理货员”的“三合一”。导购必须是优秀的顾问。这种高质量服务的基础是高素质，高素质的背后是高成本，人员的成本注定会增加。

其三，对服务内容的要求。高质量的服务人员还不足以完全解决问题。顾客已经习惯于线上购物，他们习惯了在购物时有更详细的介绍、有更多对比，参照其他人的决定。零售商如何在线下体验中融入线上的便利？这些事其实没有太大的技术壁垒，人员识别可以做到，位置识别可以做到，信息可以在顾客手机或其他屏幕上显示，难的是需要购物者的其他综合数据的配合，零售商应打通线上、线下全渠道场景。

请思考：

你认为“新零售”背景下零售商的服务应该在哪些方面进行升级？

模块 2 基本知识

一、零售企业服务概述

企业服务的目标是要让顾客满意，零售企业也不例外。当需求无法得到满足时，顾客就会觉得不满意，不满意就会抱怨甚至投诉。抱怨一旦产生，无论是对顾客，还是对企业，都是一件不愉快的事。要让顾客对服务满意，企业就必须了解顾客的服务需求，根据顾客需求设置服务项目，并运用各种措施来实施服务项目，以提高顾客满意度。

（一）服务概述

1. 服务的定义

有关服务概念的研究最早可追溯到亚当·斯密的时代。市场营销学界对服务概念的研究大致是从 20 世纪五六十年代开始的。1960 年，美国市场营销协会最先给服务下的定义为：“用于出售或者是同产品连在一起进行出售的活动、利益或满足感。”这一定义在此后的很多年里一直被人们广泛采用。但它有一个明显的缺陷，就是没有把有形产品和无形服务区分开来，因此有形产品也是用于出售并使购买者获得利益和满足感的。

1974 年，学者斯坦通指出："服务是一种特殊的无形活动。它向顾客或工业用户提供所需的满足感，与其他产品销售或其他服务并无必然联系。"

1990 年，学者克里斯廷·格罗鲁斯为服务下的定义为："服务是以无形的方式，在顾客与服务职员、有形资源或服务系统之间发生的，可以解决顾客问题的一种或一系列行为。"

市场营销学专家菲利普·科特勒在《营销管理》一书中对服务下的定义是："一项服务是一方能够向另一方提供的任何一项活动或利益，它本质上是无形的，并且不产生对任何东西的所有权问题，它的产生可能与某种物质产品有关，也可能毫无关联。"这是目前最全面、最能反映服务内涵、本质的定义。

2. 服务的性质

（1）服务是一种劳务活动。服务不以实物形态存在，而以无形的活动形态存在。

（2）服务活动是有价值的。人们得到服务，也要为服务付费。

（3）具有功效和利益。服务提供功效和利益，满足人们对物质和精神产品的需求。例如，顾客到超市购物时，超市会提供购物车，抱着孩子的妇女可以把孩子放在车里，既方便购物又可以照看孩子。

（4）服务有两种形式：一是与某种产品密切联系在一起的服务；二是纯服务，与产品毫无联系。例如，在商场化妆品专柜，在决定购买之前，顾客通常会享受销售专员提供的关于每款化妆品的用料、功效等美容知识的讲解，并且会享受免费试用和测试服务，这样的服务就属于第一类服务。

（二）零售企业服务的分类

零售企业服务按不同的角度划分，有很多种类型，下文以商场为例，介绍零售企业的分类。

1. 按售货过程的阶段分类

（1）售前服务。售前服务，即在商品出售以前所进行的各种准备工作，目的是向顾客传递商品信息，引起顾客的购买冲动。这一阶段的服务包括商品信息提供、商品整理编配、商品陈列、货位布局、购物气氛营造等。

（2）售中服务。在人员服务的商店中，售中服务表现为售货人员在与顾客交易的过程中提供的各种服务，如接待顾客、商品介绍、帮助选购、办理成交手续、包装商品等服务。在自我服务（自助服务）商店中，售中服务则表现为提供咨询、帮助顾客、促销商品、结算、包装等服务。

（3）售后服务。售后服务，即商品售出后继续为顾客提供的服务。一般来说，商店向顾客交付了商品，顾客向商店支付了金钱，销售已基本完成。但对于大件商品、高科技产品，顾客在购买后会产生对商品运送、使用的问题，于是顾客会要求商店提供进一步的服务。这类服务的目的是使顾客对商店感到满意，成为商店的回头客。售后服务包括：退换商品、送货、维修、安装、解决抱怨及赔偿、客户回访等。

2. 按投入资源分类

（1）物质性服务。物质性服务，即通过提供一定的物资设备、设施为顾客提供服务。例如，零售商向顾客提供的信息室、电梯、试衣室、试鞋椅、寄存处、购物车、停车场等，顾客在使用这些设备、设施时可以得到便利。

（2）人员性服务。人员性服务，即售货人员、送货人员、导购人员、咨询人员等提供的服务。他们提供的服务主要是劳务和信息的服务。零售业的服务人员要与顾客进行面对面的接触，他们的形象和素质往往对商店的形象和口碑产生直接影响，这也是消费者评价商店服务质量的一个重要标准。

（3）信息服务。信息服务，即向顾客传递商店与所提供的商品等方面的信息，使顾客了解商家、了解商品，进而帮助顾客做出适当的购买决策。零售商提供的信息主要有 POP 广告、媒体广告、新闻宣传、商品目录、商品货位、人员介绍等。

（4）资金信用服务。资金信用服务，即提供消费者信贷服务，如提供赊销商品、分期付款、信用卡付款等。在提供信贷服务时，零售商应考虑自身的承受能力及顾客的偿还能力，同时应避免审查手续过于复杂，反而影响顾客的热情，损害商店的形象。

3. 按顾客需要分类

（1）方便性服务。方便性服务，即为顾客浏览和选购商品提供便利。这类服务是任何业态的商家都应该提供的，也是商店的基本服务，它被用来满足顾客购物的基本需要。这类服务包括：提供方便的营业时间，商品货位有指示说明标识，商品陈列井然有序、色彩搭配协调，售货员具备基本的业务素质，有宽敞的停车场地，等等。

（2）伴随性服务。伴随性服务，即针对顾客在获得商品的过程中的要求提供服务。这类服务与购买商品有直接联系，也是商店提供的促销性质的服务。如提供导购人员、现场演示、现场制作、送货、安装、包装等服务。

（3）补充性服务。补充性服务，即对顾客期望得到的非购买商品的需求提供服务。这类服务对顾客购买起着推动作用，辅助商店成功地经营，可以说是推销性服务。这类服务包括：休息室、餐饮室、自动取款机、寄存物品、电话咨询、订货、照看婴儿、停车等。这类服务能有效地吸引顾客、留住顾客，增加顾客在停留时间内的购买机会，同时有助于体现商店的服务特色，树立商店的良好形象。

（三）零售企业服务的项目

商场作为主要的零售企业之一，其服务的形式多种多样，以下是一些较常见的服务项目：

1. 预订购物服务

对于市场上的名牌耐用消费品，为了满足顾客的消费需求，在成交前顾客可预交一定比例的定金，货到后商场按预定顺序结算付款。预订购物可以使顾客提前获得购买名牌耐用消费品的拥有感，并加快商品的销售速度。

2. 咨询服务

咨询处（服务台）一般设在商场一层的中心，工作人员一般是笑脸相迎、精通业务的年轻女性。她们的主要任务，是让所有踏进商场的顾客高兴而来、满意而归。服务人员热情地向顾客介绍商场的布局，指导顾客到他们想去的柜台，充当顾客的购物参谋。有的咨询处还设有缺货登记簿，请顾客留下所需货品的名称、数量及联系方式，一旦有货，即通知顾客，或者送货上门，除此之外，咨询处一般还负责大额货币的兑换等工作。

3. 金融服务

在通常情况下，零售商场以现金交易为主，但是为了消费者购物方便及大金额的交易，商场还提供以下金融方面的服务：

（1）银行卡/购物卡付款。顾客使用银行发行的借记卡、信用卡或商场自己发行的购物卡，可以免除携带大量现金的麻烦和不安全感。

（2）分期付款。分期付款服务一般针对价格较高的商品，在售出时只要求购买者先付一部分货款，顾客可以在买回商品后的一定时期内每期偿还一部分，期满结清货款。这种服务既可以帮助顾客解决想买商品而又暂时财力不足的问题，又有利于加速商场商品和资金的周转，提高经济效益。

（3）电子支付。电子支付是指消费者、商家和金融机构之间使用安全电子手段把支付信息通过信息网络安全地传送到银行或相应的处理机构，用来实现货币支付或资金流转的行为。目前，国内线下零售门店比较常见的电子支付方式有自助收银机方案和 Scan&Go 技术两种。自助收银机方案是基于对卖场已有的收银台进行改造，开辟专属的自助收银通道。顾客自助完成所采购商品的条码扫描，并且将已扫描的商品放置于自助收银的防损平台上，与服务器中的商品重量库进行比对后结账付款（见图 7-1）。Scan&Go 是一项无人收银，即自助结账技术，目前国内有部分超市正在使用该技术。例如，永辉超市的扫码购通过 App 把客户的手机转化为手持 PDA 来实现支付（见图 7-2）。这一类方案大多是基于智能手机开发，只需要顾客用手机摄像头扫描商品的条码，商品就会进入购物车，在顾客离店时再进行整体结算。

4. 包装服务

为顾客购买的商品进行妥善的包装，是商场服务中不可缺少的项目。这种服务可以很简单，只要将商品放在纸袋或塑料袋中就可以了；也可能比较复杂，如精致的玻璃器皿，需要放在专门防破碎的盒子中。

图 7－1　自助收银通道

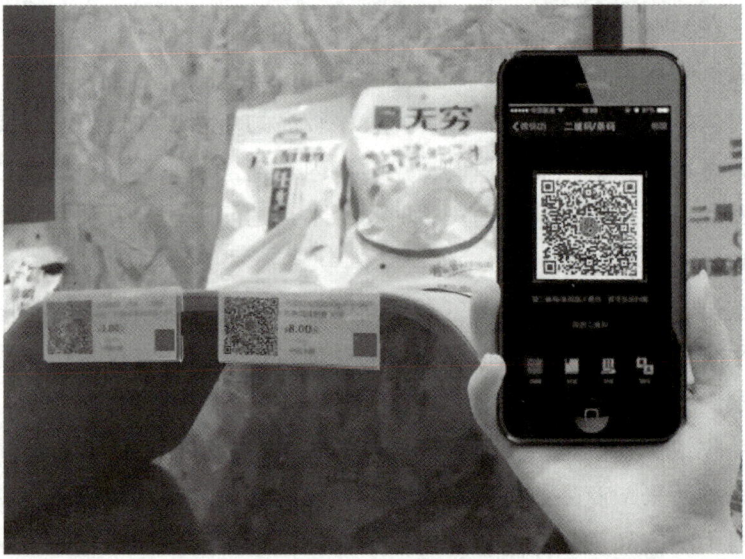

图 7－2　手机扫码购物

商场一定要使所提供的包装服务与自己经营的商品及商场的形象相适应。对于薄利多销的食品、杂品，商家只要简单地将其放在袋中就可以了；高级服装则往往放在合适的盒子或美观的购物袋中，以利于顾客携带回家。此外，商场还可以将顾客购买的商品放在预先包装好的礼品盒中进行销售，以展示商场自身的整体形象。

许多商场为顾客提供礼品包装服务（包括礼品盒和缎带及印有商场名称和标记的包装纸、包装袋），有的收一点费用，有的则完全免费。提供这种包装不仅是一种友好的表示，而且是一种广告形式。

5. 送货与安装服务

对于体积大、较笨重的商品，商场应为顾客送货上门，必要时还要为其安装调试。这种服务既给顾客提供了较大的方便，又能避免用户在安装调试过程中发生不必要的事故，以免影响商品与用户人身财产的安全，还可以为商场增加回头客。

6. 寄送服务

寄送服务是指商场通过快递、物流或邮递方式，将外地顾客求购的商品寄送给顾客。这项服务方式的优点是节省顾客在购买商品过程中所花费的时间和费用，促进商品销售。商场提供这种服务时，一定要弄清楚顾客的地址和即时联系方式，把商品包装牢固并尽快发出。

7. 退换货服务

做好商品的退换货服务是商场提高服务质量的一项重要内容。各个商场的退换货政策是不一致的，有的是坚决不退不换，有的是顾客至上、有求必应，也有的采取折中的政策。商场的退换货政策在很大程度上影响顾客对商场的信任程度，进而影响商场的销售额。超市的商品退换应严格根据相关制度进行，做到保证满意、超出期望。

8. 维修服务

装配有机械零件的产品都是提供修理服务的对象。商场提供商品维修服务，在商品保修期内实行免费维修，超过保修期则收取一定的费用。有条件的商场还对大件商品提供上门维修服务。为顾客提供此项服务，有助于为商场带来更多的销售额，因为对顾客来讲，所买商品出现故障后得到及时修理是非常重要的。在提供此项服务的商场购物，顾客就如吃了定心丸，可以放心地选购商品。

修理服务可能是最难办理的服务之一。良好的修理服务可以促进业务经营，为商场带来更多的销售额；但反过来，如果顾客得到的修理服务低于其预期的标准，那么，他今后就有可能不再来这家商场购物了。而且，他会把不满告诉亲朋好友，反而会影响商场的销售。

一般情况下，商品维修是生产厂商的责任，零售商需向顾客准确传达相关承诺和处置类信息，并在必要时进行沟通。如果顾客得不到及时有效的服务，零售商的信誉和形象也会因此受损，甚至有可能需要承担连带责任。

9. 形象设计服务

这是一项新兴的服务形式，由商场专门聘请形象设计师，为顾客进行形象设计。设计师根据顾客的身材、气质、经济条件等情况指导顾客该梳什么样的发型、化什么样的妆、买什么样的衣服、配什么样的饰物。此项服务很受顾客欢迎，能够刺激顾客的购买欲，顾客可能会整套购买服装、饰物，这就提高了商场的销售额。

商场与顾客之间的关系是服务与被服务的关系，只有被服务者接受服务以后确有收获，商场才能增加销售。这项服务设身处地为顾客考虑，能有效地激发顾客的购买欲，从而达到促销目的。

10. 租赁服务

有些商场针对一些价格较高、顾客在生活中有时会用到但使用机会很少的商品开展租赁服务。例如，商场配备了婚礼服装、用具等，顾客遇到婚庆活动时，可以向商场租用，只要给付一定的押金和租金就可以。提供这种服务可以使这些商品尽快投入使用，尽早发挥商品的使用价值，提高这些商品的利用率。另外，顾客在租借和送还这些商品的时候，还可能会顺便从商场购买一些相关商品。

11. 临时幼儿托管服务

现在很多大型商场设有幼儿托管室，凡携带幼儿来商场购物的顾客都可以把幼儿寄托在这里，商场有专人负责照料。幼儿托管室除了备有各种玩具供幼儿玩耍之外，还提供一些糖果、点心等，对幼儿的吸引力很大。

这项服务很受年轻妈妈的欢迎，因为带孩子到商场购物，往往因孩子吵闹玩耍而影响选购，无形中减少了在商场停留的时间。有了幼儿托管室，顾客可以放心购物，购物时间延长，商场销售额自然会增加。

12. 休息室服务

有的大型商场会利用一部分场地开辟顾客休息室，供顾客来此休息和交谈。休息室一般备有报纸、杂志供顾客阅览，并出售各种饮料和小点心，有的还播放音乐、影片、新闻。

以上这些都是比较常见的服务项目，除此之外，商场通常还提供一些其他服务，如免费停车场、免费 Wi-Fi、免费照片打印、为顾客购买的裤子免费缲边等，为顾客提供了极大的便利。

二、提高顾客满意度

顾客管理体现了零售企业以商品为中心向以顾客为中心的管理思想和管理模式的转变。顾客管理就是通过对顾客的相关信息进行收集和分析，了解和挖掘顾客的需求，不断完善服务，提高顾客的满意度。

（一）树立“顾客满意”的服务目标

1.“顾客满意”的价值

顾客的价值不在于他一次购买的金额，而在于他一生能带来的总额，其中包括他向亲朋好友传播时的口碑效应。顾客满意与企业利润存在线性因果关系，并且忠诚顾客与企业利润之间存在正相关关系。实践表明，九成以上的厂商利润，其中一成来自一般顾客，三成来自满意顾客，而六成是由忠诚顾客创造的。

2. “顾客满意”的服务目标

（1）走进顾客心里，探求顾客期望。这主要关系到两个方面：一是要站在顾客的立场上看问题，二是要消除零售企业与顾客之间的信息不对等。有许多经营者总是抱怨顾客越来越挑剔，但从顾客角度看，顾客觉得自己得不到零售企业和经营者的尊重。这种零售企业与顾客之间的信息不对等，一个重要根源就在于零售企业是站在它自身的角度来看待问题的，而缺乏换位思考的意识。

（2）顾客满意始于重视“关键时刻”。“关键时刻”是一个重要的服务管理学术语，就是当顾客光顾任何一个部门的某一瞬间，经过短暂的接触，顾客对服务质量，甚至潜在的商品质量都有所了解。重视“关键时刻”要从以下方面入手：

首先，零售企业领导要树立“员工第一”的观念。一线员工是服务的化身，一线员工与顾客接触得最多，其行为会直接影响顾客所感受到的服务品质，进而影响零售企业的声誉。

其次，服务背景、消费者行为模式、员工行为模式要协调一致，即顾客与员工在态度、价值观、感受和期望等方面要一致。因此，零售企业需要把与顾客的认识缺口找出来，让员工比较清楚地了解顾客期望与实际情况的落差，找出服务盲点以采取措施加以克服。同时，零售企业要创造良好的购物环境，以保持三者之间的协调一致。

最后，零售企业要培养一支训练有素的员工队伍。由于服务是一个交往过程、一种员工与顾客的互动关系，服务是一种情绪劳动式工作，也是一种态度，因此需要锲而不舍的教育和领导。人的问题占企业总问题的80%以上，因此，员工教育和培训处在核心地位。零售企业培训应涵盖纵向的商业采购、运输、储存、销售，横向经营不同商品的技能、技巧，以及桌案作业等，以提高员工的综合应变能力和处理问题的能力。企业一旦拥有一支服务技能全面的员工队伍，就等于拥有了重要资产，每一位员工都会成为公司形象的“守门员”。

（二）顾客满意度的技术分析

1. 顾客满意度的概念

顾客满意度是顾客接受商品或服务的实际感受与其期望值比较的结果。顾客满意度既体现了顾客满意的程度，也反映出企业提供的商品或服务满足顾客需求的程度。

2. 测量顾客满意度的重要性

了解顾客不满意的原因、提高顾客的满意度是十分重要的。衡量顾客满意度对企业来说至少有以下几方面的好处：

（1）有利于测定企业过去与目前的经营质量水平，并且有利于分析竞争对手与本企业之间的差距。

（2）有利于了解顾客的想法，发现顾客的潜在需求，明确顾客的需要、需求和期望。

（3）有利于检查企业的期望，以达到顾客满意和提高顾客满意度的目标，继而制定新的质量改进和经营发展战略与目标。

（4）有利于增强企业的盈利能力。

（5）有利于明确为了令顾客满意，企业今后应该做什么，是否应该转变经营战略或经营方向。

（6）有利于衡量顾客满意度，把握商业机会。

（三）顾客满意度测量活动的目标

顾客满意度取决于顾客对服务的期望和在组织中的实际感受。顾客满意度测量活动应明确下列目标，并据此建立顾客满意度测量指标：（1）了解顾客的优先要求；（2）了解顾客的容忍限度；（3）了解企业的表现；（4）针对顾客的优先要求提出相应举措；（5）针对竞争商家做出相应的举措；（6）确定改善措施的先后顺序。

（四）顾客满意度测评体系的建立

零售企业应处理收集到的所有有关顾客服务、质量和满意度的数据，形成一份顾客满意度报告，这是一项比较难的工作。目前，国内最常用的方法是形成顾客满意度指数，在设计了一个顾客满意度指数后，这项工作就会容易些。

顾客满意度指数最先是由设在美国密歇根大学商学院的美国质量研究中心和美国质量协会共同发起研究并提出的一个经济类指数。这个指数通常是把所有的得分转化成一个数字或百分比。例如，可以让顾客对有关满意方面的 50 个条目或因素打分，然后加总这些积分并算出平均数，把这个平均数作为指数。顾客满意度测评体系的建立一般可以分为四个步骤：（1）提出问题；（2）采集数据；（3）建立行业顾客满意因素体系；（4）建立企业顾客满意指标体系。此外，零售企业还应分析在行业顾客满意因素体系中对顾客满意度指数影响较小的因素，这些因素对顾客满意度指数也有一定的影响。

三、顾客服务管理

对于零售企业来说，客流就是财源，谁的顾客多，谁就是强者。而在信息发达的今天，商品竞争的差异性越来越小，零售企业要赢得顾客、获取竞争优势，关键在于加强管理，建立良好的信誉，赢得顾客的信任。

（一）建立顾客服务体系

零售企业在建立顾客服务体系时，应重点抓好以下三个方面的工作：

1. 选定目标顾客群

零售企业因其经营实力和管理能力有限，不可能把所有顾客都纳入顾客服务管理的范畴，而是要根据顾客的家庭构成、人员素质、消费水平和消费习惯等选择一个或几个目标顾客群体，并根据他们的消费特点提供合适的服务项目，加强服务管理，培养和建立企业与顾客的密切关系，以促进企业的持续发展。

微课 13：

零售企业如何建立顾客服务体系

2. 建立和完善顾客服务管理制度

顾客服务管理制度的建立和维护是一项长期的、不断积累的工作，零售企业应把各项工作分头落实到各个部门、各个岗位，明确分工和各自的职责，并通过制度的形式确定下来，以保证顾客服务管理工作的长期性和有效性。

3. 收集和整理顾客资料

（1）顾客资料的收集。零售企业可以采用活动的方式来收集顾客资料，主要方法有：1）在开业或其他大型的促销活动中，利用发放和回收宣传单来获取顾客信息，顾客则通过填写基本资料来兑换纪念品；2）利用抽奖活动的奖券来收集顾客资料；3）利用累积数量折扣券来收集顾客资料；4）利用申请会员卡或手机注册会员来收集顾客资料；5）利用商圈住户访问来收集顾客资料；6）利用社区的现成资料来收集顾客资料。

（2）顾客资料的基本项目。零售企业的顾客资料一般应包括以下主要项目：1）家庭住址、人口和通信地址；2）姓名和生日（区分农历和公历）；3）户主及其配偶的学历、职业及服务单位；4）家庭的生活状态、信用程度及消费嗜好；5）购物习惯，包括由谁主持购物、购物频率、购物时间等。

（3）顾客资料的整理。顾客资料的整理主要是指对顾客资料的归类建档，具体工作如下：1）对收集的顾客资料进行筛选；2）对顾客资料进行编码和整理；3）定期对顾客资料进行维护。

（二）开展企业与顾客的联谊活动

1. 开展联谊活动的目的

开展联谊活动的主要目的是保持企业与顾客之间的良好关系，具体包括四个方面：（1）建立卖场与顾客之间的双向沟通渠道，以情感来促进销售；（2）向顾客提供多元化的信息服务，丰富顾客的日常生活，并增加其惠顾频率；（3）掌握消费动态，培养忠实的长期顾客；（4）树立良好的企业形象。

2. 顾客联谊活动的主要对象

顾客联谊活动的主要对象是商圈内的住户，包括以下几种类型：（1）有职业女性的小家庭或单身一族；（2）收入水平在中等以上者，以女性为主；（3）无充裕时间购物者或追求舒适、自由的购物环境者；（4）追求新潮、时尚者，或注重品质和卫生、对价格不太敏感者；（5）对家事料理不太在行、希望获得消费咨询者。

3. 顾客联谊活动的方式

零售企业顾客联谊活动的方式有很多，常用的方式有以下几种：

（1）顾客意见访问。主要做法是：设置意见箱、人员访问或电话访问。意见箱可长期设置，人员及电话访问则可根据需要不定期实施。应注意的要点是：零售企业要重视顾客提出的意见和建议，及时改正和采纳；意见箱要定时开启，长期实施，否则就不要轻易设置；向顾客征求意见的访问要有明确的主题，以便顾客有针对性地回答；对提供意见者要给予奖励，每月抽奖并公布姓名，以鼓励顾客持续参与。

（2）提供生活信息。主要做法是：在卖场内特定商品的前方制作 POP，说明商品特色、用途或使用方法；在服务台免费派送消费信息印刷品；利用固定的公告栏提供日常生活信息。应注意的要点是：定期更新，以每周或每月更新一次为宜；所提供的资料要有知识性、科学性和趣味性；要控制成本；有计划地长期实施。

（3）开通免费服务热线。主要做法是：开设服务专线，在营业时间内由专人负责接待，营业时间外采用录音电话，以记录顾客的服务要求和投诉内容，整理后交经理（店长）审查，以便落实相关措施。应注意的要点是：电话接待人员应具备丰富的投诉接待经验、商品知识和优良的个人素质；电话投诉处理要迅速，不管责任在谁，零售企业一定要给予答复，告知投诉人处理方法或意见；对于顾客提出的服务要求要做好记录和整理；投诉要有系统地记录，妥善保管，以供改进经营管理之用。

模块 3 操作指导

一、顾客的接待流程

售货员要研究和体察顾客的购买心理，针对不同类型的顾客，采取不同的接待方法。

（一）顾客购买心理综合研究方法

（1）注视：当顾客注意观看某种商品或伫立观看某广告牌时，售货员应注意观察顾客在留意什么商品，以此来判断顾客想购买什么。

（2）兴趣：顾客走近某种商品的同时用手抚摸该商品，这反映出顾客对某种商品产生了购买兴趣。这时售货员要向顾客打招呼，随后观察顾客的购买意图，做必要的介绍。

（3）联想：要使顾客联想到购买了某种商品后使用时的方便和愉快的心情等，售货员应主动介绍使用某种商品将给使用者带来的便捷和愉快心情等。

（4）欲望：为进一步促进顾客的购买欲望，售货员应举出某顾客买了某种商品后的实例。

（5）比较：在顾客挑选商品时，售货员应主动介绍某种商品的质量和性能等，以便于顾客进行比较。

（6）决定：售货员应帮助顾客通过比较决定购买何种商品。

（二）对不同类型顾客的接待方法

（1）慎重型：这类顾客在选购材料、食品或其他商品时，通常会挑挑这个、选选那个，拿不定主意。对于这类顾客，售货员不能急急忙忙地问“您想买点什么啊?”，而应该拿出两种以上的商品来，以温和的态度对比介绍。

（2）反感型：这类顾客对售货员介绍商品持不信任的态度，即使售货员介绍的都是真实情况，顾客也会认为售货员在说谎。对于这类顾客，售货员不应抱有反感态度，更不能带着怨气。

（3）挑剔型：这类顾客对于商品比较挑剔。售货员对待这类顾客时不要加以反驳，而要耐心地听他讲，这是最好的办法。

（4）傲慢型：这类顾客的态度比较傲慢。如果售货员稍稍表现出不耐烦或者没有面对着顾客，顾客就会提出抱怨和指责。对于这类顾客，售货员往往会感到不愉快。但是，为了接待好其他顾客，售货员最好保持镇静沉着的应对态度。

（5）谦逊型：当售货员介绍商品时，这类顾客总是认真倾听，并且说：“真是这样，对，对。”对待这样的顾客，售货员不仅要诚恳、礼貌地介绍商品的优点，而且也要介绍缺点。例如，有的牙齿不太好的顾客购买食品，售货员在介绍时，不仅要介绍某种食品味美价廉的优点，而且要一并介绍“稍稍有点硬”等缺点。适度的坦诚更能取得顾客的信任。

（三）了解顾客意图后接待顾客的方法

（1）希望很快买到商品的顾客会指名要购买某种商品。这类顾客是带着购买某种商品的目的而来的。售货员应迅速地接待他们，并应尽快地把商品包装好递给顾客。

（2）观望的顾客会对这个商店抱怀疑态度，不知这个商店究竟如何，他一边观看橱窗一边犹犹豫豫地走进商店。对于这类顾客，售货员不必急于打招呼，应等待适当的时机。

（3）无意购买的顾客进店后没有购买的意思，会看看有什么合适的商品再说。这类顾客看到中意的商品后眼神就会变，这时候售货员要主动打招呼。

（4）连带购买的顾客会急于想连带购买其他商品，因此售货员应注视顾客或跟随顾客以促使其连带购买。

（5）希望和售货员商量后购买的顾客进商店后会四处看，好像要找售货员打听什么似的。这时售货员要主动打招呼，并说："您来了，您想买点什么？"或"您好，需要帮忙吗？"

（6）想自己挑选的顾客特别想一心一意地挑选商品，不愿让别人招呼自己。对于这类顾客，售货员注视着就行了。

（7）下不了购买决心的顾客会踌躇不决，他们感到"买嘛，也可以"，但心里又想"也许以后会赶上更好一些的商品呢"。对于这类顾客，售货员应该积极地从旁提供建议，推荐商品。

（四）接待复数顾客的方法

（1）跟来的顾客：是跟着想买商品的顾客同来的，本人并无购买商品的愿望。如果售货员亲切地接待他，他也可能会买点什么，或者会成为下次购买的顾客。售货员可以面向跟着来的顾客这样征求意见："您看这个怎么样？"

（2）中年的伴侣顾客：主要是男性顾客的发言对购买商品的作用较大。售货员可以较多地面向男性顾客征求意见："您的意见呢？"

（3）年轻的伴侣顾客：往往是女性顾客发言的作用较大。售货员应拿着商品较多地面向女性顾客，请其挑选商品。

（4）带孩子的顾客：售货员可以俯下身子或蹲下来接待顾客，并面向小顾客征求意见说："你看哪个好啊？"

（5）和男性顾客同来的女性顾客：售货员要特别注意创造条件，多让顾客发表意见。

（五）接待顾客的时机

顾客进店后，如遇下列情况，售货员应主动接待：

（1）当顾客注视某商品或某商品的标价的时候。

（2）当顾客较长时间在手里拿着某商品的时候。

（3）当顾客的视线离开商品，向售货员的方向看的时候。

（4）当顾客对各种商品进行比较考虑的时候。

（六）了解顾客的爱好

顾客若是抱着想买到自己所需商品的目的走进商店里来的，他一进门就会走向自己关心的商品货位。售货员可以从以下几种情况中了解顾客的爱好：

（1）顾客走进商店后最先拿起的商品。

（2）顾客指着在玻璃柜里放着的商品。

（3）顾客经过种种选择，拿起放在一边（特殊放置）的商品。

（4）顾客多次注视和抚摸的商品。

（5）顾客多次向售货员询问的商品。

（七）让顾客挑选什么商品好

各个商店的经营重点不同，对让顾客先看什么、先挑选什么也不一样。

（1）以经营高档商品为主的商店，售货员应请顾客先看高档商品，看顾客的反应如何；再让顾客看中档商品。这样做，顾客很可能购买高档商品。

（2）以经营中档商品为主的商店，售货员应该先请顾客从中档商品开始看，根据顾客的反应再让其看高档商品或低档商品，顾客很可能购买中档商品。

（3）以经营低档商品为主的商店，售货员应该从低档商品开始介绍；为便于顾客比较，也要让顾客看看中档商品，这样顾客经过比较很可能购买低档商品。

售货员应该按以上程序，主动地介绍本商店侧重经营的商品，辅以比较性地介绍其他类似但价格不同的品种，很可能达到预期的目的。

（八）推荐商品的方法

推荐商品时，售货员一般应做到会说会听。就是说，既能较详细地介绍商品，又能争取听到顾客的各种反馈，要有次序地介绍商品。

（1）先要介绍商品是什么。有的售货员一看到顾客在看某商品，马上就跑上去介绍商品或说“这个商品好”之类的话。这样并不一定会取得好的效果，正确的做法应该是在说这个商品的好处前，先把这个商品是什么说明白。

（2）介绍商品的特点和用途。售货员应介绍这种商品和其他商品不同的地方，介绍该商品所具有的特征，还要介绍该商品的使用方法和用途。介绍商品用途是出售商品的要点。

（3）介绍为什么具有这些特点。售货员虽然向顾客介绍了商品的特征、用途、适合在哪些方面使用等，但也有的顾客仍不理解，又提出“为什么是那样的”之类的问题。这时，售货员必须用实际的例子来证明。譬如说“好多顾客都愿意先买这个商品”，或介绍有多少顾客买了这种商品。

（4）推荐其他商品。售货员介绍商品、说明商品的特征和用途后，要进一步说明“商品是按照顾客的需要购进的”，还可向顾客推荐说：“请您顺便看看这个商品。”

为使推荐的商品能够符合顾客的愿望，以促使顾客购买，售货员必须注意琢磨顾客还可能需要什么，以便有的放矢地介绍商品。

（九）商品脱销时接待顾客的方法

如果顾客向售货员询问的某种商品，商店已经卖完了，或者补货还没有配送到店，售货员不能说“没有了”或“没货了”。这样答复顾客是不妥的。售货员应该说：“不巧得很，现在没货了。如您急用，来货后马上给您送去，好吗?”或者说：“对不起，您要买的××商品现在虽然没货，但是您看这个怎么样。这个商品不比××商品差。”商店里如果有和顾客要买的商品相似的商品，可以按照以上说法试着推荐给顾客。

（十）顾客对购买的商品不中意时的处理方法

商店出售的某商品如果不符合顾客的心意，这时顾客会说：“这个图案不好啊!”或者说：“这个式样不好啊!”售货员可能会回答：“这个图案不好，您看这边这个怎么样？请您到这边来。”这样回答不如说：“这个图案还算不错吧！再好点的，请您到这边来看看……”

二、顾客纠纷的处理

售货员在为顾客服务的过程中，难免会与顾客发生纠纷，因此，对于顾客纠纷的处理也是商场服务工作中的重要内容。商场对顾客纠纷处理得好与坏，将在很大程度上影响商场的经营业绩。

（一）顾客纠纷的处理流程

商场在处理顾客纠纷时，一般分四个阶段来进行。

1. 详细倾听顾客的抱怨

若发生顾客投诉，商场工作人员先要仔细倾听顾客的抱怨，让顾客把心里想说的话全部说完，这是基本态度。如果工作人员不能仔细听完而中途打断顾客的陈述，可能会引起顾客更大的反感。顾客既然会产生不满情绪，表明他的物质或精神上受到了某种程度的损害，因此，他在提出抱怨时很可能会不太理智，甚至可能说出一些粗鲁的话来。工作人员应该理解顾客的心情，切不可与之发生冲突。

2. 向顾客道歉并弄清原因

在听完顾客的抱怨之后，工作人员应立刻向顾客真诚地道歉，以平息顾客的不满情绪，并对事件的原因加以分析、判断。有些顾客可能比较敏感，喜欢小题大做，遇到这种情况，工作人员千万不要直接地指出他的错误，应该婉转而耐心地向顾客解释，以取得顾客的谅解。

3. 提出解决问题的方法并尽快行动

在听完顾客抱怨，工作人员应向顾客道歉，并对问题产生的原因加以说明之后，就应该提出合理解决问题的方法了。在提出解决的方法时，工作人员应该站在顾客的立场，尽量满足顾客的要求。与顾客达成共识后，商场必须迅速采取补救行动，不能拖延，否则，顾客的抱怨非但不会消除，反而会加重，因为顾客又有新的不满产生了。

4. 改进工作，不让同样的问题再发生

商场工作人员处理顾客纠纷时，不能满足于消除顾客的不满，更重要的是通过顾客的不满找出商场工作上的薄弱环节，并加以改进。否则的话，虽然通过补救措施消除了这个顾客的不满，但同样的抱怨还会发生，这个问题实际上等于没有解决。可以说，顾客的每一次抱怨都为商场变得更好提供了机会。

（二）顾客纠纷的处理方法

商场工作人员要解决好与顾客的纠纷，必须先找出顾客不满的原因，然后针对不同的原因采用不同的处理办法。下面是几种常见的引起顾客纠纷的原因及相应的处理和预防方法。

1. 因商品不良引起的纠纷

商品不良包括商品品质不良、商品标志不全、商品有破损等。虽然商品不良往往是制造商的责任，如衣服洗后缩水、褪色或罐头里有异物等，但商场并非完全没有责任，因为商场负有监督商品的责任。为了保证商场售出商品的质量，商场在进货时应严把质量关，在陈列时应注意对商品的保护，在销售时应详细地向顾客解释商品的使用、保养方法，避免因顾客使用不当而引起商品损坏，甚至引发事故。如果发生此类纠纷，不论责任在谁，商场都应诚恳地向顾客道歉，然后提供新的商品，如果顾客因使用了该商品而发生物质上或精神上的损失，商场还应适当地给予补偿。

2. 因服务方式引起的纠纷

这里所指的服务方式是指商场售货员接待顾客时的服务方式。售货员接待顾客方式的好坏，直接关系到顾客对商场的信任程度。顾客对售货员服务方式的不满主要表现在以下几个方面：

（1）售货员态度不当。售货员在接待顾客时，经常会因态度不当而引发顾客纠纷。例如，售货员只顾自己聊天，不理会顾客招呼；售货员因顾客购买物品不多而冷淡、应付，或者不屑一顾；售货员在顾客准备购买商品时，热情相待，倘若顾客决定不买，售货员马上板起面孔，甚至冷嘲热讽；还有些售货员会与顾客发生争吵。这些行为很容易引起顾客的不满。

因售货员态度不当而造成的纠纷，不像商品不良一样有明确的证据，而且同样的待客态度也可能因顾客的不同而有不同的反应，因此，处理此类纠纷比处理由于商品不良引起的纠纷要难一些。

出现此类纠纷以后，顾客一般不会再与售货员理论，而是直接找经理投诉。碰到此类情况，经理可以采用两种处理方法：一是仔细听完顾客的抱怨，然后代表商场向顾客致歉，并保证一定会加强对售货员的教育，不让类似情况再次发生；二是陪同涉事的售货员一起向顾客道歉，以求得顾客的谅解。

第二种方法适用于顾客情绪非常激动的情况。采用这种方法，会使发生纠纷的双方再次见面，顾客很可能言辞激烈，再次指责售货员，而售货员也可能会为自己辩解。为了避免再次发生冲突，经理应事先和售货员谈话，指示不管受到多么严厉的指责也一定要忍耐下来。

（2）售货员工作上出现失误。不管售货员如何注意服务态度，也会因偶尔的疏忽而引起顾客的不满。例如，算错了钱，多收了顾客的钱款；为顾客介绍商品时不准确，以致顾客买错了商品；拿给顾客的商品与顾客要求的尺码、规格不符；等等。

当顾客发出此类抱怨时，售货员必须诚恳地向顾客道歉，并且承担所有责任，而不要把一丝一毫的责任推卸给顾客。如果顾客觉得自己有部分责任，如没讲清要求等，他会自己说出来，好让售货员感觉好一些。反之，售货员若暗示顾客也有责任，只会使情况变得更糟。向顾客道歉以后，售货员要征求顾客的意见，退掉商品、换一件新的或者补给顾客多收的款项。只要售货员确实有改正失误的诚意，仍会获得顾客的好感。顾客走后，售货员还要认真分析失误的原因，并采取相应的措施，确保今后不会重蹈覆辙。

（3）顾客对售货员产生误会。有时候售货员可能没犯什么错，也没什么不称职的地方，但顾客会因为对售货员及其提供的服务持某种主观的否定态度而产生不满的情绪。例如，顾客认为售货员为他挑选商品不够耐心，尽管售货员已经尽了最大的努力。

如果发生了此类纠纷，售货员仍应先向顾客道歉，然后仔细地、平静地把原委解释清楚，但注意不要把话说得太明确，以免使顾客难堪。

因为售货员工作的目的是让顾客满意，所以不论自己有没有失误，都可以这样对顾客说："你说得对。真对不起，我能做什么来补救吗？"在这样的气氛里，顾客的不满很容易会化解掉。

3. 使用不习惯的新产品、新材料后产生的纠纷

这种情况主要是指新型的衣服、衣料在使用过程中出现的问题。由于新型衣料不断增加，在使用、洗涤、保存方面产生的问题也越来越多。例如，近年来流行的羊绒衫既轻便又保暖，但是顾客在洗涤时如果使用一般的洗涤用品，羊绒衫就会缩水、变形，让许多顾客感到相当不方便。

为了避免顾客产生这类抱怨，售货员在销售这些商品时，应事先了解清楚这些商品的特性及使用、保管和洗涤的方法，以便全面地向顾客介绍这些商品的优缺点，以及在使用、保存和洗涤时应特别注意的问题，这样才不至于产生太多的问题。

4. 顾客需要的服务超过商场的能力而引起的纠纷

有时候，顾客要求的服务水准太高，令商场来不及安排，或者根本无力提供。这时候，如果售货员只简单地说声"不"，而不做任何解释的话，也会引起顾客的不满。对于这种情况，售货员应该首先如实告诉顾客商场的局限，然后主动帮助顾客寻找解决问题的方法。例如，当顾客要求某种商场不提供的服务时，不要说："不，我们没有这种服务。"

而应说："没问题，虽然我们没有这种服务，但我知道哪些单位能提供这种服务。"之后售货员把有关单位的地址和电话号码留给顾客。如果商场没有这些资料，售货员可以告诉顾客到哪里能查到有关内容。如果这样做了，虽然顾客没有得到他们所需要的服务，但仍会对商场留下好的印象。

总之，商场在处理各种顾客纠纷时，要掌握两大原则：一是顾客至上，永远把顾客的利益放在第一位；二是迅速补救，确定把顾客的每次抱怨视为商场发现弱点、改善管理的机会。只有这样才能重新获得顾客的信赖，提高商场的业绩。

模块 4　案例分析

案例 1　解析胖东来的服务设计

服务也是商品，当下众多企业的服务是购买产品附赠服务，然而，未来必然是服务创造利润，胖东来便是现实的范例。

胖东来将服务视作提高顾客忠诚度的商品，将其当作激发员工积极性的利器，更把服务视为企业利润的源头。那么，服务究竟该如何学习呢？总结下来，主要包含三个方面：经营思维、体验设计和管理创新。

经营思维

根据艾瑞咨询的数据，20 世纪 80 年代中期，中国引入了"超市"这种零售模式。然而，直到 1997 年，随着城市化的迅速发展，这种业态才真正开始迅速发展。胖东来的扩张步伐正好赶上了零售业发展的高潮，紧随市场潮流，在 2002 年左右快速开出了一批新店。

胖东来在创始初期，就提出了用真品换真心，不满意就退货。这也是胖东来从创立开始到现在一直以来不变的承诺。这种"不满意即退货"的理念在当时是非常超前，因为大部分商家害怕遭遇恶意退货的浪潮。如今，"七天无理由退货"的政策已经成为国内零售业，尤其是线上零售业的标准做法，这证明了这一举措的正确性。

体验设计

零售就是细节。很多超市甚至消费者都想不到的细节之处，胖东来都替你想到了。胖东来提供了 7 种不同功能的购物车，每一种都有其独特的特点。例如，儿童手推车上有小旗子，方便父母辨认。婴儿购物车的设计可以让父母在购物的同时，保持与孩子的互动，减少婴儿对陌生环境的害怕。在介绍牌的每个购物车都有不同的容量提示，顾客可以根据当天的采购选择适合的购物车。这样可以减少空间的占用和浪费。胖东来的各个广场都设有服务台，可提供租借婴儿推车、礼品包装、残疾人免费轮椅等多项服务。租借婴儿车处配备有一次性尿垫、婴儿毛毯等，减少了宝妈出门的装备，妈妈们可以更方便、轻松地采购。特别值得一提的是，胖东来天使城打造的豪华母婴室，包含休息室、打理间、哺乳间等多个私密空间，设施高端且完备。配备专门人员随时提供帮助，并为宝妈准备了方便哺乳的椅子脚凳和遮挡帘。

老年人是超市中较大的客户群体，胖东来在对老年人的需求上做足了功课：(1) 有老年人专用的购物车，在推车上设计了座椅的功能，老年人可以随时休息；(2) 专为老年人设计的购物车配备了放大镜，方便他们查看产品和说明；(3) 在一些货架上配备了老花镜，方便老年人查看货物信息与资料。这些设计体现了对老年人无微不至的关怀。

进入卖场之后，顾客就进入了购物选品的环节。在生鲜商品区和散称粮食区，胖东来特别提供了一次性手套供顾客取货。在生鲜商品区，胖东来为顾客准备了自己操作生鲜的参考菜单与方式，同时还提供了现场加工的服务。水果区域也不例外，除了根据上架时间进行折扣销售，胖东来还会对水果进行农药残留等的数据监测，并将切片果盒进行甜度排序。另外，胖东来对水果、蔬菜的种类、产地、内容也会有视觉化的介绍。顾客在逛超市的同时，还上了一堂科普课。

仔细分析，这些细节并不会带来过多的成本，却能够紧紧抓住顾客的情感。在胖东来的服务中，营造了“购买愉快、购买安心”的情感价值，这在商家和消费者之间形成了情感纽带。

管理创新

胖东来是如何将“以人为本”的理念用在内部管理上的呢？

胖东来近日宣布将抹零权下放给员工，其目的是进一步提升消费者体验，增强员工的责任感。例如，对于 103.88 元的茶叶，员工贴标签时可以运用正当职权将其减免到 100 元。对于企业来说，3.88 元是个小数字，对于消费者来说，却带来了心理上极大的舒适和感动。企业微小的让利带来的是用户忠诚度和满意度。此外，员工在岗期间，勤擦灰拖地、帮顾客搬运商品、为顾客做专业的产品介绍、扶老人上下电梯，这对胖东来员工来说，都是非常基础的操作。高素质的表现和权力的下放，依赖于有自主能动性和企业责任心的员工。

胖东来创始人于东来相信，通过高薪和优厚福利，他们能够吸引到顶尖的员工，从而将高品质的服务理念贯彻到底部，直达顾客的体验与感受。胖东来还设立了“员工委屈奖”，虽然身处服务业，但并不卑微，企业追求员工健全的人格。

作为一家零售商场，胖东来不是孤立地售卖商品，也不以卖出商品作为经营核心，而是将用户到店的旅程看作一个整体来提升用户体验。胖东来坚信：顾客体验好了，于是就愿意来、喜欢来；顾客来得多了，商品销量自然增长。同时，胖东来的“服务设计”不仅仅是在前端呈现给顾客的好的体验，还能够统筹资源，将“以人为本”在用户端和员工端同步用到极致。

资料来源：深度解析胖东来的服务设计［EB/OL］. 搜狐网，2024-08-13.

问题

(1) 胖东来在超市服务体验方面上有哪些举措?

(2) 胖东来的服务设计给了国内零售商哪些启发?

案例 2

日本零售业的细节设计

2017年上半年，中国赴日本旅游人数超过328.17万人次，同比增长6.67%。强大的中国游客甚至为日语创造了一个新词——“爆买”。

很多去过日本旅游的人都对日本百货零售服务业给予了极高的评价：细心、周到、温暖、热情但充满界限感。衡量日本零售业服务尺度唯一的标准是人——对人的尊重和关注。日本零售业对细节高度重视。

对细节的精益求精，使得日本零售业的细节流露出明显的精致感，成就了日本实体商业的繁荣。

一、站在顾客角度思考，想顾客所想

再简朴的小餐馆，也一定会配备婴儿椅；再简朴的洗手间，也会在隔间中设置放置婴儿的地方。日本的便利店一般都售卖热咖啡或奶茶，免费提供糖包、湿纸巾等。顾客购买果酱等玻璃瓶装物时，结账时店员会套上防震膜；购买女生用品时，店员会单独用纸袋套起来以免不雅；部分便利店还会在收银台下附设小小的洗手台，方便“馋猫”顾客吃完就能洗手；若遇雨天，店员一定会为顾客在纸袋外细心地加套塑料袋以免淋湿。图7-3为某些门店内部服务设施场景。

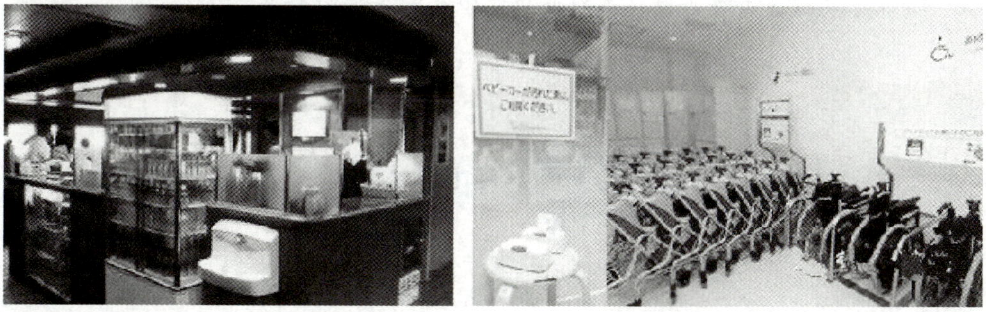

(a) (b)

图7-3 门店内部服务设施场景

东京迪士尼乐园、大阪环球影城都设有标示清晰的指示牌。在需要排队的场合，工作人员会特别照顾不会日语的外国游客，若排队时间太过冗长，工作人员还会拿来时装杂志、影视杂志给游客解闷。

在机场以及火车、电车、地铁的站台，服务人员基本都能用英语交流，服务场所备有日英双语地图（大站还有中文地图），一切都默默传达着对顾客的体贴。

二、服务热情但绝对有界限感

过度服务就是没有界限感。在日本，服务人员会事先征求顾客的意见。在餐饮、旅馆等容易扬尘的场所，营业时间内绝对不可以扫地或拖地，因为这既不卫生，也是对客人的不尊重。

服务业从业人员随时保持微笑，耐心解答咨询，不住点头倾听，每个环节服务人员都保持高度的专业感，但也保持一定的距离，不会让客人觉得被打扰或不适。若客人有抱怨，服务人员会真诚地道歉，并且耐心地帮客人处理问题，绝不甩锅踢皮球。

三、极高的审美素养

日本人对于设计有独到见解，反对跟风，强调店铺的特别性、有强烈的可记忆特征。小到店招字体这样的细节，商家都会经过深思熟虑，所以顾客不会有审美疲劳。

日本本土每一家咖啡馆都有自己的鲜明特色以及强烈的特征，让人过目难忘。咖啡馆的设计与布置就是店主人最爱的风格，所以法式的、日式的，摩登前卫的、复古怀旧的，Zakka（杂货）感的、艺术范的……各有千秋，顾客选择了某家咖啡店，也代表对店主人风格的喜爱和认同。

餐饮是一个特别容易同质化的业态，餐饮的经营必须跟上甚至超越消费者生活方式的改变。餐饮业应以“餐饮＋”、多业态生活体验作为附加值，形成足够的差异化和强大的产品力，吸引目标人群，并使忠实客群产生顾客黏性；深度理解精准客群的需求，为他们定制服务，注重细节、讲究情怀。

问题

（1）日本零售商业与国内零售商在顾客服务上有哪些不同之处？

（2）你认为国内零售商实施日本商业极致服务的主要障碍是什么？

模块5 知识拓展

新零售下的客户服务与消费体验

零售商一直在寻找方法改善顾客在店内的体验，甚至不惜耗费大量投资进行员工培训和技术手段的更新。但是调查机构的数据表明，对于大多数的消费者来说，这并不能真正地提升对其的吸引力。

一方面，从研究机构的数据来看，接近90%的消费者希望在购物时能够自己来判断产品，除非他们遇到问题不能解决时才需要销售人员的服务与帮助。即使是在他们确实需要帮助的时候，大多数消费者也更喜欢使用商店内的技术设备来解决他们的问题，而不是与销售人员过多地交谈。甚至有80%多的消费者宁愿通过价格标签来确认产品价格，也不愿去追踪和询问店内的销售人员。

但是另一方面，当消费者进店需要关于产品选择的建议时，近52%的消费者表示他们重视店内对于个人消费者的服务，包括介绍、对比和推荐等服务，尤其是在购买科技产品时。然而研究发现，这是一种反常的现象，因为更多的消费者更喜欢听取朋友和家人的建议，或者通过社交媒体收集的购物建议选购商品，而不是根据商店员工的建议去选择。

一、有价值的服务和新零售技术

当消费者被问及到店购物时最关键的因素时，53%的受访者表示店内营造出的环境氛围是关键，毕竟打造自我品牌形成影响力是消费者选择的重点。其他有价值的服务和新零售技术包括：

（1）网上预订，能够在店内取货。42%的千禧一代消费者是在网上研究服装，但是图片不能反映产品的真实感觉，因而在购买商品前在店内试穿是很重要的。

（2）及时的促销和销售信息。近34%的受访者表示，进入商店后在智能手机上收到促销和销售信息是很重要的，商家及时把活动信息告知消费者能令促销作用最大化。

（3）商家流动的销售点。近30%的受访者表示，能够从商店的任何地方去了解和购买商品是很重要的，这意味着数字扫描技术对零售来说将变得越来越重要。

（4）店内的无线网络。能够在店内使用免费无线网络，通过网络和社交媒体寻求购买信息，对于30%的受访者来说也是很重要的。

（5）商店自身应用程序。从调查来看，向购物者提供个人建议的应用程序对大约29%的购物者很重要。而相比之下，只有17%的人将销售助理列为重要的帮助来源。

（6）手机的移动支付。目前移动支付带来的便捷使得人们逐渐养成出门不带现金的习惯，商家能够提供移动支付服务对80%的受访者来说很重要。

在新零售的逐渐普及下，一些有能力的品牌商家应该结合线上线下的业务进行整合营销，而对于绝大部分还没有能力整合线上线下业务的商家而言，让消费者有更好的购物体验就是关键。

二、构建消费者体验

关于购物体验，新生代消费者愿意花钱买时间，把自己从无聊、重复的事务中解脱出来，投身于自己的业余爱好和其他热爱的活动。在这种消费心理变化的背景下，新零售可以尝试从以下几方面构建消费者体验：

1. 多渠道无障碍的购物体验

以小米之家为例，小米之家有大约 200 个 SKU，覆盖最普遍的生活场景，可以让消费者最大限度地体验到小米产品的质感。同时，实体产品陈列也能强化消费者心中小米的品牌形象，让更多不参与电商活动的消费者也能建立起品牌认知。除了卖货，小米之家最重要的工作就是从线下往线上引流，向用户介绍更丰富的小米产品系列。店员会引导到店消费者在手机上安装小米商城的 App，鼓励消费者通过手机完成购买。

通过打通线上线下，小米之家做到了便捷性和体验感的统一。到店一次的用户就有机会成为小米的粉丝，产生惊人的复购率。

2. 多元化产品组合及沉浸式场景体验

以无印良品为例，无印良品线下店与咖啡餐饮、文化艺术、时尚美容等跨界融合，试图打造一种新型体验的社交化场所。为配合书店和商品陈列，上海无印良品淮海路旗舰店推出了一系列与设计有关的活动，如请设计师做讲座、举办读书会等，配合无印良品本身的品牌调性，更加吸引有个性表达诉求的目标消费者。

3. 基于仓的极度便利体验

消费升级的大环境下，消费者不再会为了省钱而“自找麻烦”，更愿意为了方便而多花钱。提高供应链效率、把消费场景做得离用户更近成为零售商的共同选择。各色场景在写字楼、社区和街道多点开花：无人货架、无人超市、天猫小店、京东便利店、盒马鲜生、超级物种等大小场景纷纷涌现。

4. 数字化会员管理带来的精准推送体验

传统会员管理一般只能记录消费金额、消费频率、姓名、手机号、消费偏好等结构化数据，零售商很难通过这些浅显的维度精准勾勒用户画像，且大多未能联通线上线下。结合全渠道的数字化会员管理则会通过更多维度的数据对消费者进行画像。消费者的线上线下记录和各种非结构化数据将其审美取向、性格特点和价值观等和盘托出，这些感性维度的标签对消费者最终的购买决策有着重要的影响。在此基础上进行的精准推送非但不会让消费者厌烦，还能实现较高的转化率，在营销上带来体验的提升。

新零售的数据手段可以完整地记录、沉淀“社群”运营过程中所累积的“社会资本”，进而创造、创新出服务于社群零售的新产品、新服务。云集、拼多多、大 V 店等社群零售平台的成长速度很快，社群数量、交易额、复购率等指标让电商同行感到惊讶，这是“信任螺旋”释放出的作用。而更多的线下新零售场景都在打造社交空间，武汉 YOOYA 精品超市专门开辟了 YOOYA 空间，定期组织与顾客的交流与互动，将线下零售店转变成社交化的零售。

模块6 团队项目实战训练

一、项目名称

商店零售服务提供情况调查分析。

二、步骤及要求

（1）每组准备对零售店服务进行调查评价的相关资料。
（2）实地走访调查零售店的服务状况。
（3）调查结束后，按照顾客满意度指标，每组对调查结果进行梳理分析。
（4）完成零售店服务调查评价分析报告，每组代表在课堂上进行汇报。
（5）每组针对零售店服务存在的问题提出各自的改进意见。

三、过程评价

（1）组内打分。
（2）组间打分。
（3）教师打分。

项目八　零售定价与促销

学习目标

知识目标

1. 掌握商品定价的方法以及价格策略。
2. 掌握零售促销的基本策略与促销方式。
3. 掌握零售促销的效果评估。

能力目标

1. 能够对商场的价格促销活动进行调查与评价。
2. 能够设计卖场促销活动策划方案。

素养目标

1. 具备一定的市场敏感度和商业道德观念。
2. 具备创新精神和团队协作能力。

模块1　大家来讨论

牛奶产品定价

A企业在进入乳品行业初期，产品单一，无品牌影响力。A企业主推的纯牛奶品项在上市之初，采用的是243ml/袋、百利包包装形式，产品规格为20袋/箱，产品供货价为39元/箱，终端零售价为40元/箱。由于产品销售量每日不足12吨，企业处于无利甚至亏损状态。新上任的总经理急于改变这种状况，因此对产品品种进行了调整，容量改为 200ml/袋，规格为 24 袋/箱，然而在制定产品供货价时却遇到了难题：由于各方面意见不一致，有的主张仍采取原先价格 39 元/箱就可以了，有的主张定在 40～43 元/箱，有的则主张定位在 44 元/箱。为此总经理陷入矛盾之中，采取原先的 39 元/箱的价位上市固然具有一定的价格优势，但产品利润率极低；如果提价至 40～44 元/箱，产品价格提高了，有利于提升利润率，但有可能影响整体销量。为此，总经理一直犹豫不决。

请思考：

如果你是 A 企业总经理，你会怎样进行定价决策？

模块 2　基本知识

一、零售定价概述

价格永远是零售卖场设计与管理的主题。面对众多的竞争对手、多样化的顾客需求，零售企业必须经常调整卖场价格，以赢得竞争的先机。特别是有些大型卖场为了赢得顾客，往往实行低价策略，这种低价策略是一种整体水平的低价格，并不是针对每一种商品实行低价格销售。这种整体水平的低价格策略的目的是给顾客留下鲜明的印象，赢得顾客的信赖，以此实现扩大销售的最终目的。这就需要卖场加强对价格的管理，对各种不同的商品采取不同的定价方法，实施不同的定价策略以及适时对价格进行调整，同时把这些策略、方法及变动体现在价格上。

（一）商品定价的形式

（1）统一价格。统一价格是由国家物价主管部门和其他业务主管部门统一管理的价格。

（2）浮动价格。国家物价主管部门允许某些商品价格可以在一定范围内浮动。

（3）工商协商定价价格。其范围是三类轻纺工业品和手工业品中的最小商品。在省、自治区、直辖市人民政府规定允许协商定价的商品目录范围内的，卖场可与生产企业按规定的品种和议价原则协商定价。

（4）议价。议价是处于国家牌价和市价中间的一种价格形式。它比国家牌价灵活，经营者可随供求的变化及时调整价格，不必亏损经营；它又不像市价那样完全由经营者决定，仍不同程度地受到国家的干预，如国家规定议价水平要略低于市价并按一定的作价原则定价等。

统一价格和浮动价格均属于计划价格，是零售价格的主要组成部分，工商协商定价价格和议价是计划价格的补充。

（二）制定商品价格应考虑的因素

零售企业在制定商品价格时，要充分考虑一系列内部和外部因素对企业价格决策的影响和制约。内部因素主要指企业的经营成本、预期定价目标和经营策略、商品质量、商品市场生命周期和需求的价格弹性。外部因素主要指市场供求状况、市场竞争状况、消费者状况、政策与法律法规等。

1. 制定价格应考虑的内部因素

（1）经营成本。连锁企业的商品销售价格应能弥补该商品的经营成本，这是获利的前提。商品经营成本是连锁企业制定价格的最低界限和基本要素。经营成本低，价格变动和利润空间都较大，有利于企业进行商品定价；经营成本高，价格变动余地小，商品在市场竞争中就会处于不利地位。因此，在正常经营条件下，连锁企业所制定的商品价格必须大于该商品的经营成本。

（2）预期定价目标和经营策略。从市场营销的角度来看，价格的制定还应考虑企业定价目标。企业定价目标不同，价格确定的水平和确定的方法也不同。例如，在追求短期利润最大化的目标下，可以制定较高的价格；如要提高市场占有率，则可以制定较低的价格。此外，商品定价要与企业经营策略相配合，不同的经营策略下应采用不同的价格水平。如促销时就应适当降低商品价格，以吸引顾客、扩大影响、增加企业影响力。

（3）商品质量。商品质量是影响产品定价的重要因素。质量与价格的关系大体上有三种类型：按质论价、物美价廉和质次价高。在产品供大于求、人们生活水平普遍提高的情况下，消费者更注重商品质量而并非价格。因此，连锁企业在制定价格时，一定要以质量为前提。同时，零售企业应根据商品类别的不同，处理价格与质量的关系，有些商品应高质高价，如珠宝首饰；有些商品则应价格低一点，质量也可次一点，如一次性使用的商品；有些商品则应价廉物美，如生活日用品。

（4）商品市场生命周期。商品市场生命周期是指商品从投入市场到退出市场的全过程，可分为投入、成长、成熟和衰退四个阶段。一般来说，商品在投入期，为了引起消费者的注意和兴趣，可以较低的价格出售；成长期商品可以维持在一个稳定且有适当利润的售价水平上；成熟期的定价策略与成长期相似，但应注意替代品的出现和竞争者的价格行为，故应加大促销力度；在衰退期，零售企业应以较低价格，通过促销活动尽快出清存货，并及时退出。

（5）需求的价格弹性。消费者是否购买某种商品以及购买数量的多少，在一定程度上取决于商品价格的高低及其变化。价格水平与商品需求量之间存在一种内在关系，即需求的价格弹性。它是指价格变动比率与所引起需求量变动比率的数量关系，反映了需求量对价格变动的敏感度。不同类型商品的需求量对价格变动的反应不同，也就是价格弹性大小不同。

零售企业在制定价格时，必须考虑需求的价格弹性，对于价格弹性大的商品（弹性系数大于1），应该采取降低价格、薄利多销的价格策略，因为此类商品的降价能扩大销售，增加收入；对于价格弹性小的商品（弹性系数小于1），可适当提高价格，这类商品的提价可使单位商品的利润增加，从而增加企业总利润。

2. 制定价格应考虑的外部因素

（1）市场供求状况。在市场经济条件下，商品价格和供求关系是互相影响、互相制约的。供不应求，价格上升；反之，供过于求，价格下跌。同理，价格的高低又会影响商品的供求状况。因此，零售企业在确定商品销售价格时，应充分考虑该商品的市场供求状况。

（2）市场竞争状况。这是直接制约商品定价的因素，一般来说，在该商品竞争激烈的情况下，该商品的定价应低一些；反之，则应高一些。此外，商品定价还应综合考虑竞争对手同类商品的价格水平和本企业的竞争策略。

（3）消费者状况。能否接受本企业的商品定价是消费者是否会购买该商品的基本前提。消费者若不认可该商品的定价，就会减少甚至拒绝购买该商品，企业就无法开展经营。因此，连锁企业的商品定价必须充分考虑目标消费群体的职业、收入、消费心理和消费习惯等因素，使商品价格符合目标消费群体所期望的价位。

（4）政策与法律法规。价格对交换双方来说，存在此消彼长的物质利益关系，它涉及各行各业和千家万户的利益，与人民生活息息相关。因此，我国虽然实行了市场经济，但仍对企业定价有不少限制，具体表现在政策与法律法规上。从政策上看，国家会制定诸如货币政策、信贷政策、税收政策、工资政策及财政政策来影响价格；从法律法规上看，国家会制定相应的法律法规来约束企业价格行为，从而影响商品价格。

总之，商品定价是一个复杂的过程，涉及企业、供应商、市场、消费者和政府等多种因素的影响，因此连锁企业在确定商品价格时，要综合考虑各方面的利益关系，合理确定各方认可的商品价格。

（三）商品定价的方法

零售企业为了实现定价目标，应采取恰当的定价方法。商品价格的确定方法一般有以下几种：

1. 成本导向定价法

成本导向定价法是以成本为主要依据，综合考虑其他因素来制定商品价格的方法。根据商品成本的形态不同以及在成本基础上核算利润的方法不同，成本导向定价法通常有以下三种：

（1）成本加成定价法。这是以生产经营该商品的单位成本为基础，加上预期利润率确定商品价格的方法。成本为企业的生产成本或进货成本，售价与成本的差额即加成。实际经营中常用成本利润率来确定预期利润率。

单位商品价格＝单位商品总成本×(1＋加成率)

成本加成定价法的优点是计算方便，在市场环境诸因素基本稳定的情况下，可以保证各行业获得正常的利润率，从而保证零售店的正常经营；其缺点是忽视了市场竞争和市场需求状况。

（2）目标收益定价法。目标收益定价法，又称投资收益率定价法，是先按企业的投资总额确定一个目标收益率，然后按目标收益率计算目标利润额，再根据总成本计划销售量和目标利润额算出商品价格。

目标收益定价法的优点是可以保证企业实现既定的目标利润，从而实现既定的目标收益率；缺点是只考虑生产者的利益，没有考虑竞争和需求的实际情况。

（3）边际成本定价法。边际成本定价法是企业以单位产品的边际成本为基础的定价方法。边际成本是指每新增一单位生产的产品（或者购买的产品）带来的总成本的增量。任何超过可变成本的定价均属于对利润的贡献。边际成本定价法的计算公式为：

商品价格＝变动成本＋边际贡献

边际成本定价法的实际意义在于：在固定成本不变，零售店总收益不减少的前提条件下，可以通过增加商品销售量的办法来降低商品的价格，以低价策略增强零售店的市场竞争力。因此，边际成本定价法一般是在市场竞争激烈时，零售企业为开拓市场采用的较为灵活的做法。

2. 需求导向定价法

需求导向定价法是以需求为中心的定价方法，即定价时不只是简单地考虑商品的成本，而是以消费者对商品价值的认识和反应程度为依据。引起消费者需求变化的因素很多，如需求价格弹性、消费者价格心理、收入水平等，这些因素在很大程度上影响着消费者对价格的反应。需求导向定价法通常有以下两种：

（1）理解价值定价法。其认为决定商品价格的关键因素是消费者对商品价值的理解水平，而不是卖方的成本，即企业通过市场营销组合中的非价格变数（如产品质量、服务和广告宣传等）的运作，使商品在消费者心目中形成理解价值，然后据此定价。价格与质量联想和声望定价是理解定价的两个方面：

1）价格与质量联想。消费者相信高价格意味着高质量，低价格意味着低质量，这种观念就是价格与质量联想。

2）声望定价。不同类型、不同经济实力的消费者事实上存在心理价格的底线，不会购买价格低于底线的某些商品，因为他们感到太低的价格意味着商品质量低、品位也低。

（2）区分需求定价法。对于具有不同购买力、不同需求强度、不同购买时间或不同购买地点的消费者，零售企业可根据他们的需求强度和消费感觉的不同，采取不同的定价策略。区分需求定价法通常有以下四种：

1）以消费者为基础的差别定价，如会员和非会员、零星购买和集体购买的价格差异。

2）以商品的外观、式样、花色等为基础的差别定价，如某商品的新款式和旧款式的价格差异。

3）以地区为基础的差别定价，如本地水果和非本地水果的价格差异。

4）以时间为基础的差别定价，如时令蔬菜和非时令蔬菜的价格差异。

3. 目标利润定价法

目标利润定价法是指根据一定的目标利润确定商品价格的方法。其通过运用盈亏平衡分析原理来确定价格水平。目标利润定价法的基本公式如下：

$$Q=\frac{F}{P-CV}$$

式中：F——固定成本；CV——单位变动成本；P——单价；Q——盈亏平衡点销量。

当企业要取得一定的目标利润时，公式为：

$$Q=\frac{F+W}{P-CV}$$

式中：W——企业的目标利润。

则定价公式为：

$$P=\frac{F+W+Q\times CV}{Q}$$

（四）商品定价的策略

商品定价的策略是零售企业营销战略的重要组成部分，而且价格直接关系到零售企业的经济效益，因此，价格策略对于零售企业而言尤为重要。常用的价格策略有以下几种：

1. 心理定价策略

心理定价策略是指利用消费者的心理因素，根据不同类型消费者购买商品的心理动机来制定商品价格的一种定价策略。心理定价策略通常有以下两种：

（1）尾数定价策略。其是以零头数结尾的一种定价策略，往往是用某些奇数或人们中意的数字结尾。大型超市内商品价格常以 9、5、8、6 等数字结尾，使消费者一方面产生吉利的感觉，另一方面产生一种价格便宜的感觉。

（2）错觉定价策略。消费者对商品重量的敏感通常要远低于对价格的敏感。在给具有不同的包装和商品分量的同一种商品定价时，零售企业不妨利用消费者的这一特点。例如，500 克装的某品牌奶粉标价为 50 元，后推出的 450 克装的同样的奶粉标价为 46 元，后者的销量明显要比前者好。其实算一下就会发现，二者单位定价相差无几，且后者还略高一点，但后者更容易吸引顾客。

2. 声望定价策略

声望定价策略是指经营历史悠久的企业为其优质品牌产品制定较高价格的策略。它是以企业和商品已有的声望为基础的，制定出的价格又进一步迎合消费者的求名心理和以价论质的心理，从而有助于不断提高企业和产品的声望。声望定价往往采用整数定价方式，其高昂的价格能使消费者产生“一分钱一分货”的感觉，从而在购买过程中得到精神的享受。

在实际运用中，零售企业运用声望定价策略时应该注意：

（1）采用声望定价策略的商品的种类要严格控制，种类过多无法维持价格水平。

（2）确保声望定价商品的质量。对于质量尚不稳定的商品，切不可制定声望价格。

（3）严格掌握声望类商品与一般同类商品的差价幅度。

（4）维持声望价格。零售企业不能只靠原有的声望，还应不断提高商品质量，增加售后服务，巩固消费者的信任感和安全感。

3. 折扣定价策略

折扣定价策略在现实生活中的应用十分广泛，是一种采用降低定价或给予折扣等方式来争取顾客购物的定价策略。折扣定价策略通常有以下几种：

（1）数量折扣策略。数量折扣是指根据消费者购买商品的数量，给予不同折扣的一种定价策略。数量越多，折扣越大。其实质是将销售费用节约额的一部分，以价格折扣的方式分配给消费者。

（2）现金折扣策略。其又称付款期限折扣策略，是在“信用购货”的特定条件下发展起来的一种定价策略，即对按约定日期付款的消费者给予不同的折扣优待。现金折扣实质上是一种变相降价赊销、鼓励提早付款的办法。例如，付款期限一个月，立即付现折扣为5%，10天内付现折扣为3%，20天内付现折扣为2%。零售企业往往利用这种折扣策略，保持现金流，扩大经营。

（3）季节性折扣策略。这是指零售企业对购买过季商品者，可分别提供现金折扣和数量折扣的定价策略。这种策略适用于季节性很强的商品，采用季节性折扣的主要有服装类零售店。许多商店推出的“换季大降价”就属于这种类型。季节性折扣不仅能够提高销量，而且能够减少库存积压，疏通商品流通渠道，提高商品流通速度。

（4）限时折扣策略。这是指在特定的营业时段对商品进行打折，以刺激消费者的购买欲望的定价策略。例如，在某天的某个时段，某商品有三折优惠。限时折扣一方面可以增加店内人气，活跃气氛，调动顾客购买欲望；另一方面可促使一些临近保质期的商品在到期前全部售完。

二、零售促销概述

（一）零售促销的定义和作用

1. 零售促销的定义

零售促销是指零售企业为了增加消费者购买和提升交易效益而进行告知、劝说或提醒目标消费者的活动。

现代的零售促销是指企业运用各种沟通方式、手段，向消费者传递商品（服务）与企业信息，实现双向沟通，使消费者对企业及其商品（服务）产生兴趣、好感与信任，进而做出购买决策的活动。

2. 零售促销的作用

零售促销的作用主要有以下几个方面：

（1）提升知名度，树立门店形象。一般来说，门店在某地开业之初，企业在该商圈的知名度往往不高。该门店应配合总部通过大型的促销活动和企业形象宣传，在提高连锁企业整体知名度的同时，树立起门店的形象，扩大门店在消费者心目中的影响，获得消费者对该企业的认同。

（2）促进销售业绩，增加销售额。为了在激烈的市场竞争中提高市场占有率，实现销售最大化的目标，零售企业会将增加商品销售作为促销目标之一。特别是对于新商品、季节性商品和生鲜商品的销售，以商品销售作为促销目标，效果直接且明显。

（3）增强同行竞争。以同行竞争为目标的促销活动，主要是与该商圈内其他连锁企业举办的促销活动相抗衡，以降低其对本企业的影响。该促销活动主要在本商圈内同类企业较多、实力相当的情况下实施。

（4）处理滞销商品，加速资金周转。针对本企业所积压的商品或过季商品实施特价促销，其目标就是清理滞销商品，回笼货款，加速资金周转。

（5）维系老顾客，吸引新顾客。顾客需求有时是一种潜在的存在，顾客对哪些具体商品能满足其需求并不十分清楚。而连锁门店所经营的商品也经常发生变化，如增加了新商品，或者进行了季节性变换。实施例行性促销，经常性地向目标消费者传递商品信息，其目标在于维系老顾客、吸引新顾客，以增加客流量。

（二）零售促销策略

1. 会员制促销策略

会员制是最能体现长期效益的一种促销形式，其具体做法是：由到某一超市购物或享受特定服务的消费者组成一个俱乐部，成员向俱乐部交纳一定数额的会费，以后可以在该超市享受购买一定数量的折扣商品或享受一定级别服务的权利。

（1）会员制给消费者带来的利益有：1）享受价格优惠或折扣；2）方便购买；3）享受优质服务；4）享受年底分红或返还。

（2）会员制给超市带来的利益有：1）建立长期稳定的顾客群；2）便于调整营销策略；3）会员费收入可观。

（3）连锁超市会员制的种类有：1）公司会员制；2）终身会员制；3）普通会员制；4）内部信用卡会员制。

2. POP 促销策略

POP（Point of Purchase）广告，又称店面广告、售点广告，是指在商品购买场所和零售商店的周围、入口、内部以及有商品的地方设立的广告。

（1）POP 广告的作用。1）传播新产品信息；2）激发消费者兴趣，唤起其潜意识；3）吸引消费者产生购买欲望，进而达成交易行为；4）取代推销员传达商品信息；5）配合季节促销，营造节日气氛；6）巧妙利用销售空间与时间，促成即时性购买行为；7）塑造企业形象，保持与消费者的良好关系。

（2）POP 广告的种类：

1）招牌 POP。招牌 POP 主要包括店面、布幕、旗子、横（直）幅、电动字幕，其功能是向消费者传达企业的识别标志，传达连锁企业销售活动的信息，并渲染这种活动的气氛。

2）货架 POP。货架 POP 是展示商品广告或立体展示售货广告，这是一种直接推销商品的广告。

3）招贴 POP。类似于传递商品信息的海报，此类 POP 要注意区分主次信息，严格控制信息量，建立起视觉上的秩序。

4）悬挂 POP。悬挂 POP 主要包括悬挂在卖场中的气球、吊牌、包装空盒和装饰物，其主要功能是营造卖场活泼、热烈的气氛。

5）标志 POP。标志 POP 主要指的是商品位置指示牌等，它的主要功能是向消费者传达购物流程和位置的信息。

6）包装 POP。包装 POP 主要是指商品的包装，具有促销和宣传企业形象的功能，如附赠品包装、礼品包装和若干小单元的整体包装等。

7）灯箱 POP。连锁企业的灯箱 POP 大多固定在陈列架的端侧或壁式陈列架上面，它主要起到指示商品的陈列位置和品牌专卖柜的作用。

图 8-1 为生活中的 POP 广告示例。

图 8-1　生活中的 POP 广告

（3）超市 POP 广告的设计原则。1）突出个性，设计醒目；2）重视陈列设计，强调主题先行；3）准确充分地利用各种要素，注意其统一性和协调性；4）强调现场宣传效果。

(4) 需要设置 POP 广告的商品。1) 广告商品或宣传商品；2) 特价商品；3) 能够让消费者产生购买冲动的商品；4) 新产品和流行商品；5) 有关联的商品。

(5) POP 广告的策划过程。零售企业的任何 POP 广告都不是随意推出的，只有经过一个周密的策划过程，才能达到最佳的广告效果。因此，零售企业在策划 POP 广告时应着重注意以下七个方面：

1) 了解 POP 广告的背景因素，配合新商品上市活动，并以既定的广告策略为导向。

2) 了解消费者的需求，策划有效的 POP 广告，刺激和引导消费。

3) 了解商圈内的消费者情况，并听取员工的意见，作为 POP 广告的制作依据。

4) 确定 POP 广告的功能、费用预算、持久性、制作品质、运输等的综合平衡。

5) 明确 POP 广告的时效性，其时效性必须与零售企业的整体营销计划同步。

6) POP 广告必须集中视觉效果。

7) POP 广告最好与媒体广告同时进行。

(6) POP 广告对超市销售额的影响。1) 端架的陈列、定位的陈列（如特价商品、新产品、推荐商品等）有 POP 广告时，可增加 5%的销售额；2) 具体的商品促销（如打七折或八折）有 POP 广告时，可增加约 20%的销售额；3) 如果有 POP 标示，大量陈列的商品可增加约 40%的销售额。

3. 广告促销策略

卖场广告促销是指卖场经营者采用付款方式，委托广告经营部门通过传播媒介，以现代科学技术和现代化设备为手段、以策划为主体、以创意为中心，对目标市场所进行的以超市的店名、标志、企业定位等为主要内容的宣传活动，目的是在消费者心目中牢固树立企业的形象，从而达到刺激并扩大市场需求、开拓潜在市场、扩大市场份额、发展连锁超市的目的。

(1) 确定广告促销目标。1) 信息性广告促销；2) 说明性广告促销；3) 提醒性广告促销。

(2) 确定广告促销预算。广告促销预算是超市经营者对广告促销活动费用的匡算，是企业投入广告活动的资金费用使用计划，科学地编制广告促销预算是实施有效的广告促销策略并取得预期促销效果所必需的。

(3) 广告促销策划。

第一，广告促销策划原则。1) 及时性；2) 真实性；3) 针对性；4) 效益性。

第二，制作促销广告。1) 体现广告目标；2) 选择广告诉求形式（即怎样说）；3) 确定广告促销时间；4) 做好广告设计。

第三，广告促销的媒体选择。1) 确定广告接触人数、频率和效果；2) 选择广告媒体；3) 决定媒体的使用时机。

第四，评价广告促销效果。1) 测定沟通效果；2) 测定销售效果。

4. 公关促销策略

（1）确立公关促销目标。1）提高商店的知名度；2）树立良好的商店形象；3）激励销售人员和经销商。

（2）公关促销策划。

第一，公共关系策划的基本原则。1）价值导向原则；2）真实性原则；3）新奇性原则。

第二，选择公关促销的方式。1）制造新闻；2）发表演讲；3）创造事件；4）从事公益服务活动；5）散发书面资料；6）编辑视听资料；7）提供电话服务。

第三，评估公关促销效果。1）注意、理解、态度改变衡量法；2）销售额和利润衡量法。

5. 卖场服务促销策略

（1）连锁超市服务促销常见的方式。连锁超市服务促销方式如表 8－1 所示。

表 8－1　连锁超市服务促销方式

连锁超市售前服务	连锁超市售中服务	连锁超市售后服务
购物环境卫生	销售接待服务	送货服务
商品陈列	在线销售服务	维修服务
购物指南	订购服务	抱怨与投诉的处理
商品介绍、咨询信息服务	加工服务	培训服务
培训服务		咨询信息服务

（2）连锁超市服务促销策划。

第一，连锁超市服务促销的目标：1）提高销售量（额）；2）与竞争对手展开竞争；3）树立良好的企业形象。

第二，常见的连锁超市服务促销活动：1）商品现场演示促销活动；2）消费者教育促销活动；3）日常便民服务项目促销活动。

（3）实施服务促销中应注意的问题。1）要适应消费者的心理特点，根据消费者的需求开设服务项目；2）要根据商品的特点分别设立相应的服务项目，使消费者在购物前、购物中和购物后都能得到更多的方便；3）要善于发现潜在需求，在竞争中先声夺人。

（三）零售促销方式

零售企业的促销内容和方式，永远伴随着促销活动的变动而变化，因此，其促销方式自然与活动密不可分。促销方式由于种种技巧的组合应用，虽然多种多样，但归纳起来常用的有以下几种：

1. 优价促销

微课 14：

网络零售促销与传统零售促销的利与弊

优价促销就是将商品以低于正常的定价出售，如特价拍卖、折扣优惠、淡季促销等。最常见的优价促销方式有下列三种：

（1）库存大清仓。对于换季商品或库存较久的商品、滞销品等，零售企业会以大降价的方式来促销。这样可使门店减少库存积压，较快地回笼资金，加速资金周转。

（2）节庆大优惠。零售企业可利用新店开张、逢年过节和周年店庆等时机以优惠价格来开展促销活动，这样不仅能提高营业额，还有利于提高连锁门店的知名度。

（3）每日特价品。由于竞争日益激烈，为争取顾客登门，门店可推出每日一物或每周一物的特价品，在让顾客花小钱买到又便宜又好的商品的同时，带动其他商品的销售，提高销售额。

2. 有奖销售促销

不少顾客总想试试自己的运气，因此“抽奖”是一个极有效果的促销活动。抽奖活动往往会有一大堆奖品，如彩色电视机、洗衣机等，这样的奖项极易激起顾客参与的兴趣，可在短期内对促销产生明显效果。

通常而言，参与抽奖活动的顾客应符合规定的条件，如购买某特定商品，购买某一商品达到一定数量，在本店内消费达到一定金额，或答对了某一特定问题。此外，需要注意的是，举办抽奖活动时，抽奖活动的日期、奖品或资金、参加资格、评选方式、发奖方式等务必标示清楚，且抽奖过程公开化，以增加顾客的参与热情和信心。

3. 发放优惠券促销

为了提高顾客的购买金额、稳定本企业的顾客队伍，连锁企业可在各分店向购买商品达到一定金额的顾客发放购物优惠券，持优惠券购物可以取得一定比例的价格优惠。优惠券应在连锁企业的各门店都有效，以吸引顾客、扩大销售。

4. 举办各种类型的竞赛活动

竞赛是融动感性和参与性于一体的促销活动，以比赛来凸显主题或是介绍产品，除了打响商品的知名度以外，更可以增加销售量。例如，喝啤酒比赛、卡拉 OK 比赛等，既可活跃卖场气氛，也可增加顾客的话题，加深顾客对卖场的印象。

5. 现场展示与现场制作食品促销

对于顾客不太熟悉的新商品，除了广告宣传外，连锁门店可设专柜现场展示，演示商品的功能、使用方法，解答顾客提出的问题，营造活跃的购物气氛，激发顾客对新商品的兴趣。此外，零售企业可邀请多家同类商品厂家，在所属门店内共同举办商品展销会，形成一定的声势和规模，让顾客有更多的选择机会，以促进商品销售。

现场制作食品是指聘请经过专门训练的员工或厨师在店堂做现场制作表演。如某一种新食品的烹制过程、半成品配菜、熟制品现做现卖、活鱼活禽的宰杀等。这种表演应有一定的技巧性、示范性和教学意义，可让顾客从中学到一定的技术窍门，得到快乐，并由此产生兴趣，这对营造店内气氛、激发顾客的购买欲十分有效。

6. 免费品尝和试用促销

连锁门店可在显眼的位置设立专柜，请顾客免费品尝新包装、新口味的食品。对于非食品的其他新商品，连锁门店可实行赠送促销。免费试用可鼓励顾客试用新商品进而产生购买欲望。例如，我国许多连锁门店设有美容专柜，免费为愿意试用新品牌化妆品的顾客做美容，让顾客体验新化妆品的功能，刺激顾客的购买欲。这种促销方式可在零售企业统一推出新产品时，或老产品更改包装、性能时采用，目的是迅速地向顾客介绍和推广产品，以获得顾客的认同。

7. 集点赠送与分红促销

零售企业要想吸引顾客持续购买并提高品牌忠诚度，可以采用集点赠送这种非常有效的促销方式。基本做法是顾客光顾本店后，能累积一定积分的点券，连续购买或光顾可不断集点，到达一定的点数可以兑换赠品或折价购买。

（1）设计一些带有连锁企业形象标志的小礼品，如钥匙链、小卡通玩具等，在新店开业或顾客购买一定数量的商品时赠送。这样相当于做了一次广告宣传。

（2）顾客在店中购买商品后，附赠精美的包装。包装可以根据商品的体积、形状及数量分别设计，可以是特别的塑料袋或手提购物袋。

（3）分红。顾客累积一定的消费额，即可于某特定时间（如年终）获得该累积消费额的一定比例的回馈红利。分红通常是一种长期的持续性活动，而非短暂的促销。

8. 打折优待促销

打折优待促销是指零售企业在适当时机（如节庆日、换季时节等）以低于商品正常价格的售价出售商品，使顾客获得实惠，主要有以下两种形式：

（1）设置特价区。在店内设定一个区域或一个陈列台销售特价商品。特价商品通常为应季大量销售的商品、过多的存货、接近保质期的商品或者外包装有损伤的商品。这就需要零售企业谨慎处理，避免将一些变质或损坏的商品卖给顾客，否则会引起顾客反感，甚至会遭到顾客投诉。

（2）批量作价优待。顾客整箱、整包、整桶或较大批量购买商品时，零售企业应给予价格上的优惠。这种方法一般用在周转率较高的食品和日常生活用品上，可以增加顾客一次性购买商品的数量。

9. 以旧换新促销

零售企业可与厂家联合，对本店出售的某种商品以旧换新，新旧差价较大的，可由顾客补交一定数额的价款。

这种方式不仅刺激了消费，加速了商品的更新换代，而且提高了零售企业和品牌的市场占有率，不失为促销的一种良策。但这种方式的运用有一定的局限性，只有那些与厂家关系密切的零售企业方能使用。

三、促销活动与管理

（一）促销活动的主题

促销要突出主题，起到画龙点睛的震撼效果。促销内容必须能够抓住顾客的需求和市场的卖点。在体现促销主题时应把握两个字："新""实"。"新"，即促销内容、方式、口号要富有新意，这样才能吸引人；"实"，即简单明确，让顾客得到更多的、实在的利益。促销活动的主题主要有：

1. 开业促销

开业促销是连锁促销活动中最重要的一类主题，它只有一次，而且与潜在顾客是第一次接触，顾客对门店的商品、价格、服务、氛围等印象，将直接影响其日后是否再度光临。因此，店长及全体员工通常要全力以赴，努力使门店的开业促销活动给顾客留下良好的第一印象。通常，开业当日的经济效益也颇为可观，可达平日销售业绩的 5 倍左右。

2. 店庆促销

零售企业或连锁门店周年店庆促销活动的重要性仅次于开业促销，因为每年只有一次，供应商大多给予较优惠的条件，以配合企业（门店）的促销活动，故其促销业绩往往可达平日的 1.5～3 倍。

3. 例行促销

例行促销通常是为配合节庆假日、民俗节日及地方习俗举办的促销活动。一般而言，门店每月可举办两三次例行促销活动，以吸引新顾客光临，并提高老顾客的购买品种及金额。通常其业绩可比非促销期间提高两三成。

4. 竞争性促销

竞争性促销往往发生在商圈内竞争门店数密集的地区。由于各种业态的兴起，加上各企业门店的空间距离有时太近，彼此客层商圈重叠情况严重，因此面对竞争门店采取周年店庆促销或特价促销活动时，零售企业通常可以推出有针对性、竞争性的促销活动，以免销售额降低。

四种促销活动主题的相关内容如表 8－2 所示：

表 8-2 四种促销活动主题

促销主题	促销目标	促销时间	活动内容	广告方式	实施效果
开业促销	· 打开市场 · 吸引大量客源 · 创造理想的销售业绩	1～2 周	· 文艺表演 · 名人剪彩 · 商品特卖 · 抽奖兑奖 · 赠品 · 免费品尝 · 有奖竞赛 · 面对面销售	· 报纸 · 宣传单 · 户外广告 · 海报、POP · 店内广播	· 开业当日销售额可达平时的 5 倍左右 · 促销期间销售额可达平时的 2～3 倍
店庆促销	· 提升形象及提高知名度 · 提高客流量及客单价	5～10 天	· 抽奖兑奖 · 商品特卖 · 免费品尝 · 折扣券 · 赠品 · 面对面销售	· 报纸 · 宣传单 · 邮寄广告 · 海报、POP · 店内广播	· 销售额可达平时的 1.5～3 倍
例行促销	· 提升形象及提高知名度 · 提高客流量及客单价 · 稳定客源及吸引新顾客	3～7 天	· 商品特卖 · 面对面销售 · 量感陈列 · 免费品尝	· 宣传单 · 邮寄广告 · 海报、POP	· 销售额可达平时的 1.1～1.3 倍
竞争性促销	· 减少客源流失 · 避免销售额衰退 · 确保竞争优势	3～7 天	· 商品特卖 · 量感陈列 · 面对面销售 · 赠品 · 折价券 · 免费品尝	· 宣传单 · 店内广播 · 邮寄广告 · 海报、POP	· 销售额为平时的 0.9～1.1 倍

（二）促销活动的实施与管理

1. 促销活动的实施

促销活动作业流程如图 8-2 所示。

2. 促销活动的管理

（1）促销定位管理。促销主题要体现：一是“新”，即促销内容、促销方式、促销口号要富有新意，这样才能吸引人；二是“实”，即简单明确，顾客能实在地得到更多利益。

（2）诱因的设置。诱因即促销活动规定的优惠条件，诱因的设置决定了促销活动对顾客的吸引力。在充分考虑各种因素的条件下，零售企业应合理设置诱因和促销优惠的范围。例如，参加活动的范围可以是全部，如全场商品七折，也可以是部分，如指定商品七折。

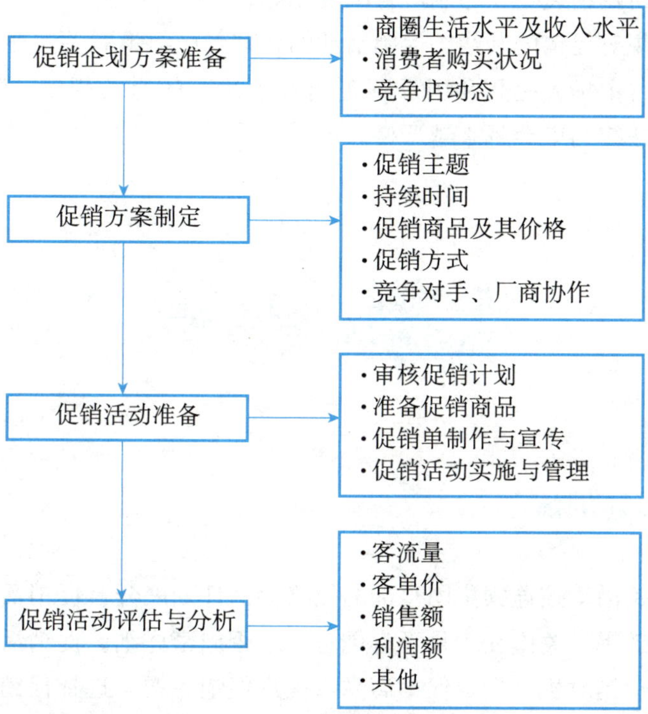

图 8-2 促销活动作业流程

(3) 促销活动进行中的库存控制。促销活动中所产生的渠道库存如何控制，是非常重要的一个问题。尤其是针对阶段性的促销活动，零售企业要根据计划所分的每一个促销阶段合理掌握中后期的库存量，为下一阶段扫清因库存压力而导致的销售混乱因素。

(4) 促销费用的控制。控制促销费用的原则是：因促销而为卖场增加的贡献应大于促销费用的支出。

1) 制定促销预算的常用方法：

——销售额百分比法。零售企业根据年度销售目标的一定比例来确定促销预算，再按各月的销售目标分配至各月。

——量入为出法。零售企业根据卖场的财力来确定促销预算。

——竞争对等法。零售企业根据竞争对手的大致费用来决定自己的促销预算。

2) 促销费用的分担方式。在确定促销总预算后，零售企业还必须考虑经营负担问题。由于食品、日用品在零售卖场中的销售比重日益上升，厂家与零售企业共同负担促销经费的方式已经成为事实。主要分担方式有：

——厂家的促销活动融入零售卖场的促销计划内。例如，由厂家提供样品和赠品，零售企业举办推广特定厂家商品的促销活动，在店内开展优惠活动并由厂家贴补促销费用等。

——厂家向零售企业租用卖场特定位置或设备以推广商品。例如，零售企业租用端架或大量陈列区、支付购物袋背面印制广告的费用等。

（5）政策、法规对促销的制约。促销活动的管理者应熟悉有关法律及政策对零售业促销活动的制约，如《中华人民共和国反不正当竞争法》的有关规定。随着我国法律的健全，对促销活动的法律约束会越来越严格。

模块3 操作指导

一、促销活动策划的流程

连锁卖场的促销活动按连锁集团总部的战略促销计划展开，促销活动能否实现其预期目标，达到预定的效果，关键在于是否有创意、是否周密详细。促销活动策划大致分为明确促销目的、选择促销时机、选定促销商品、确定促销主题、选择促销方式、选择促销媒介以及确定促销预算，如图 8－3 所示。

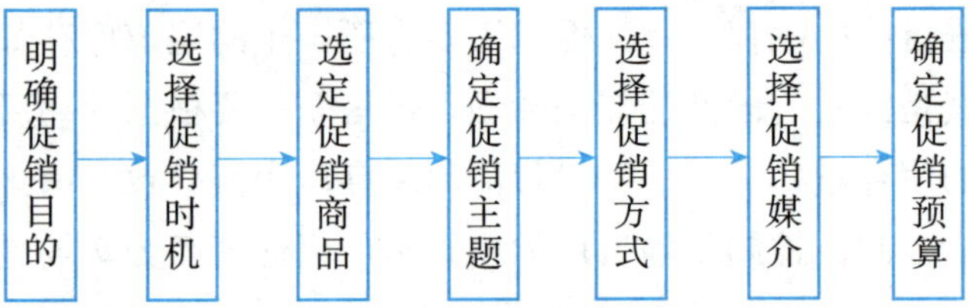

图 8－3　促销活动策划流程

（一）明确促销目的

连锁卖场的促销目的是通过向市场和消费者传播信息，促进销售、提高业绩。连锁卖场在不同时期会有不同的促销目的，促销目的不同，促销方式也就不尽相同。因此，连锁卖场在进行促销活动策划时，先要明确具体的促销目标，这样才能收到事半功倍的效果。连锁卖场促销目的一般有：（1）提高销售额；（2）增加利润额；（3）提高来客数；（4）提高客单价；（5）提升企业形象；（6）加快商品流通；（7）应对竞争对手。

（二）选择促销时机

连锁卖场选择促销时机时，应注意以下两方面的问题：

（1）促销活动的延续时间。连锁卖场可以选择长期促销活动与短期促销活动。

（2）促销时机的选择和把握。连锁卖场常采用的促销时机有节令、天气、节假日、纪念日等。

（三）选定促销商品

消费者的基本需求是希望买到价格合适的商品。因此，促销商品的品种、价格是否具有吸引力将直接影响促销活动的成败。一般来说，促销商品有四种：节令商品、敏感商品、大众商品、特殊商品。

（四）确定促销主题

（1）促销主题的选择。促销主题要突出“新”和“实”。

（2）促销主题的分类。促销主题可以分为开业促销、店庆促销、例行促销、竞争性促销。

（五）选择促销方式

促销方式是促销活动的重要内容。连锁卖场应该以促销目标、促销主题及促销商品的特点为依据，再根据促销效果和不同时期的需要来选择合适的促销方式。

（六）选择促销媒介

连锁卖场举行促销活动时，必须通过相应的媒介把信息发布出去。媒介的种类很多，而且日新月异。因此，连锁卖场选择促销媒介时，应根据促销活动的方式、商圈范围、顾客特点、媒介本身的运用情况及成本来定夺。媒介选择范围有：网络、电视、报纸、杂志、广播、宣传单、户外广告、POP 广告。

（七）确定促销预算

连锁卖场促销预算包括两项内容：一是所需资金量，二是资金的来源。

（1）促销预算常用的方法有：销售额百分比法、逐项累计法、量入为出法、竞争对等法、目标任务法。

（2）促销的费用来源有：将厂商的促销活动融入连锁卖场的促销计划；厂商租用连锁卖场的特定位置及相关设备，以推广其商品。

某大卖场端午节促销活动方案范文

一、促销目的

每年的农历五月初五是我国富有民俗文化传统的节日——端午节。端午节一方面是为了纪念爱国诗人屈原；另一方面，在现代生活当中，吃粽子、喝黄酒、挂艾草和菖蒲等节日活动和仪式，主要是满足人们“驱邪、消毒、避疫”的心理。根据这一节日特点，特制定本卖场端午节促销方案，以提升本卖场形象，促进节日销售。

二、促销日期

6 月 22 日—6 月 30 日。

三、促销主题

(1) 端午节靓粽，购物满就送。

(2) ××猜靓粽，超级价格平。

(3) 五月端午节，××包粽赛。

(4) 五月端午射粽赛。

四、促销方式

（一）商品促销

1. “端午节靓粽，购物满就送”活动

活动内容：五月初五当天，凡在本卖场一次性购物满 38 元，即可凭购物小票到服务中心免费领取靓粽 1 只，每位顾客限送 10 只，数量有限，送完即止。

2. 商品陈列

(1) 采购员要求供应商（如五芳斋、思念公司等）制作促销粽子的小木屋或小龙舟，因场地有限，每个供应商在小木屋或小龙舟中任选一个，放置在卖场大门口东侧广场，以渲染卖场气氛和促进商品销售（具体操作事项由采购员联系洽谈）。

(2) 除小木屋或小龙舟促销之外，促销期间利用冷柜大面积地陈列各类品牌粽子，五月初三、初四、初五三天除冷柜之外，还应在一楼主通道摆放粽子堆头销售，卖场尽量为每个供应商或厂家提供一个堆头位置。

(3) 端午节当天在不影响粽子质量和销售的情况下，可将 0.5～1 千克重的粽子用网袋装成若干数量包（注意包装要很难解开，避免顾客拆包多装），并打上价格，悬挂于货架旁边或顾客容易看到的地方，以刺激顾客的购买欲望，促进粽子的节日销售。

(4) 美工和业务部员工要充分发挥想象力，进行创意陈列和气氛布置，如在粽子堆头周围用泡沫板绘上龙舟等图案。

3. 商品特卖

在促销期内，粽子和与节日相关的商品（如黄酒、饮料等食品，透明皂、沐浴液、杀虫剂、蚊香等用品）均有特价销售。

（二）活动促销

1. “××猜靓粽，超级价格平”活动

(1) 活动时间：6 月 22 日—6 月 30 日。

(2) 活动内容：凡在 6 月 22 日—6 月 30 日促销期间，在本卖场一次性购物满 18 元的顾客，凭购物小票均可参加“猜靓粽”活动。

(3) 活动方式：在商场入口处或冷柜旁边设促销台，摆放不打价格或不易分辨厂商的粽子，让顾客进行粽子品牌及价格竞猜；商品由采购部落实，价格一定要足够低，以顾客意想不到的价格出售给顾客，使顾客感受到真正的实惠，为节后下一步的销售立下口碑、打下基础。

2.“五月端午节，××包粽赛”活动

（1）该活动本卖场去年已经举行过，顾客反响强烈，效果也不错，实施与否敬请公司领导定夺。

（2）操作步骤：采购部洽谈粽子材料—材料到位—活动宣传—各店组织比赛。

（3）参赛奖品：获得自己所包粽子，多包多得。

3.“五月端午射粽赛”活动

（1）活动时间：6 月 22 日—6 月 30 日。

（2）活动内容：凡在 6 月 22 日—6 月 30 日促销期间，在本卖场一次性购物满 38 元的顾客，凭购物小票均可参加“五月端午射粽赛”活动。

（3）活动方式：凭购物小票每人可获得 5 枚飞镖，在活动指定地点（卖场大门口西侧广场）参加射粽子活动，射中的标志为“豆沙”即获得豆沙粽 1 只，射中的标志为“肉粽”即获得肉粽 1 只。

（4）道具要求：气球、挡板、飞镖。

（5）负责人：由店长（总经理）安排相关人员。

五、相关宣传

（1）两款“粽子吊旗”卖场悬挂宣传。

（2）我店直复营销快讯宣传（分配数量见附件）；直复营销快讯第一、二期各 2 000 份，第三期单张快讯 2 000 份。

（3）场外海报和场内广播宣传。

六、相关支持

（1）采购部联系洽谈 500 只粽子作为赠品赠送给顾客。

（2）采购部联系洽谈 25 千克粽子材料，举行包粽比赛。

（3）采购部联系洽谈 500 只粽子，举行射粽比赛。

七、活动商品预计

（1）“端午节靓粽，购物满就送”活动：靓粽限送 500 只。

（2）“××猜靓粽，超级价格平”活动：数量和价格由赞助商决定。

（3）“五月端午节，××包粽赛”活动：粽子散装米 25 千克。

（4）“五月端午射粽赛”活动：粽子每店 500 只。

八、费用总预算

（1）装饰布置，气球、横幅、主题陈列饰物，费用约 500 元。

（2）吊旗费用约 500 元。

（3）促销总费用约 2 000 元。

××大卖场市场部

2023 年 5 月

二、促销活动效果的评估技巧

（一）促销过程的评估方法

这是指通过填表的方式对企业促销前、促销中和促销后的各项工作情况进行检查对比（见表8-3）。

表8-3 促销活动核检表

类别	核检项目	是	否
促销前	促销宣传单、海报等是否准备妥当		
	促销人员是否进行培训		
	促销商品是否准备到位		
	相关部门是否做好促销商品变价手续		
促销中	促销商品是否齐全、足量		
	促销商品是否变价		
	促销商品的宣传是否到位		
	促销商品的陈列是否有吸引力		
	卖场的促销气氛及购物环境是否有吸引力		
	促销人员的服务是否周到		
促销后	过期的海报、宣传单有未撤走		
	商品有未恢复原价		
	商品陈列有未恢复原状		
	卖场的布置有未得到调整		
	销售数据有未达到预期目标		

（二）促销效果的比较方法

1. 前后比较法

连锁卖场可选择促销活动前、促销活动中及促销活动后三个阶段的销售额来测评促销效果，一般会出现以下三种情况：

（1）有效促销。如图8-4所示，A曲线是零售经营者希望看到的情形，它表明在采用促销活动后顾客被吸引前来购买，卖场增加了销量，取得了预期效果。

（2）无效促销。图8-4中的B曲线表明该促销活动对商品销售没有任何帮助。

（3）不良促销。图8-4中的C曲线表明促销活动引起了不良后果。本次促销活动虽然在进行过程中提升了一定的销售量，但诸如管理混乱、设计不当或出现某些意外情况等

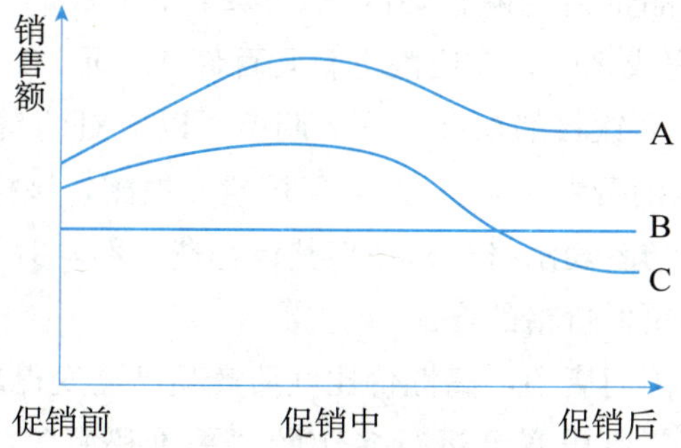

图 8-4 促销效果图

因素影响了卖场的美誉度，从而使活动后的销售量不升反降，促销效果适得其反。

2. 顾客调查法

连锁卖场可组织有关人员对顾客进行抽样调查，了解促销效果。例如，调查有多少顾客记得本卖场的促销活动以及他们对该活动有何评价，是否从中得到了利益，是否对他们今后的购物场所选择有影响等，从而评估促销效果。

3. 观察法

这种方法简便易行，而且十分直观，主要是通过观察顾客对促销活动的反应来评估促销业绩。例如，顾客在限时折价活动中的踊跃程度、优惠券的使用度、参加抽奖和竞赛的人数，以及赠品的偿付情况等，都可以用来评估促销业绩。

促销活动结束后的总结与评估有助于提高连锁卖场的绩效。一般来说，如果促销活动的实施绩效为预期的 95%～100%，则是正常情况；如果在预期的 105%以上，则是优异表现；如果在预期目标的 95%以下，则需要在今后的工作中进一步改进和提高。

模块 4 案例分析

案例 1 奥乐齐在中国把“折扣零售”玩出新花样

折扣化变革从 2023 年起在各行业展开，零售业内，永辉超市在部分门店开启了“正品折扣化”的尝试，每日从新品、网红商品及常规商品中选择一部分进入折扣商品池，价格打至商品原价的七折、五折及三折，并同步在线上 App/小程序增设折扣专区。

2023 年 10 月 13 日，盒马宣布全面启动供应链调优项目和“折扣化”变革，盒马鲜生线下门店的 5 000 多款商品价格普遍直降两成。2024 年 1 月 17 日，沃尔玛在中国首批 8 城 29 家大卖场门店升级完成之际，在店内上新几百件 9.9 元、19.9 元商品以吸引消费者。2023 年，餐饮、零售和食品饮料都在进行价格调整，以应对消费环境的变化。尼尔森 IQ 中国发布的《2023 年中国消费者洞察暨 2024 年展望》披露，该机构在 2023 年 7 月的一份调研显示，43%的中国受访者表示将严格把控整体花费金额，37%的受访者表示将改变消费方式，寻求更优价格、更低价格的产品。

目前，在奥乐齐的中国门店中，高性价比优质产品已经变得越来越多，而这些包装简洁的超值产品背后，蕴藏了奥乐齐已运行多年的"平价秘密"。自 1913 年于德国创立以来，通过精简 SKU 和做自有品牌，奥乐齐在海外市场一直稳坐头部平价超市之位。进入中国之后，它也以更为本土化的方式，将这套模式以上海为起点进行创新。

在消费降级的背景下，奥乐齐回归其低价折扣的传统。2023 年 12 月，"好品质，够低价"标语不仅被张贴在了店里，围绕该新口号，奥乐齐陆续推出了价格更低的"超值"系列，首批产品涵盖大约 100 个单品，并在后续不断扩充了产品线。选品逻辑优先集中在了消费者高频次购买的日用商品方面。例如，除化妆品之外，消费者还能在店里见到售价 14.9 元/盒的 400 克带皮猪五花肉、2.8 元的 800 克胡萝卜、10.9 元/瓶的 980 克酸奶等多种超值日常生活用品。在社交平台上，奥乐齐推出的 12.9 元面霜和爽肤水、9.9 元的洁面乳以及不到 4 元的卫生巾等平价个护系列产品，也一度引爆了消费者讨论，甚至连不少苛刻的"成分党"也给出了好评。

奥乐齐通过批发降低了价格，获得了不少消费者的青睐，但对于处于产业链末端的商超企业而言，议价能力仍然有限，只有拥有足够的渠道，才能提升议价能力，从而增强抗风险能力。奥乐齐能够提供低价商品，主要依赖于精简 SKU、推行自有品牌、减少中间流通环节，并根据消费数据快速迭代，提高周转效率。在中国市场，奥乐齐将 SKU 控制在 2 000 个以内，其中约 1 500 个为日常必需品，其余则是根据时令、节日限定供应的季节性和节日性品类，满足消费者的多样化需求，降低消费者的决策成本，同时实现了规模效应。

民生证券的报告显示，根据奥乐齐小程序，奥乐齐"超值系列"商品总共覆盖了 8 个品类，其中一半都是生鲜（水果蔬菜＋肉蛋奶水产），通过精选 SKU，商品的规模化采购效应已有体现。一个对比是，盒马目前标准门店的 SKU 保持在 5 000 个左右，这是折扣化启动后已经剔除过的成果。据盒马方面此前数据，剔除之前的盒马标准店 SKU 在 8 000 个左右，盒马淘汰掉了 3 000 个左右标品，再加上 800 多个新品，生鲜部分保持 2 000 个 SKU 不变。目前的 SKU 里大约是 3 000 个标品、2 000 生鲜。山姆会员商店平均 SKU 数量约为 4 000 个，其中大致可分为 40%左右鲜食类、30%左右干货类、30%左右非食品类。而传统大卖场通常的 SKU 则在 1～2 万个。

虽然奥乐齐在低价方面有优势，但盒马、山姆等零售巨头也在不断优化供应链，提供物美价廉的商品。例如，2023 年底，盒马通过大单采购和源头合作降低了挪威三文鱼的价格，2024 年初价格下降了 30%，并通过专线冷链保证了三文鱼的新鲜度。截至 2024 年 6 月，盒马在中国已开设 400 家门店，覆盖 30 多个城市。庞大的门店规模使得盒马能够推出更多具有价格优势的商品，并通过优化供应链掌握定价权。相较之下，奥乐齐在中国市场仅有 53 家门店，且主要集中在上海，这限制了其议价能力和市场扩展空间。总的来看，尽管奥乐齐凭借低价策略获得了一部分市场，但其有限的门店数量和集中分布决定了其难以与盒马、山姆等品牌竞争，特别是在提供更多差异化低价产品和拓展市场基本盘方面。

资料来源：奥乐齐在中国把折扣零售玩出新花样 [EB/OL]. 界面新闻，2024-04-26.

问题

(1) 国内商超纷纷开启折扣化变革的原因是什么？

(2) 盒马、山姆等零售巨头提供差异化低价产品的原因在哪里？

案例 2 麦肯锡报告：零售商应该如何进行动态定价？

在零售行业中，动态定价是保持竞争力并推动收入和利润增长的关键因素。那么，零售商们应该如何进行动态定价呢？

谈到动态定价，亚马逊仍然是零售巨头中做得最好的。其作为电子商务巨头，展现着迅速频繁、游刃有余地改变数百万商品价格的能力，这让其他零售商颇为惊奇，并试图效仿。亚马逊降低畅销商品、高知名度商品的价格，同时通过提高价格敏感的弹性商品价格来保证利润。这样不但刷新着其价格低廉的美誉，而且可以削弱对手的竞争力。事实上，亚马逊和一些其他线上网售巨头的成功已经清晰表明，在电子商务、全渠道零售乃至实体零售领域中，动态定价是保持竞争力并推动收入和利润增长的关键因素。

随着零售商开始投资于动态定价方案（无论是现成的还是由第三方供应商定制的），它们经常遇到"黑匣子"问题：没有一个最终用户真正了解算法背后的数学或逻辑。这些工具以某种方式压缩数据并显露定价建议，而这有时高于或低于当前的零售价格。因此，定价人员完全摒弃了它们，因为他们不相信这些建议。

克服以上的信任障碍，需要对解决方案的每个部分进行定制。根据经验，企业应该优化完善动态定价解决方案，供品类经理和定价管理者使用。这些终端用户应该参与开发，改进和推出工具，并能够更新定价建议。只有这样，企业才能期望获得显著和持久的影响。通常而言，销售增长率为 2%～5%，利润率提高 5%～10%，此外，通过提高最具竞争力商品的价格感知，也能够提高消费者满意度。

一、动态定价的五个模块

动态定价在提高消费者价格感知和零售商盈利能力方面起着至关重要的作用。许多零售商以非常低的价格出售其分类的 1/5 的商品，以塑造其价格形象并保持竞争力。这些关键价值商品（KVI）通常是畅销书、通信系统信号发生器或消费者容易记住的高需求即供商品。关键价值商品销售额可以占普通零售商收入的 80%，但仅占其利润的一半。因此，零售商需要在其余的长尾项目中弥补利润。然而，识别关键价值商品并不像听起来那么容易，并且由于这些项目的历史数据较少，零售商很难准确确定长尾商品的价格。

动态定价解决方案可以帮助零售商克服这两个挑战。一般来说，强大的动态定价解决方案应包括五个模块，所有这些模块都是并行工作的，为每个分类中的单品项提供价格建议。图 8－5 为动态定价解决方案。

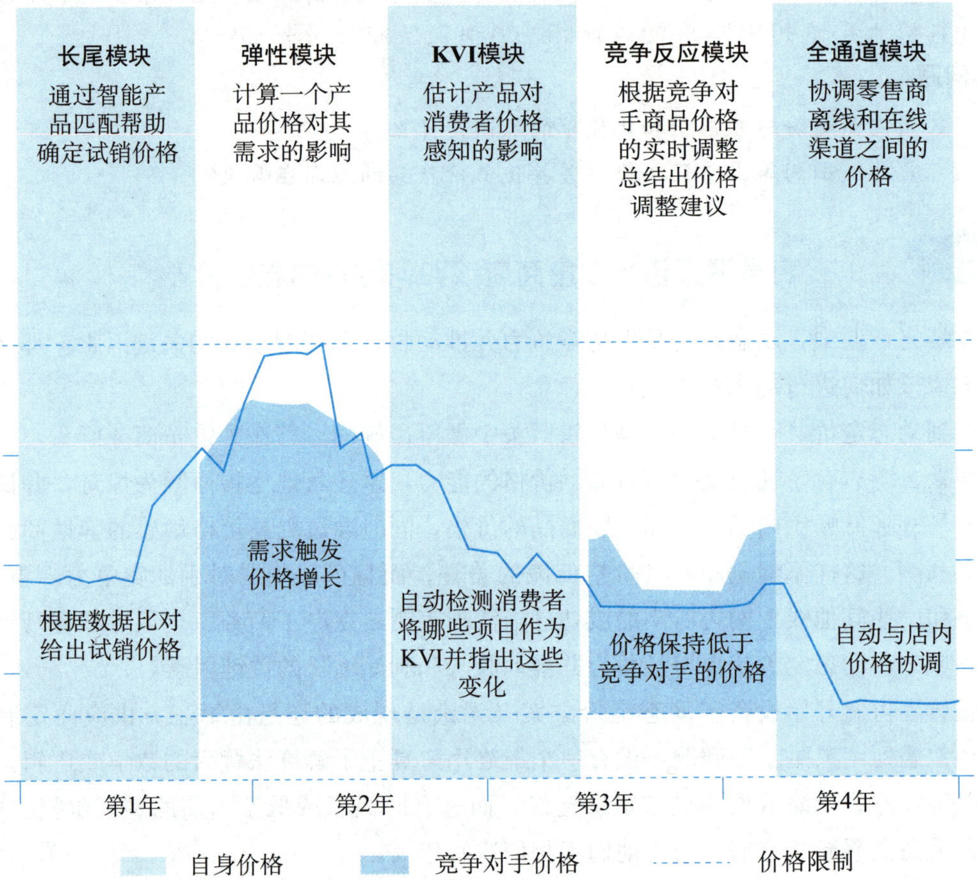

图 8－5 动态定价解决方案

（1）长尾模块帮助零售商通过智能产品匹配为新产品或长尾商品设定介绍性的价格。

（2）弹性模块使用时间序列方法和大数据分析来计算产品价格如何影响需求，涉及各种因素，包括季节性、品牌替换和竞争行为。

（3）KVI 模块使用实际市场数据而非消费者调查来估计每个产品对消费者价格感知的影响。该模块能够自动检测消费者将哪些项目作为 KVI 并指出这些变化。

（4）竞争反应模块针对实时更新的竞争对手价格为自身价格调整提供建议。

（5）全通道模块协调零售商的离线和在线渠道之间的价格。

虽然一流的解决方案包括所有五个模块，但零售商通常从 KVI 模块和竞争反应模块开始，这有助于灵活应对关键项目的竞争。零售商随后可以增加其余的模块。

企业要引入动态定价解决方案，首先要了解业务背景和业务目标，然后将其转化为可重复执行的数字模块。投入的仔细选择以及基础分析的复杂性将在很大程度上决定每个模块计算的准确性。该工具需要足够的灵活性和适应性，以使企业根据其特定目标和现有能力自定义其投入和特征，从而大大提高对产出的信心。当然，分类管理者和定价管理者是否会最终在日常工作中使用这些解决方案，部分取决于界面的直观程度，以及其与零售商现有系统和工作流程结合的简单程度。

为了构建动态定价解决方案，零售商可以首先量化向组织引入动态定价的潜力。例如，零售商可以通过系统地比较自己的价格水平与主要竞争对手的价格水平，评估竞争对手改变价格的频率，同时研究竞争对手如何应对竞争以调整价格。该结果通常会刺激零售商对动态定价采取措施。

合乎逻辑的下一步骤是在概念设计和测试的几个分类中进行试点。正确做好试点，随后推出所有产品类别的动态定价，将会大大提高收益、利润和客单价。

二、美国零售商的长尾模块

拥有 200 多万个单品的美国普通零售商有两个高度优先的业务目标需要经常进行权衡：追求绝对收入最大化还是提高生产力。因此，每个模块的算法的目标函数必须进行相应的调整——这种定制区别于现成的解决方案。

为了构建长尾模块，美国某零售商组合了丰富的数据，包括 10 万个畅销单品的日常销售数据、针对这些单品的竞争对手价格（通过网络收集）、客户浏览记录和购买历史数据、产品属性和描述以及在线指标（如显示次数和搜索排名）。团队编制了一组针对零售商的产品关联规则，使用因子分析来分配“属性相似性分数”，指导客户找到可比较的产品。零售商为其产品组制定了简单的基本规则。例如，一个分组每周最少销售 20 个单品，或者分组中的所有产品应处于相同的生命周期阶段。这些算法还帮助零售商了解其产品价格如何保持协调一致，以避免品牌替换的影响。

在短短 8 个星期内，该团队为长尾模块和竞争反应模块构建了工作原型。两个模型都经过定价管理人员的设计和测试，将其简单地整合到零售商的定期定价流程中。其影响是：分类试点的收入和利润率都提高了 3%。

三、亚洲网络零售商的弹性模块

亚洲某电子商务巨头渴望开发一个可以优化利润和总商品价值（GMV）的商品级定价策略。为此，该公司知道，不仅需要频繁改变价格，还要在设定或更改价格时考虑多方面因素。

作为更广泛的动态定价工作的一部分，该公司建立了一个弹性模块。其核心是多因素算法，该算法是从大约 10TB 的零售商交易记录数据中归纳得出的。每个产品的数据包括产品的价格、可替代产品的价格、促销、库存水平、季节性和竞争对手的销售量估计，该公司创建了区别于零售商可用数据和定价策略的定制模块。然后，该模块提出定价建议，同时兼顾了零售商的业务目标。

在便于观察的仪表板上显示建议书，类别经理帮助设计和测试。类别管理人员每一天都会对产品的增长潜力或预期的额外库存进行权衡，然后可以接受或拒绝定价建议。零售商非常相信，类别经理应该最终决定产品定价。在使用该模块仅几个月后，该公司的毛利率上升了10%，转基因生物燃料转化率也提高了3%。

鉴于电子商务的爆炸式增长，动态定价正迅速成为一个用来推动增长、保持利润率的必备技能。了解如何快速更改和定制解决方案，有助于零售商在竞争中占据优势地位。

资料来源：麦肯锡：零售商如何通过动态定价来推动利润增长［EB/OL］. 36氪，2023-06-26.

问题

（1）谈谈你对动态定价策略的理解。

（2）与传统的定价策略相比，动态定价策略有哪些优势？

模块5 知识拓展

全渠道营销

一、全渠道营销的内涵

随着互联网技术的发展与互联网终端的普及，传统实体零售业受到了强烈的冲击，市场份额大幅萎缩。新兴的电子商务企业虽然发展迅猛，但由于行业的准入门槛较低，部分低质企业滥竽充数，影响了行业的整体发展。近年来，移动终端飞速崛起，依托移动平台的零售企业快速发展，但由于消费群体与传统电商的服务对象高度重合，以至于整体行业利润不高，企业发展艰难。

在这一背景下，2011年，美国著名经济学家达雷尔·里格比在《哈佛商业评论》杂志中首次提出了“全渠道营销”（Omni-channel Marketing）的概念。它是指品牌方根据不同目标顾客对渠道类型的不同偏好，实行有针对性的营销定位，设计与之匹配的产品、价格等营销要素组合，并通过各渠道间的协同营销，为顾客提供一体化的无缝购物体验。

全渠道营销旨在建立各个渠道上一致的客户体验。无论客户通过移动、在线、店内中的哪一种方式购物及享受服务，都会得到一致的客户体验。这种无缝的体验增强了客户对品牌的熟悉程度，从而提升了品牌的正面形象和顾客留存率。全渠道营销的重点集中在提供客户服务、一致的消息传递、每个客户接触点的可用性和定价。

渠道演化路径如图 8－6 所示。

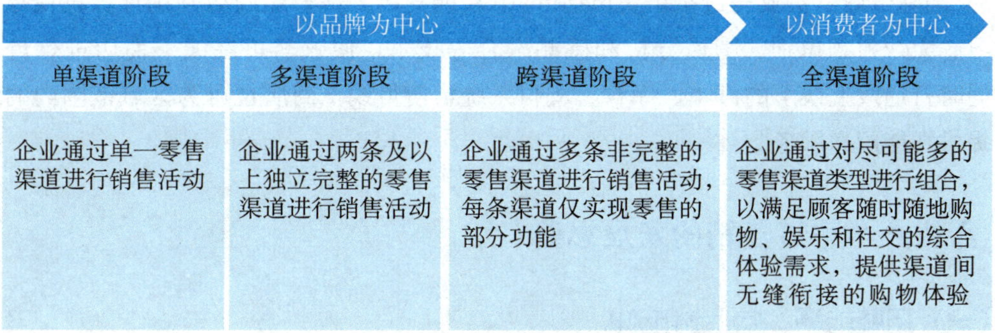

图 8－6 渠道演化路径

企业为什么要历经千辛万苦，克服种种困难进行全渠道营销的尝试？可能背后的事实才是真正的动因。

（1）拥有全渠道营销策略的企业会有 89％的顾客留存率（没有实行全渠道的企业只有 33％的顾客留存率）；其顾客生命周期价值会提高 30％；其顾客在店内会有 13％的额外消费；其给予顾客在任何设备上结账的可能性，让顾客可以在任何设备上进行产品预订，让顾客可以随时随地购买产品。

（2）全渠道营销策略让营销者能运用更多的能力；当然，最终这一策略的执行还有赖于让顾客找到所需要的产品，带给顾客以其为中心的体验。

（3）全渠道营销包含大量的预测性分析，有助于企业更好地了解顾客，并利用收集到的顾客大数据在任何设备上实现与顾客完全个性化的互动。

全渠道营销有几个关键要素：

（1）线上线下同款同价。传统零售面临着渠道分散、客户体验不一、成本上升、利润空间压缩等多个困局。新零售将从单向销售转向双向互动，从线上或线下转向线上线下融合。

（2）消费体验、定制化服务、聚会交流“社区”将成为终端门店最主要的三大功能。营销从原来的规模和标准化驱动，走向个性化灵活定制。消费者不管是在线上还是线下，只想能够高效且愉悦地买到所需要的优质产品。

（3）实现全渠道数据打通。实体门店、电商（自建官方商城或入驻平台）、社交自媒体内容平台、CRM 会员系统打通，通过融合线上线下，实现商品、会员、交易、营销等数据的共融互通，向消费者提供跨渠道、无缝化体验。

例如，1）苹果产品在官网直营店同步销售，线上线下同价。店内有互动展示，顾客可在店内试用每一款产品，同时有专业的销售顾问提供全面的咨询服务，为不同经验水平的顾客提供免费讲座，举办面向青少年的 Apple 夏令营和 Field Trip 课外活动。

2）优衣库在线上线下同步销售。以天猫为主销平台，顾客在官网、微信、App 下单后直接跳转天猫平台。线上线下同价，顾客可在线上下单，线下门店自提。

3）国际电商巨头亚马逊推出 Amazon Go 智能商店。该智能商店利用计算机视觉、深度学习、无线射频识别、图像分析和感测融合等技术，使顾客可在线下商店进行自由购物，同时打通线上线下的订单、库存、支付系统，使得线下商店也可为区域范围内的线上用户提供智能配送服务。

二、零售业全渠道营销的发展思路

（一）拓展市场，向上游延伸

当前的零售企业，由于成本增加、竞争加剧，盈利变得越来越难，而电子商务与移动零售的结合只是提升了用户的体验，并未扩大市场基数。因此，零售企业应当创新思路，拓展盈利空间。首先，企业可以向下深入挖掘客户需求，建立会员管理体系，将一些可形成持续购买的客户纳入会员平台中，以加强其忠诚度，再通过组织会员活动了解客户需求，以客户为主体，提供新的产品，扩大盈利空间。其次，企业应加强售后服务，使客户提高对企业的信任度，再通过售后服务增进企业与客户的情感联络，促进二次购买，同时优质的售后服务本身就可以制造盈利机会。再次，零售企业可以考虑向上游发展，对于一些优质的生产企业，可应用金融手段相互持股，一方面生产企业可以拥有固定的销售渠道；另一方面零售企业可以牢牢掌握优势产品，并享受生产利润。最后，零售企业应该改变传统思维，进入研发领域。传统的零售方式是在产品与消费者之间找到需求点，并将需求点利益化，但现今的商业环境需要企业进行供给侧结构性改革，研发出优质的新型产品，并引领潜在客户的消费，这就需要企业投入更多的研发经费。

（二）创新思维，运用大数据

当下的部分零售企业对于全渠道销售模式尚不能深入理解，只是将其视为一种营销手段，而传统观念中部门管理的思维造成了全渠道销售中部门众多而难以配合的情况。新型的管理模式强调组建大销售部的概念，其主要特征是：将线上线下的所有营销活动统一纳入大销售部的管理中。同时，大销售部的工作可延伸到采购与仓储等部门，零售企业可利用大数据等手段了解客户的潜在需求，建立科学的采购数据，形成以销售为核心、以信息化为纽带的新型管理体系。同时，零售企业应转变原有岗位角色，打造配送体系，让零售业变成可线下体验、线上订单、及时配送的全渠道销售模式。

（三）眼光长远，加强品牌建设

由于竞争激烈加之资金利用率不科学等原因，多数企业对于长远的品牌建设往往不够专注。目前的零售行业中同质化经营现象严重，消费者在面对同质量、同价格、同一时间送达的产品时，往往会选择品牌更为强大的企业。以往提高品牌知名度的常用方法就是广告宣传，但在多媒体引领的时代，传统广告已经无法形成对大众的宣导。当下的前沿企业通常会走进社会积极参与公益事业，并在参与过程中宣导企业的价值取向，通过实践积累引导消费者认同企业的文化内涵。这样的企业根植于社会中，与消费者形成了牢固的情感认同，这对于企业的发展起着重要的作用。

模块 6　团队项目实战训练

一、项目名称

零售店定价情况与促销情况调查分析。

二、步骤及要求

（1）每组确定要调查的 5 种左右的商品。

（2）实地走访调查零售店的商品价格状况与相应的促销手段。

（3）调查结束后，进行梳理分析。

（4）完成零售店定价与促销情况分析报告，每组代表在课堂上进行汇报。

（5）每组针对调查的结果，提出这些商品在定价上和促销手段上存在的差异及其原因。

三、过程评价

（1）组内打分。

（2）组间打分。

（3）教师打分。

项目九 新零售

学习目标

知识目标

1. 掌握网络零售的概念和类型。
2. 掌握新零售的概念和特点。
3. 掌握新零售的典型策略。

能力目标

1. 能够进行网络零售经营类型的分析。
2. 能够进行新零售策略的分析。

素养目标

1. 具备顺应时代潮流、把握市场机遇的能力。
2. 具备创新发展与服务社会的意识。

模块 1 大家来讨论

物美超市借力多点打造“新零售”

在盒马鲜生、超级物种等新零售业态竞相引发全民关注热潮时，物美这样的传统商超也在努力寻求转型。2017 年 10 月 18 日，在多点 DMALL 协助改造下的北京物美新零售体验店终于亮相。不管从对外宣传上还是商超布局上，物美这家改造门店到处散发着“类盒马”的气息。

此次上线的新零售体验店在原有的物美超市联想桥店的基础上进行了改造升级，改造后的门店变化明显：之前的两层楼缩减为一层；引入现制现售的餐饮区、海鲜区；基本所有的商品都采用电子价签，甚至改变传统商超的动线设计，采用开放式动线，以便让用户走最短的路线到达超市的任意一个区域。此外，针对高峰时段收银区排长队的问题，这家新零售体验店在不同的出口位置设置了四个自由购结账通道。改造完成后，该店的收银员直接减少了30%以上，单人通过收银区的时间由之前的60秒降低为14秒左右。自由购的购物流程是：消费者打开多点App直接扫描商品条码，商品便可自动加入电子购物车。在逛完超市后，如果用户选购的商品不超过15种，那么就可以进入购物车，在线结账支付。支付完成后系统会自动生成一个二维码，用户经过自由购通道时扫描二维码就可以出店了。

资料来源：物美超市借力多点打造"新零售"[EB/OL]. 亿邦动力，2017-10-23.

? 请思考：

面对电商的冲击，许多零售企业纷纷倒下，然而物美超市却逆势而上，它是如何做到的？

模块2 基本知识

一、网络零售

(一) 网络零售概述

电子商务在经济中正发挥着不可估量的作用，已经开始深入国民经济中的各个部门和各个环节。当电子商务渗透到零售业时，传统零售企业的信息流、资金流等方面发生了改变，这样便产生了新的零售方式——网络零售。

1. 网络零售的概念

网络零售是指消费者通过网络购买商品或享受服务，购买者可以浏览网上商品目录，比较、选择满意的商品或服务，通过网络订单，进行网上付款或离线付款，卖方处理订单，网上送货或离线送货，完成整个网上购物的交易过程。

从业态的角度界定，网络零售属于"在线互动零售"的无店铺零售业态类型之一。因为网上零售可以通过互联网进行企业和消费者的相互动态的联系，所以零售商可以清晰地了解消费者的消费偏好和对商品的看法。

目前，网络零售商既有起步于互联网的纯线上企业，也有从传统线下转战至互联网的各家零售商。尤其是后者，把自己的投资实力和获得信任的品牌运用到互联网零售领域，增强了公众的信心。随着网络平台的日益丰富以及网络支付的普及应用，已经有越来越多的零售商将网络零售纳入"多渠道"战略。

2. 网络零售的类型

这里，我们主要按照电子商务的标准，将网络零售分为B2C（Business to Consumers）和C2C（Consumers to Consumers）两种电子商务模式。其中，B2C模式是普通消费者广泛接触的电子商务模式，也是电子商务应用最普遍、发展最快的领域之一。

（1）B2C电子商务模式。B2C电子商务主要由三个基本部分组成：为消费者提供在线购物场所的网上商场、负责为消费者所购买商品进行商品配送的物流配送系统，以及为消费者进行货款结算的银行系统。

目前，在互联网上有很多B2C电子商务的类型，比如国内的当当网、淘宝网、天猫、京东商城、苏宁易购等。B2C电子商务（以网上购物为例）是电子交易的一种方式，是企业为消费者提供的一种新型的消费方式。与传统零售业务比较，B2C主要有以下几个方面的特征：

其一，销售和购买可以不受时空限制。在互联网上企业可以全天候经营，为消费者提供商品或服务；而消费者可以在需要商品或服务的任意时刻登录网站，选购商品。网络没有国家（地区）之分，网上企业的经营是跨国界的、面向全球的，而消费者也可以选购自己喜欢的任何国家（地区）的商品。

其二，内容丰富，便于消费者选择。网上商店无须占用店面，无须展示商品，只需一个产品数据库来存储商品信息，因此企业可以同时在网上展示、销售上千万种商品。例如，亚马逊可提供300多万册图书，比世界上任何一家书店的存书都要多；网上企业还为消费者提供产品的详细信息，消费者通过计算机屏幕不仅可以看到商品外观，而且可以看到一些商品的内部构造。另外，网上零售渠道还为消费者提供了更多的商品和商家选择的机会，并能获取前沿的消费资讯。

其三，方便、快捷地为消费者提供个性化服务。传统零售商的个性化服务对于老顾客可行，但是对于大量的普通顾客很难发挥效用。但是在B2C模式中，企业与消费者可以在网上快速交换信息，消费者可以把自己对产品的特定要求、意见及时反馈给企业，企业可以及时获得反馈，快速响应变化，快捷地满足消费者的个性化需求。另外，企业可以通过互联网存储的客户数据库对消费者之前的购买行为信息进行分析，为消费者提供一些有针对性的建议。

此外，随着移动互联网技术的发展，B2C平台也已经不再局限于网页端。除了网站，还出现了App、HTML5页面、微信公众号等形式。有实力的零售企业往往会综合运用以上形式开展业务。用户使用任何一个网络平台都可以浏览相关信息、下单支付等。

（2）C2C电子商务模式。国内的C2C模式最初来源于国外的电商模式，这种模式起源于传统的跳蚤市场。在跳蚤市场中，买卖双方可以进行一对一的讨价还价，只要双方同意，立刻可以完成交易。电子商务中的C2C交易主要是出售商品的个人将要出售物品的图片和详细资料放在网络平台上，供买家挑选，在网上完成买卖双方的交易。在电子商务发展史上，eBay、淘宝网、拍拍网都是C2C平台的典型。时至今日，淘宝网俨然成为目前国内最流行的C2C平台之一。

C2C最大的优势就是卖家利用专业网站提供的大型电商平台，以免费或比较少的费用在网络平台上销售自己的商品。它不受地域、时间的限制，却可以面对来自全国乃至国外的顾客。

（二）网络零售需要注意的问题

网络零售相对于实体店购物而言，消费者只能在购物结束之后看到商品实物，因此在网上购物中会有一些不确定的因素出现。这些问题会在一定程度上制约网络零售的发展。

1. 对网络零售的认识有待加强

电子商务虽然已在国内蓬勃发展，但很多零售商却采取观望态度，主要由于对网络零售的认识不足或有分歧。多数零售商依旧维持传统的商务模式，看不到电子商务给企业带来的巨大商机。同时，城镇居民，特别是乡镇居民以及中老年人群已经习惯了到商场购物的传统消费方式，对于网上购物和电子支付的方式不熟悉，甚至有排斥感，这在一定程度上阻碍了零售业电子商务的发展。

2. 网络零售的诚信问题有待解决

网络零售应当以诚信为首要前提。国内商业的资信状况缺失、社会的诚信链条脆弱等问题有待解决。很多零售商和消费者对网络零售顾虑重重，这极大地阻碍了电子商务的健康发展。

3. 网络零售的监管问题需要重视

零售商开展电子商务最担心的是法律监管和网络安全问题。只有具备安全可靠的通信网络，才能保证交易信息和数据库的安全。相关部门对电子商务交易过程中产生的一些法律问题也要加强监管，如电子合同、数字签名的法律效力问题。同时，企业应考虑网上交易产生的经济纠纷、税收征缴等问题。

二、新零售概述

（一）新零售的产生背景

2016年以来，中国零售业出现较大的动荡，纯电商流量红利逐渐消失，大型零售超市微课 15：

解读新零售

“关店潮”来袭，连 19 年来“零关店”的大润发也首次关店。整个传统零售业呈现增速放缓、利润下降的趋势。2016 年 10 月，阿里巴巴云栖大会上第一次正式提出“五新”战略——新零售、新金融、新制造、新技术、新能源。2016 年的“双 11”，阿里巴巴集团 CEO 首次系统地对新零售进行了阐述，他认为，新零售就是通过大数据和互联网重构“人、货、场”等商业要素而形成的一种新的商业业态。2017 年 4 月，中国（深圳）IT 领袖峰会上，相关专家对新零售进行了比较详细的阐述：线下与线上零售深度结合，再加上智慧物流，服务商利用大数据、云计算等创新技术，构成未来新零售的概念。在此基础之上，众多学者和经营者对于新零售的概念进行了讨论和解读，新零售研究风生水起。新零售的产生有其特定的背景基础——“双升”驱动，在技术升级与消费升级的驱动下，新零售应运而生。

（二）新零售的内涵

1. 新零售的定义

微课 16：

“新零售”如何对商品进行再创新

提到“新零售”，大部分人会自然而然地将它和阿里巴巴联系在一起。然而实际上，关于新零售的定义有多种解释：

阿里研究院的《新零售研究报告》对新零售做出了如下定义：

- 新零售就是以消费者体验为中心的数据驱动的泛零售形态。
- 核心价值是最大限度地提升全社会流通零售业的运转效率。
- 新零售具备三大特征：一是以人为本，以消费者体验为中心，重构“人、货、场”；二是零售二重性，完全数据化；三是零售物种大爆发，催生更多服务形态。

百度百科对“新零售”则如此定义：新零售，即企业以互联网为依托，通过运用大数据、人工智能等先进技术手段，对商品的生产、流通与销售过程进行升级改造，进而重塑业态结构与生态圈，并对线上服务、线下体验以及现代物流进行深度融合的零售新模式。

无论哪种定义，新零售是对零售业的一种变革，新零售之“新”在于顺势下的“变化”，其背后是整个零售市场在新技术和新思维的冲击下发生的新变化，内涵和外延不应该局限于“阿里巴巴的新零售”。

2. 新零售的要点

（1）新零售的主要动力——经济利益。被冠以“新零售”相关概念的商业最大动作，就是以阿里巴巴为代表的电商企业投资或收购线下企业，以自营或联营的方式开展线下业务。其背后隐藏的逻辑是：电商空间收窄，而线下零售潜力无穷，巨大的经济利益驱使企业转向发展新零售业态。同时，近年来，我国移动互联网用户增速逐年放缓，线上零售面向的用户总规模趋于稳定，而根据海通证券对阿里获客成本的测算，纯线上形式的开发客户成本已经越来越高，因此探索零售业的新业态发展已成必然之势。

中国市场已由“人口增量市场”转为“人口存量市场”。存量市场下，依靠低价策略吸引更多消费者的效果会越来越差，消费者黏性和复购率显得更为重要。同时，企业需要通过对消费者潜在需求进行深度挖掘，从而释放消费能力。而这一切都要求企业更加了解消费者，为消费者提供更佳的体验，零售行业理念由“低价零售”转为“体验式零售”。新零售是更重视体验的零售，而其核心动力则是寻求更大的市场利润。

（2）新零售的重要基础——新兴技术。近年来，人工智能、物联网、大数据、智能机器人、虚拟现实、区块链等新兴技术的发展，在零售业中得到了很多应用，促使零售的很多环节发生了变化。

新技术使得消费者体验得到增强，衍生出新业态，改进了零售企业的运营和物流系统，为新零售奠定了重要基础。技术的应用帮助物流行业实现了自动化仓储以及高效配送，降低了物流成本。与此同时，新技术在零售终端、物流等环节的应用也产生了有价值的数据。将这些海量的数据进行收集、监测以及分析可以帮助企业更加有针对性地进行店铺运营和消费者管理。基于新技术，电商平台的推送才更加精准，快递的配送速度越来越快，商场的导购机器人使购物更有趣。

（3）新零售的隐形动力——需求变化。消费需求是新零售的牵引力，消费者的变化代表着市场的变化，自然也是新零售所要跟随的趋势。消费者变化主要体现在消费者结构变化、消费升级带来的消费需求和偏好变化。其中，消费者结构变化包括消费者年龄结构以及地理结构的变化。

在消费升级背景下，消费者凭借更多的收入，不再仅局限于购买生活必需品。根据马斯洛需求层次理论，随着消费者收入水平的提升，消费者在解决温饱问题后，开始追求精神上的满足。在消费升级的背景下，零售业也不再只是提供效用工具的通道，而更加具备娱乐性和社交性。

（4）新零售的特点——数字化、全渠道、灵活供应链的融合。新零售最大的特点便是数字化、全渠道以及更灵活的供应链这三个维度的交互融合。其中，数字化是其核心特点，也是全渠道和更灵活的供应链的实现基础。

数字化的实质是将信息转化为数据，从而实现对于实体元素的合理、高效的统筹安排、管理和分配。在移动互联网飞速发展的赋能下，我国零售业信息流和资金流的数字化程度都比较高，物流成为新零售进行数字化的重点，未来的物流信息甚至可以通过区块链来进行溯源。

全渠道的一大表现就是打通线上线下渠道。渠道打通的重点并不在于线下开店、线上开发 App，而在于考验企业的数字化程度、数据的挖掘能力、云端的统筹能力以及线下店铺和物流体系的协同反应能力。全渠道的核心在于为消费者提供无缝的购物体验，作用是实现线上线下流量的无缝转化。

3. 新零售的意义

新零售对电商、实体店及整个零售行业都有着重要意义：

首先，从电商的角度看，虽然线上交易每年都维持增长，但增速放缓、成本攀升、流量红利大不如前等诸多现实问题也亟须面对，而线上零售商拥抱线下，则可以充分利用线下渠道的网点优势，基于实体店面覆盖面积较小这一特点，将其打造为“购物点＋物流中心”，不仅可以节约成本，提高物流速度与质量，让消费者在最短的时间内获得商品，还能使服务范围更加精准清晰，从而便于开展售后增值服务。

其次，对于线下零售商来说，在经历了长时间的惨淡经营之后，它们无疑更乐于结束与线上的对峙僵持状态，双方有望和谐共赢。电商在经历了多年的深度覆盖后，积累了庞大的用户消费数据，对消费者行为有深刻的认识，这些都将有助于线下零售商的选址、选品、陈列、物流路线、支付、订单分拣等环节，电商可精准地告诉线下零售商各个社区的产品偏好、价格偏好，应如何备货、备多少货，帮助线下零售商实现库存优化。此外，线上与线下还可以做到会员之间互联互通，为双方都能带来新的流量红利。

最后，对于整个零售行业来说，新零售的出现推动了商业要素的重构，加速了零售经营模式和商业模式的创新，或将引发零售行业的巨大变革。

4. 新零售与传统零售的五点区别

（1）零售主体的新角色。在新零售情境下，“组织者”和“服务者”成为零售主体的新角色。传统零售活动中，零售商的角色就是专业化的商品交换媒介，从事的是面向消费者的商品转卖活动——零售商向上游供应商（品牌商或经销商）采购商品，向下游消费者销售商品，零售商赚取中间差价。尽管一些零售商完成“触网”，利用互联网采销商品，但并没有改变其作为传统零售商的本质特征。这种情况下，零售商是商品的经销者，是整条产业链中的终端商业中介。在我国零售业的发展过程中，零售商商业中介的经销职能有部分被弱化，零售商不具备经营能力，而成为品牌商与消费者进行交易的平台或通道，典型的如联营模式下的购物中心和百货店。此时，零售商为供应商和消费者的直接接触提供平台，零售商向供应商收取相应的费用。

在新零售情境下，零售主体在商品交易活动中的角色产生了变化。天猫这样的新零售平台不仅仅以中间商或者平台的角色出现，更成为整条产业链中商品交易活动和商务关系的组织者和服务者。对于下游消费者，新零售平台走进消费者的生活方式，了解消费者的潜在需求，为消费者提供满足需求的商品和一系列商业服务的组合，成为组织者和采购者。对于上游供应商，天猫等新零售平台利用自身在终端掌握的大数据资源，为供应商提供精准的消费者需求信息，从而走进供应商的价值链，为供应商的生产研发活动和市场推广活动提供服务和帮助，成为上游供应商的服务者。因此，在新零售情境下，组织商品交易的顺利完成只是零售主体的部分角色，零售主体的“组织者”角色更在于成为消费者大数据资源的开发者，并利用自身强大的大数据分析处理能力和计算能力，为产业活动的参与者提供一体化的服务。可以说，成为产业链活动的“组织者”和“服务者”是新零售赋予零售商的新角色。

（2）零售产出的新内容。在新零售情境下，零售商产出新的内容，建立持续互动的“零售商-消费者”关系，强化多场景购物体验，提供消费数据服务。零售组织的经济职能在于为消费者提供显性的商品和隐性的服务，“商品＋服务”的组合共同构成了零售产出系统。传统零售活动中，交易围绕着商品展开，零售商的经营活动以商品为核心，并通过低买高卖攫取中间利润。在新零售情境下，零售产出的内容更加丰富、更加新颖。首先，零售商的分销服务成为零售产出的核心内容，由商品的销售者转变为商品和服务的提供者。新零售更加关注消费者的体验，零售活动不再是简单的“商品-货币”关系，而是持续互动的“零售商-消费者”关系。其次，线上线下的全渠道融合为零售产出的分销服务增加了新的内容。譬如在环境服务、交付服务、品类服务等方面，天猫等新零售平台通过商品数字化、会员数字化、卖场数字化等方式构建起以大数据分析支撑的线上线下融合的购物新场景，强化了消费者全渠道、多场景的购物体验。最后，为上游供应商提供消费者画像的数据服务成为零售产出的新内容。传统零售产出只针对下游消费者，而新零售的零售产出则是针对完整商品交易活动的全部参与者。基于对终端大数据的分析，新零售平台可以掌握消费者的各种场景数据，实现消费者生活场景的还原以及消费者画像的形成。新零售平台将上述数据与上游供应商进行共享，为供应商提供消费者的需求画像，帮助供应商进行按需定制和开展更为精准的市场营销活动。

（3）零售组织的新形态。新零售中出现了复合型、集合型、满足即时购买需求的经营形态。零售业态的本质是零售组织的经营形态。对于构成零售经营形态的商品、服务、环境等内容不断地进行边际调整，就形成了零售业态的持续演进和变革。在新零售情境下，构成零售业态的各要素均实现了数字化变革，这本身就推动了原有零售业态的转型和创新；而零售商通过大数据分析更加清晰了解消费者的需求痛点，并以此为核心对构成零售业态的各要素再次进行边际调整，从而形成了新的零售组织经营形态。新零售以更加精准、全面的消费者需求信息为基础进行零售经营要素的调整，形成了具有多样性、多内容、多触达点和多维度的具有复合型商业特点的新型零售经营形态。盒马鲜生的组织经营形态不是以商品的组织为出发点，而是以消费者的具体需求为逻辑起点，零售经营各要素的调整也是围绕该需求主题展开的。这使得零售商经营形态的创新具备了更多可能性和可塑性，由此形成的零售经营形态就不同于传统零售中的零售业态，而是复合型、集成型、满足即时购买需求的经营形态。

（4）零售活动的新关系。新零售活动中的商业关系是供需一体化的社群关系。传统零售活动中，零售活动涉及的各商业主体之间的关系都简化为“商品-货币”的交易关系，这种交易关系的背后是产业链上各产业主体之间利益关系的对立。在传统零售情境下，零供关系是冲突的、相互博弈的；零售商与消费者的关系是独立的、单一的商品交易关系；整条供应链是由生产端至销售端层层推压的推式供应链。在新零售情境下，零售商为供应商进行赋能，零供关系成为彼此信任、互利共赢的合作关系；零售商将商业的触角进一步延伸至消费者的需求链，与消费者实现了深度的互动和交流，零售商成为消费者新生活方式的服务者和市场需求的采购者，成为消费者的"代言人"，零售商与消费者之间形成了深度互动的社群关系；供应链转变为以消费者需求为初始点的拉式供应链。由此，在新零售情境中，商业关系被重新构建，"商品-货币"关系转变为其背后的人与人之间的关系，供给与需求被重新打通，各主体之间形成了以信任为基础的供需一体化的社群关系。

（5）零售经营的新理念。新零售重构商业主体的价值排序，为消费者创造价值成为零售经营的出发点。零售经营的理念与市场供求关系相关。在供不应求的时代，生产商主导商品流通渠道，零售经营的关键在于取得上游的供货资源。大规模生产方式的发展催生了大规模的商品销售，供求关系出现逆转，商品流通进入"渠道为王"的时代。零售经营的关键在于快速扩张实现规模化竞争，经营的理念在于强化零售的资本投入，实现规模经济。在前两个时代，"经济原则"和"效率原则"成为零售经营理念的核心内容。伴随市场供求关系的进一步发展，供求关系进一步重构，消费者逐渐掌握市场主权，满足消费者异质性的需求成为生产活动和商业活动的出发点。新零售就是适应消费者主权时代的新理念、新模式。新零售的出发点是消费者的需求，新零售技术的应用、零售要素的调整和变革都是为了更好地了解消费者的生活方式，从而更精准地满足消费者需求，不断为消费者创造价值。在新零售情境下，商业主体的价值排序实现了重构，满足消费者需求成为全部商业活动的价值起点，为消费者创造价值的"人本原则"成为新零售经营理念的基础。

（三）新零售企业的典型策略

虽然很多企业都在运用新零售模式，然而不同类型的零售企业如品牌商、电商、线下连锁等，由于掌控的零售环节不同，必须结合自身情况和特点来实施。现在，新零售企业的典型策略有以下几种：

1. 上游供应链改进

自己具备制造能力的品牌商，如优衣库、GAP、ZARA 等，通过加强制作端品控，改进设计，从源头上保证产品品质。网易严选等通过 ODM 的方式，从渠道深入产品的设计、质检等环节，加强对上游产品品质和成本的控制，满足新零售时代消费者对品质和价格的追求。沃尔玛通过与上游厂商商讨生产计划，参与新品研发和质量控制环节，加强对上游的控制，从源头上确保产品品质。苏宁云商和阿里巴巴等则是通过先进技术进行供应链的改进。

2. 渠道变革

新零售模式重点是线上和线下渠道是相互打通的。传统的线下品牌通过拥抱社交软件或是电商平台实现线上渠道，而以淘品牌为代表的线上品牌商则积极开拓线下店。

阿里巴巴、京东以及亚马逊等综合实力较强的电商平台，通过投资或收购，布局线下零售。同时，这些电商平台利用自身的技术和互联网基因，对线下零售进行相应的改造，打造全渠道、全互联的新零售生态。

以阿里巴巴为代表，零售企业积极开拓国际市场，寻找新的增长动力。2016 年 4 月，阿里巴巴收购东南亚电子商务平台 Lazada 51%的股权，同年 8 月，全球速卖通（AliExpress）完成从 C2C 到 B2C 的成功转型。根据阿里巴巴 2024 年财务数据，其国际零售商业务实现了 38%的增速。国内电商收入增速放缓，阿里巴巴逐步开始发力国际业务，在东南亚地区，阿里巴巴有可能复制中国电子商务的发展态势。

3. 消费环节的提升

西装、家具、茶品等相关企业在高毛利率空间的基础上，开始为消费者提供定制化增值服务，并以消费者数据为基础，数据化改造供应链，从而实现 C2B 或 C2M 模式。一类零售商占据生鲜市场，定位中高端人群（如白领等），通过线上或线下提供便捷的生鲜获取服务。线上电商往往通过“前置仓”布点或者靠近合作便利店的方式实现生鲜仓库布局，以尽可能靠近消费者，从而满足“两小时达”或者“一小时达”等服务要求，如叮咚买菜、小象超市等。

随着消费者了解电商平台的渠道越来越多地来自社交平台，社交电商平台也随之涌现。社交电商平台通常利用社交工具汇集前端大量需求，然后进行后端统一采购。

模块 3　操作指导

现在，微信公众平台已经成为各大企业主流的网络平台。企业通过微信公众号发布商品和服务的信息、与用户进行互动并销售产品。微信公众号已然成为企业移动互联网营销的利器。

一、微信公众号的类型

微信公众号类型主要有订阅号、服务号、小程序和企业微信，每个类型各有侧重。其中，订阅号适合个人；服务号适合企业和其他组织机构做业务推广；小程序适合需要做小程序开发的客户；企业微信是微信团队为企业和组织内部提供的移动应用入口，也就是说只有企业的内部员工、供应商等具有合作关系的组织才能使用这个平台。因此，我们一般很难接触到企业号类型的公众号。但是订阅号和服务号却一直在我们的微信里活跃着。

订阅号和服务号的主要区别如下：

(1) 订阅号：主要用于推广。订阅号多被媒体、品牌等在做宣传时使用，为媒体和个人提供一种新的信息传播方式，构建与读者之间更好的沟通和管理模式。订阅号还分个人订阅号和企业组织类的订阅号。个人订阅号无法认证，只有申请企业类的账号，才能获得更多权限和排名的优化。订阅号每天可群发 1 条消息，适用人群为个人及媒体。

(2) 服务号：服务号开放的接口比较多，以服务为主，给企业和组织提供更强大的服务与用户管理功能，帮助企业实现全新的公众号服务平台。很多企业也会选择同时建立服务号与订阅号来满足不同的需求。服务号每月可群发 4 条消息，适用人群为企业及组织。

无论是选择订阅号、服务号还是企业微信，都要根据企业或个人的实际需求而定，自己的定位找好了，账号的类型也就好选了。

二、微信公众号的注册

第一步：打开微信公众平台主页 https://mp.weixin.qq.com/，点击右上角的“立即注册”（见图 9-1）。

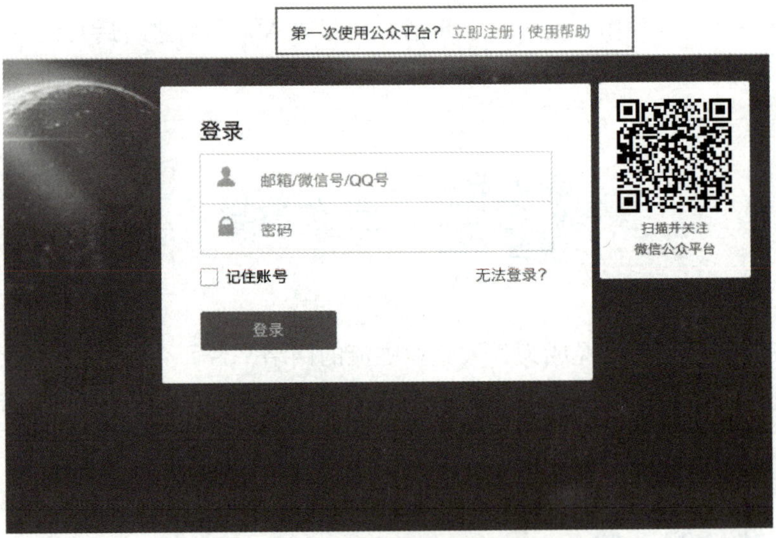

图 9-1　微信公众平台首页

第二步：选择要注册的微信公众号类型（见图 9-2）。

第三步：填写基本信息。这一步具体包括注册信息、信息登记和公众号类型设置。

申请者在注册过程中需要特别注意：(1) 注册账号时需要填写一个电子邮件，并要登录该邮箱激活链接，因此注册时填写的邮箱必须正确；(2) 选择适合的公众号类型，一定要如实、正确地填写基本信息；(3) 要设置账号名称和功能介绍。许多申请者在这一步随

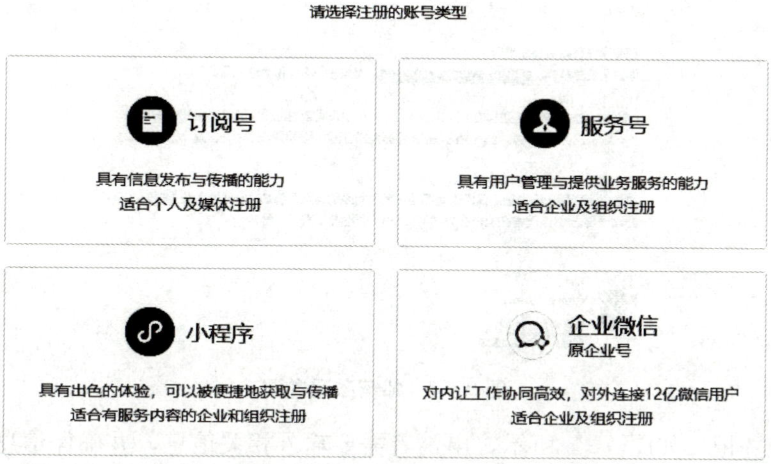

图 9-2　微信公众号类型

便填写便提交了。千万不要小看这个设置项，因为一旦设置好基本上就不能修改了，所以申请者一定要对自己的公众号有明确的定位，围绕“公众号做什么”“公众号给谁看”等问题进行认真分析后再填写设置项。同时，申请者应结合自己的定位，设计一个会让人印象深刻、方便查询的名称。

公众号具体的注册操作如下：

(1) 注册信息，填写邮箱，并进行邮箱激活。进入注册界面中填写的邮箱，找到激活邮件，点击激活链接，如图 9-3、图 9-4 所示。

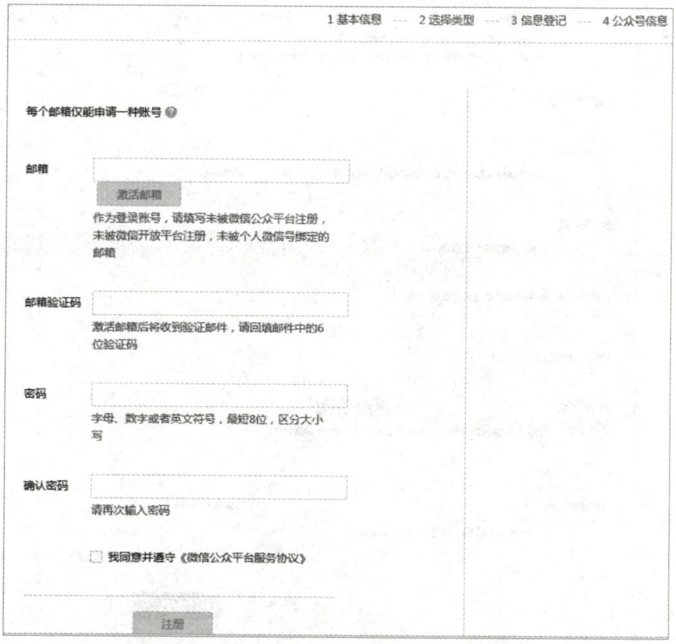

图 9-3　微信公众号的注册界面

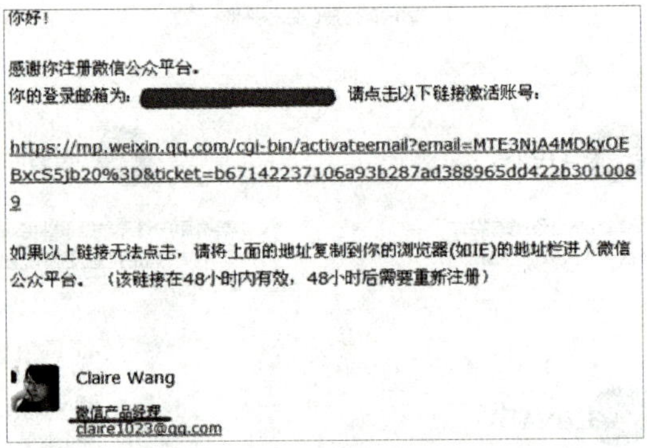

图 9-4　邮箱激活邀请

（2）信息登记。如图 9-5 所示，申请者需要输入相关信息，并确保信息真实、有效。

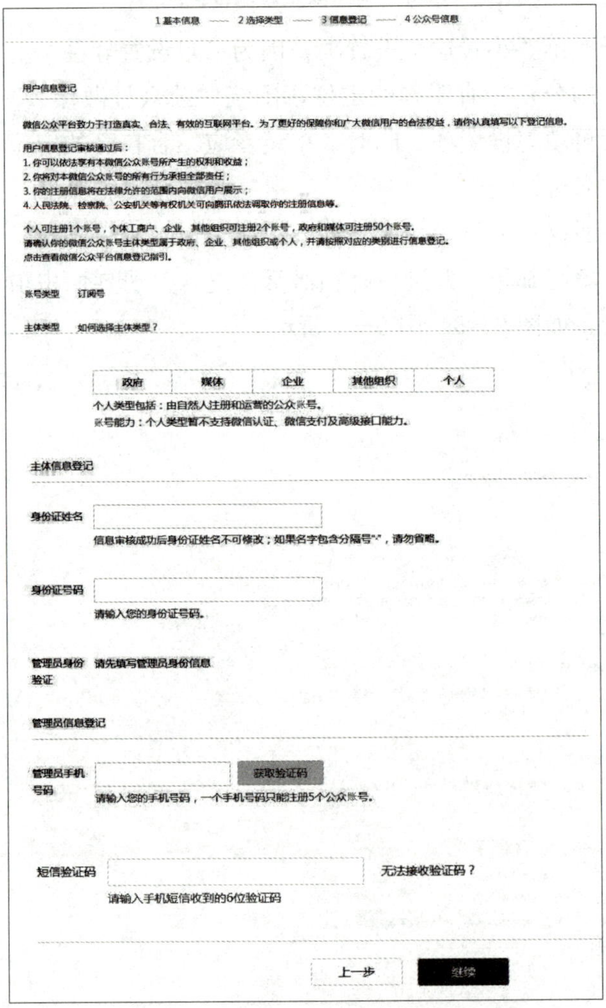

图 9-5　注册者信息登记

（3）填写账号名称、功能介绍等信息，点击“完成”，如图 9－6 所示。

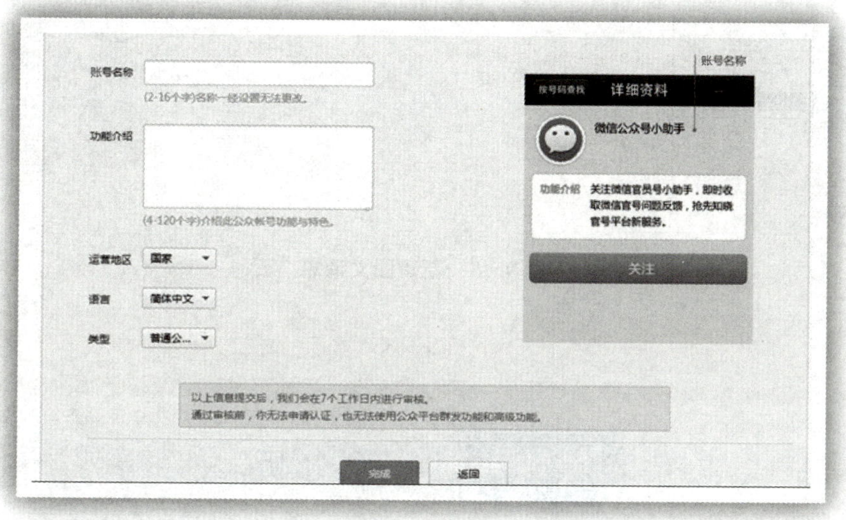

图 9－6　微信公众号名称信息设置

三、微信公众号消息推送

申请者需要在界面左侧的“素材管理”里面点击“新建图文消息”编辑公众号推送的内容。申请者在编辑时可以插入图片、音乐、视频等内容，如图 9－7、图 9－8 所示。申请者编辑信息后可以先在自己的手机上进行预览，确认无误后就可以向目标用户发送了，当然申请者也可以事先编辑好文章，之后再选择一个合适的时间发送给用户。

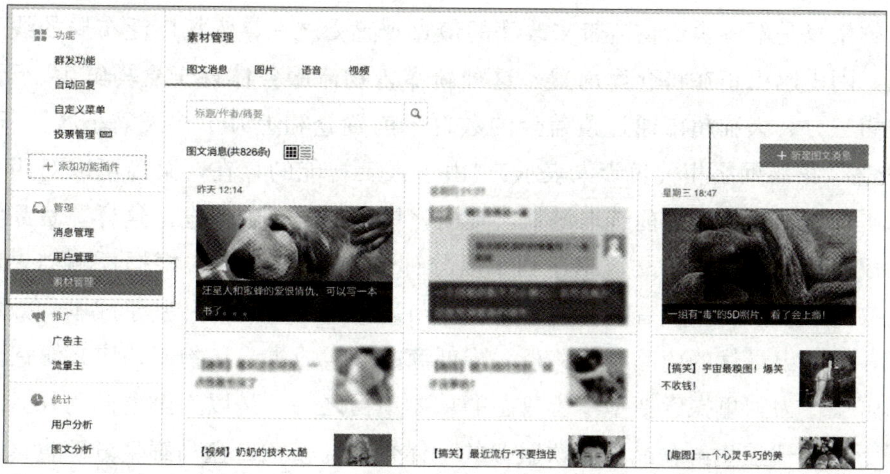

图 9－7　素材管理

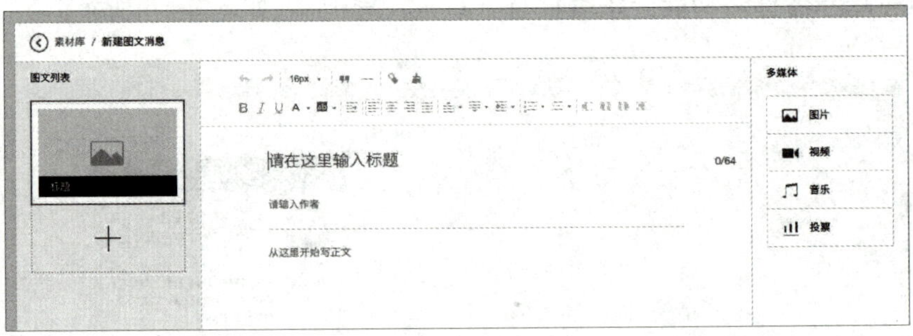

图 9-8　新建图文消息

模块 4　案例分析

案例 1　阿里的“盒马鲜生”与新零售技术

2017 年，新零售带火了一个新名词——“盒区房”，即距离盒马鲜生 3 000 米以内的配送区域。据盒马鲜生方面介绍，能够将配送时间控制在半小时内，是因为门店同时具备仓储、配送功能。加上盒马鲜生特有的智慧物流分拣系统，门店从接单到配送只需要 10 分钟左右。盒马鲜生的每个门店都是一个中小型的仓储配送中心，这使得总部中央大仓只需要对门店供货，也能够覆盖“最后一公里”。

盒马鲜生只是新零售给物流带来改变的最直观感受之一，依托广泛布局的线下门店以及大数据，阿里巴巴正在将仓库前置，这种新零售物流服务体现于盒马鲜生、天猫超市、天猫旗舰店三方。天猫超市通过覆盖全国数百个前置仓和上万个“天猫小区”，可以实现 60 分钟送达。菜鸟网络相关负责人表示：“由于人工智能的存在，菜鸟可以对用户的需求做出高水平的预测，从而提前选取爆款，提前将爆品布置在前置仓。这样，货品实际上距离消费者仅有几千米远，因此效率达到了以分钟来计算。”同时，根据预测结果，菜鸟网络建立的物流网络通过人工智能，实时将商品与运力进行匹配，并基于成本、效率等因素综合决策，推荐出最优的商品调拨路径，降低商品调拨成本，让物流既快又便宜。

盒马鲜生作为阿里探索新型零售业态的重要项目之一，是以生鲜电商为切入口，通过 App 和线下门店覆盖生鲜食品和餐饮服务的一体化商业模式。盒马鲜生分熟食区、冷藏冷冻区、水产区、蔬果区等，比较令人期待的是：这个门店把超市和餐饮结合起来，顾客可以现场买菜并享用美食。盒马鲜生自营的生鲜与餐饮产品充分满足了用户随买随吃的需求。

除此之外，顾客在 App 上下单后，盒马鲜生也可送货上门。盒马鲜生采用的标准化分类、独立包装、去电子秤的方式提升了效率。例如，车厘子、名品葡萄酒，还有航空直达的生蚝，顾客下单后最快 30 分钟内送达。

为了进一步提高配送效率，盒马鲜生门店的上方安装了滑行轨道，一排排购物袋随着滑轨向前滑动。顾客在 App 上下单后，工作人员会根据下单情况立刻操作装袋，放入轨道，保证能在 30 分钟之内送货上门，这与沃尔玛的“线上下单、线下取货”有着异曲同工之效。图 9－9 为盒马鲜生门店中可滑动的购物袋图。

图 9－9　盒马鲜生门店中可滑动的购物袋

盒马模式可以说是当前比较好的新零售模式，完全满足了新零售进化的三大路径：线上线下融合（O2O）、零售＋体验式消费、零售＋产业生态链。但是，盒马并不满足于此，还在此基础上形成了盒马餐饮、盒马鲜生店、盒马集市店、盒马便利店的盒马矩阵。而在这个矩阵中，盒马餐饮最为关键，为盒马鲜生店提供了前置中央厨房，为盒马集市店提供了联营餐饮商，为盒马便利店提供了快餐西点和茶饮，最终形成了盒马生态链。

今后，围绕新的技术进步，新零售可能有几大进步空间：

第一，真正围绕数据预测、人工智能实现 C2B 反向定制，即以消费为导向进行生产，诞生一家（或旧有升级）真正能够从设计到交付全产业链条打通的电商平台。

第二，实现零售场景无界化，针对消费者的消费特征、购物路径偏好进行更深层次的研究，从而制定更完善的销售策略，与渠道场景之间形成无缝协调。

第三，线下服务将摆脱团购模式，真正成为可以以“零售”业态进行售卖的商品。

纵观零售业每一次的升级和进步，其本质是销售效率的提升和技术的飞跃。事实上，正是由于在技术能力方面的巨大差异，未来，互联网巨头们仍将或者必然是新零售的主角，线下零售企业只能主动（或被动）扮演追随者的角色，甚至干脆加入巨头阵营。

资料来源：孙宏超．争议新零售：2018 能否成为新风口［EB/OL］．腾讯新闻-深网，2018－02－06．

问题

1. 围绕新零售，谈谈盒马鲜生的经营模式给国内零售行业带来的启示。

2. 目前的新零售改革都应用了哪些新技术？请根据材料总结一下。

案例 2

迪卡侬中国：私域“试探”未来商业

2023 年，进入中国市场第 20 个年头，迪卡侬的日子过得还不错。业绩超百亿元，创了历史新高，还出了许多火遍全网的爆款，比如，三合一冲锋衣，MH500 神裤……在一次行业演讲中，迪卡侬中国执行副总裁肖路总结道：“体验做得好，是我们成功的关键。”作为 1976 年从法国一个小镇起家的全球著名运动用品零售商，真实的体验一直是迪卡侬赖以成功的撒手锏之一。但这种“体验”在迪卡侬中国，这几年已从内至外大幅迭代升级了。

“企业微信、线上社群，新内容和产品、有了新职责的店员（运动大使）的服务”整合起来，形成不一样的迪卡侬式新体验。而且，这些“新体验”被拓展到店内外的更多场景，顾客离店后，也能通过门店线上私域运营、迪卡侬组织的运动俱乐部和比赛，激发他们对运动的热爱和参与。甚至，迪卡侬有可能还是中国规模最大的线下运动俱乐部组织者。在中国市场，迪卡侬式的体验式营销，这几年，基于数字化工具的深度应用，顾客离店后消费者链接的拼图被补齐，还创造了融合线上线下更丰富的新体验。

更高效地带领顾客一起运动

现在，在迪卡侬门店购物，顾客可以按兴趣扫企业微信码加入社群，找到相同爱好的“小圈子”。全品类售卖让迪卡侬的兴趣群覆盖超过 80 种运动，大众如骑行、跑步、登山、亲子互动，小众如陆冲、飞盘、桨板，人们总能找到“搭子”。“买了山地车加了一个骑行群，经常组织夜骑活动，认识了很多大神和朋友。”一名微信名为“谷”的广东消费者的感受不是个例。兴趣相投的人们在线上社群聚集，线下见面，有共同话题，还能交新朋友，组团去玩。迪卡侬特别招募的店员，会作为“运动大使”群主，他们许多是退役运动员，或圈子里的大牛、赛事冠军，答疑解惑，推广运动，定期组织群友活动，也引导大家玩得更专业、更安全。

通过企业微信与更精细化的私域运营，迪卡侬的“运动俱乐部”于 2023 年举办了上万场活动，40 多万人参与其中。只有符合消费者使用习惯的工具和场景，才值得长期投入和迭代。在肖路看来，相比其他工具着眼于企业内部工作的效率提升，企业微信最大的特点是：嵌入微信生态、品牌链接消费者高效、做客户服务连接或其他生态圈伙伴的打通独一无二。“只有它可以跳到大家日常沟通的微信圈子里，和消费者建立日常连接。”

高质量的私域运营、品牌增加和消费者的互动会获得更多信赖。目前，迪卡侬企微私域里有超过 1 000 多万的粉丝，私域客单价比普通会员高出 3 倍。私域用户还会撬动周边亲朋好友的连带购买。长期精细化运营沉淀下来的精准客群也会是迪卡侬未来生意发展的底盘。

将更好的体验规模化、标准化

由于分布在全国各地的门店的运营与策划能力不同，迪卡侬总部通过企业微信，以“总部指导＋区域自助”的模式来支持迪卡侬“运动大使”——他们同时是店员，还运营社群，做活动策划。2021年，迪卡侬在客服中心下成立了专门团队，结合热点，统一策划，按照不同季节、不同区域的热门运动，策划内容，准备物料，确保质量与专业度，从而赋能门店前端的“运动大使”定制更个性化的内容和海报。

在内部管理和服务上，企业微信工具带来的减负效果也很明显。每个客户购买的商品、使用偏好或具体需求不同。举个例子，自行车或跑步机卖出去需长期跟踪使用状况，提醒保养，这很难靠店员脑力记住。但企业微信能给顾客打标签，自动生成推送任务，服务更精准省时。

内部运营上，基于企业微信不断完善的开放式接口，迪卡侬可以开发更多应用，对接内部系统，从员工、店长到不同层级主管，日常通过企业微信接收不同任务流，对接工作，运营起来更高效也更有目标性。

由表及里，通过企业微信等工具的系统应用，直连消费者，沉淀更多消费者行为模式、偏好趋势和潜在市场机会，也在不断反哺迪卡侬运营与产品的改进与革新，制定更有效的市场策略和运营计划，进而形成提升用户体验和品牌忠诚度的循环。目前，迪卡侬有75%的营业额来自会员的长期消费，老客户复购率达到60%以上。迪卡侬中国总部实验门店以及上海花木店最近就布局了和微信能力打通的新收银台，更大限度地让消费者快速注册会员、识别会员和购物。

而在北京市场，迪卡侬招募了1万多名付费会员消费者，并尝试对这些最活跃客户进行消费体验和过程的重新设计。一方面，满足他们日常消费需求；同时，也在尝试给这些超级消费者提供更超值产品和服务。

这其中，企业微信成为一个高频连接器，帮迪卡侬根据喜好、家庭和消费习惯等标签，对消费者更好地分门别类，提供更多个性化服务。从零售商的发展进化看，迪卡侬正从简单依赖门店、看重GMV的管理模式，向以客户管理为核心、着眼消费者生命周期价值的管理模式进化。

围绕门店和运营消费者的结合上，做更新商业模式的探索

2023年，迪卡侬中国将在门店迭代上加速发力。一方面，新开门店从以往交通便利的“近郊”进入城市商业腹地，经典大店变轻量化门店；另一方面，做更聚焦的用户运维服务，线上线下塑造多维体验，拓展门店的辐射能力与价值半径。在具体业务上，迪卡侬的管理和考核已在逐步变化，例如，店员的角色转变，从过去的销售导向或货架整理向社群运营和品牌大使过渡。当消费者加店员微信，会看到其擅长的运动和服务标签，而非仅是一个店小二。店员们也需掌握专业知识，策划活动，改善消费者体验，达成品牌与消费者间的新链接。

资料来源：迪卡侬中国：私域“试探”未来商业［EB/OL］. 零售氪星球，2024-01-05.

问题

（1）迪卡侬的新体验主要有哪些方面？

（2）迪卡侬做好门店线上私域运营的举措有哪些？

模块 5 知识拓展

新零售与区块链技术

区块链作为一种互联网底层技术，将深刻影响互联网的变革过程。而互联网在已经大幅接管零售业变革的当下，区块链改变零售业的时间和程度，会比我们想象的更快。

一、了解区块链技术

（一）区块链的定义

区块链技术逐渐被各国政府认同，目前世界各地均在研究，将来很可能会持续影响我们日常生活的方方面面。我们先了解一下什么是区块链。百度百科的解释是：区块链是一种块链式存储、不可篡改、安全可信的去中心化分布式账本，它结合了分布式数据存储、点对点传输、共识机制、密码学等技术，通过不断增长的数据块链记录交易和信息，确保数据的安全和透明性。概括来说，区块链就像一个数据库账本，记载所有的交易记录，本质上是一个去中心化的数据库。

（二）区块链的应用场景

随着区块链技术的不断曝光，很多领域都开始意识到区块链技术的作用，加之区块链具有去中心化、无需中心信任、不可篡改和加密安全等特点，区块链正在走进政府决策、金融机构、大型企业的视野，并开始应用于数字货币、支付清算、信贷融资、金融交易等场景中。

二、区块链技术与新零售的关系

既然区块链是一种底层技术，那么在理论上讲可以应用到任何与大数据有关的业态上。而新零售的意义在于提高效率、降低成本、增强顾客满意度及信任度，因此更加需要区块链技术。

（一）区块链的5个特征可以有针对性地解决当前新零售所面临的问题

（1）去中心化。区块链使用分布式计算和存储，不存在中心化的硬件或管理机构，任意节点的权利和义务都是均等的，系统中的数据块由整个系统中具有维护功能的节点来共同维护。去中心化的系统自身能够保证其真实性，避免了中心化系统中存在单一个体作恶的情况。

（2）开放性。区块链系统是开放的，除了交易各方的私有信息被加密外，区块链的数据对所有人公开，任何人都可以通过公开的接口查询区块链数据和开发相关应用，因此整个系统信息高度透明。这一特征能够有效运用到商品溯源中，消费者能够时刻掌握商品处在哪个环节，进程更加清晰明了。

（3）自治性。区块链采用基于协商一致的规范和协议（比如一套公开透明的算法）使得整个系统中的所有节点能够在去信任的环境自由安全地交换数据，使得对人的信任转为对机器的信任，任何人为的干预都不起作用。这个特征有效地解决了信任问题，减少了人为作假的可能性。

（4）信息不可篡改。一旦信息经过验证并添加至区块链，就会永久地存储起来，除非能够同时控制系统中超过51%的节点，否则单个节点上对数据库的修改是无效的，因此区块链的数据稳定性和可靠性极高。这一特征保证了交易的公开透明和不可篡改，进一步减少了人为作假的可能性。

（5）匿名性。由于节点之间的交换遵循固定的算法，其数据交互是无需信任的（区块链中的程序规则会自行判断活动是否有效），因此交易对手无须通过公开身份的方式让对方对自己产生信任，对信用的累积非常有帮助。这就能有效地解决消费者个人隐私泄露的问题，让消费者能够更加安心地享受服务。

（二）区块链可以应用到的新零售场景

（1）品质追溯系统。在中国，品质安全问题尤其是食品安全问题一直是消费者关注的重点。由于具有分布式记账方式，以及不可逆转、不可篡改的特点，区块链技术完全可以应用到产品的品质追溯系统中。这样不仅降低了成本，还增强了可信度。

（2）诚信系统。随着社会的发展，消费者参与各个领域的活动越来越多，而诚信就成为一个很大的问题。国内央行的征信系统针对有限的金融机构开放了征信查询端口。而其他企业或者机构必须依靠区块链技术建立征信系统。当然，区块链技术的应用也必须深入普通消费者的内心，让其相信区块链技术的真实性，这也是一个很重要的方面。

（3）效果场景展示。目前有很多与疗效或者效果挂钩的产品在不断地渗入消费者的日常生活，如医美领域、保健品领域等。目前上述领域的很多从业者为了吸引更多的消费者，采取了作假的手段迷惑消费者。而区块链技术的应用则摒弃了作假的可能性，从而净化了行业并使得行业得到良性发展。

（4）物流跟踪系统。尽管目前的物流跟踪系统已经很健全了，但是由于都是基于中心化的系统设置，因此还是会遭到数据的篡改，而区块链技术的分布式记账的特点使得篡改数据成了痴心妄想，从而保证了数据的真实性及有效性。

（5）大数据分析系统。区块链技术在任何行业里都能起到作用的应用，要数大数据分析系统了，因为任何行业都需要大数据云计算后的结果进行运营决策。目前的大数据云计算均属于中心化的储存方式，如阿里云、腾讯云、百度云等，而中心化的储存和记录方式在理论上就存在被篡改的可能性。区块链技术的应用则颠覆了以前的记账、储存方式，不仅大大提高了效率，还节省了成本，更为重要的是由于其不可逆转性，因此最具可信度。

三、区块链技术在零售行业落地应用的案例

（一）在物流端的应用

全球区块链货运联盟（BiTA）是一家全球化的区块链教育和标准开发行业组织，目前已经吸引了包括通用电气运输集团、京东物流在内的 230 多家全球公司的加盟。

2018 年 3 月初，沃尔玛向美国专利商标局成功申请了一项专利——“智能包裹”（smart package）区块链技术。这是利用区块链技术的更智能的包裹交付追踪系统。这项专利技术还有一个记录包裹信息（如包裹内容、环境条件、位置信息等）的设备。沃尔玛的这项技术包含一个基于区块链技术的无人机包裹寄送追踪系统，这是一项包括卖家私人密钥地址、快递员私人密钥地址和买家私人密钥地址等一系列用于监管配送地址的加密技术。

2018 年 2 月底，菜鸟网络与天猫国际（天猫跨境电商平台）联合发布了基于区块链的防篡改的物流追踪数据。

消费者在手机淘宝的物流详情页面，可通过点击底端的“查看商品物流溯源信息”按钮进入商品溯源页面，即可查看所购商品的全部溯源信息，确保商品来源真实可靠。

菜鸟国际技术负责人介绍：“区块链的最大特性就在于上传数据的不可篡改，通过商家、海关等各方上传的物流数据，消费者可以交叉认证自己所购商品的各项信息，想要在区块链上进行数据造假、掺入假货，难度和登陆火星没什么区别。”

（二）在供应链端的应用

2017 年 8 月，天猫国际全面启动了全球溯源计划，利用区块链技术、药监码技术以及大数据跟踪进口商品全链路，汇集生产、运输、通关、报检、第三方检验等信息，给每个跨境进口商品打上“身份证”，将商品信息完整地展现在用户面前，提升了用户购物体验，加强了平台正品心智。而京东也联合沃尔玛、IBM、清华大学等机构，成立了中国食品安全区块链溯源联盟，通过区块链技术进一步加强食品追踪、可追溯性和安全性的合作，提升了中国食品供应链的透明度。

此外，在一些特定的商品领域，区块链技术还能打假。比如，唯链就用区块链技术赋能红酒市场，推动 BaaS 区块链即服务，通过与物联网技术的结合，在产品溯源、产品防伪上有了革命性的进步，有效地解决了红酒辨别问题，给假货和噱头充斥的葡萄酒市场带来了转机。

实际上，不只是在保证食品安全与打击假冒商品上，在供应链中导入区块链还有更多好处。一方面，区块链能将文书作业数字化，改进工作流程，提升效率，甚至减少生鲜水果在传统供应链中因无效率而带来的腐败成本；另一方面，可以提高供应链的共享可视程度，在存货管理上减少库存变化，提高订单处理效率并降低出货成本。比如，马士基就通过与 IBM 共建的区块链为跨境供应链带来改变。

（三）从 C 端到 B 端的生态改进

除了改造供应链外，区块链还可以营造更加便利、安全的零售生态。

（1）重新定义优惠券。盖特币（Gatcoin）利用区块链技术，提供优惠券与积分解决方案，企业可以向广大消费者发布企业加密货币，用来取代传统的折扣券、购物券和积分。盖特币提供折扣代币、积分代币、礼物代币等，消费者可以在不同商家使用同一种代币，商家则可以获得消费者消费偏好、购物记录等数据，帮助企业决策。

（2）共享资料库。很多大型零售业者由于店面分散在各地，各类数据可能因意外损毁而再也找不到，如果使用以电子形式存在的区块链分布式数据库，就不用担心数据丢失的问题。此外，其他人难以经由特定入口进入区块链数据库，从而提升了数据库的安全性。

（3）智能合约。以太坊（Ethereum）和 Eris Industries 就在探索智能合约，由于区块链基于这些可信的不可篡改的数据，因此可以设立智能合约，自动化地执行一些预先定义好的规则和条款。不过，也发生了 The DAO 事件，DAO 智能合约由于自身有漏洞，导致 6 000 万美元从账号中流失。

四、区块链在新零售中的四大难点

虽然区块链在零售领域有相当广泛的应用，但是目前来说还是面临以下几个问题。

（1）选择什么样的区块链？区块链分为公有链、私有链与联盟链三种。公有链是全世界任何人都可读取的、任何人都能发送交易且交易能获得有效确认的、任何人都能参与其中共识过程的区块链，无须授权。私有链即写入权限仅在一个组织手里的区块链，其读取权限对外开放，或者被任意程度地进行了限制。联盟链是共识过程受到预选节点控制的区块链，由一个联盟组织构成并对其进行管理，写入须授权接入，任何人可以进行限定查询。

如果选择公有链，就面临着棘手的代币价格波动。而选择私有链则是多此一举的行为，数据资料可以架设多服务器备份，而与其他机构的对接也可以通过 API 的方式更方便、更简单地办到。而像供应链溯源、智能账本等，则根本不需要区块链技术就能实现。

（2）区块链上所收录的信息与商品和资产之间不一定构成直接关系。即使通过二维码、NFC 芯片可以让信息与商品之间构成联系，但还存在最初阶段就造假的可能性。资产的部分，如何将托管机构和存管机构持有的资产转移到区块链上也是一大难题，虽然可以用电子凭证代表不在区块链上的资产，但需要受信任的机构来确保电子凭证与资产间的对应关系。在供应链和金融领域，区块链的效果有限。

（3）法律上，区块链上的记录能否构成所有权证明？现代资产的管理是以政府或者金融中介作为核心完成的，奉行中心管理模式，政府和金融机构是财产管理的核心，它们所拥有的账本是所有权的最终凭证，而区块链是对现有物权登记的挑战。因此，想与供应商在区块链上记账，恐怕还是要通过手工文书。

（4）区块链的差错和损失谁来弥补？由于区块链不可修改、不可删除，出现差错无法简单处理，因此一旦出现差错，就需要对整个区块链重新进行处理。例如，The DAO 事件发生后，为了追回被盗的财产，以太坊经历了两次分叉，此举被视为破坏了秉持的去中心化理念。

当然，除了上述问题以外，区块链在可扩展性、兼容性等方面，也需要与新零售进行更好的贴合，未来也许还有相当长的路要走。

模块 6 团队项目实战训练

一、项目名称

传统零售企业 O2O 调研报告的撰写。

二、步骤及要求

（1）确定要调研的企业。

（2）了解该企业线下及线上的基本情况。

（3）分组讨论该企业 O2O 实施现状、策略及可能存在的问题。

（4）综合所学的新零售知识，撰写一份完整的 O2O 调研报告（1 500 字以上）。

（5）每组代表在课堂上阐述各自撰写的调研报告 PPT。

三、过程评价

（1）组内打分。

（2）组间打分。

（3）教师打分。

参考文献

[1] 迈克尔·利维，巴顿·韦茨．零售管理：第6版 [M]．俞利军，译．北京：人民邮电出版社，2016.

[2] 巴里·伯曼，乔尔·埃文斯，等．零售管理：第13版 [M]．金钰，译．北京：中国人民大学出版社，2021.

[3] 陈文汉．零售学 [M]．2版．北京：北京大学出版社，2015.

[4] 肖怡．企业连锁经营与管理 [M]．6版．大连：东北财经大学出版社，2022.

[5] 苏慧文，王水莲，杨静．中国企业商业模式创新案例研究 [M]．北京：经济管理出版社，2014.

[6] 郑昕．连锁门店运营管理 [M]．2版．北京：机械工业出版社，2017.

[7] 窦志铭．商品学基础 [M]．6版．北京：高等教育出版社，2023.

[8] 窦志铭，杨叶飞．连锁经营管理理论与实务 [M]．5版．北京：中国人民大学出版，2023.

[9] 张鹏，峥嵘．从1.0到4.0：移动互联网时代的零售就该这样做 [M]．北京：人民邮电出版社，2016.

[10] 何毅明．零售革命：重新定义零售新模式 [M]．北京：人民邮电出版社，2016.

[11] 苗李宁．新零售：实体店O2O营销与运营实战 [M]．北京：化学工业出版社，2018.

[12] 范鹏．新零售：吹响第四次零售革命的号角 [M]．北京：电子工业出版社，2018.

[13] 维襄德·永恩．智能新零售 [M]．汪惟，赵俊丽，译．北京：人民邮电出版社，2018.

[14] 周永庆，吴礼勇．新零售：打造商业新生态 [M]．北京：中国铁道出版社，2018.